GUINÉE

Sous les verrous
de la révolution

Lamine Kamara

GUINÉE

SOUS LES VERROUS DE LA RÉVOLUTION

Autobiographie

© L'Harmattan, 2012
5-7, rue de l'Ecole-Polytechnique, 75005 Paris

http://www.librairieharmattan.com
diffusion.harmattan@wanadoo.fr
harmattan1@wanadoo.fr

ISBN : 978-2-296-96485-3
EAN : 9782296964853

SOMMAIRE

AVANT-PROPOS 7

INTRODUCTION 9

CHAPITRE I   LE PAYS 13
CHAPITRE II   LA NEBULEUSE EN PYRAMIDE 19
CHAPITRE III   LA VILLE 27
CHAPITRE IV   LA BATAILLE DE KONIDOU 35
CHAPITRE V   LES CHIENS DE ZAÏDAN 41
CHAPITRE VI   L'INCONNU 53
CHAPITRE VII   KANKAN 61
CHAPITRE VIII   LA PHRASE 67
CHAPITRE IX   IL ÉTAIT 1H35 DU MATIN 71
CHAPITRE X   LE VIOLON 81
CHAPITRE XI   AU CŒUR DE LA NUIT 87
CHAPITRE XII   UN CERTAIN VENDREDI 97
CHAPITRE XIII   LES ENVAHISSEURS 103
CHAPITRE XIV   LE TRICOT 111
CHAPITRE XV   UN CIEL POUR TROIS 119
CHAPITRE XVI   ENTRE BOUE ET CREVASSES 137
CHAPITRE XVII   L'ARBRE ET LE DIABLE 141
CHAPITRE XVIII   VIVRE EN Y PENSANT 153
CHAPITRE XIX   PAR LE TROU DE LA SERRURE 167
CHAPITRE XX   DU PAIN 175
CHAPITRE XXI   DE L'ISSUE D'UNE CONFRONTATION .. 191
CHAPITRE XXII   LIBRES ?… 207

AVANT-PROPOS

Au départ, les mémoires qui devaient paraître sur le Président Sékou Touré et son régime sous la Première République de Guinée comportait deux parties : une première narrative, et une seconde analytique. Mais après réflexion, j'ai décidé d'opter pour deux publications : *Guinée. Sous les verrous de la révolution*, présentée sous la forme d'une chronique autobiographique et *Les Racines de l'Avenir. Réflexions sur la Première République de Guinée,* un Essai à caractère plus historique, paru simultanément. Moulés dans la même matrice, ils restent des siamois, malgré leur déchirante séparation. Lire de ce fait l'un sans lire l'autre, pourrait laisser un goût d'inachevé ; l'une présente, ne présente, serais-je tenter de dire, que le déroulement des faits dans leur enchaînement, l'autre la complète en expliquant leur Comment et leur Pourquoi. Le lecteur trouverait donc quelque intérêt à aller au bout de son parcours, d'autant que c'est dans l'Essai que je l'inviterai, - après l'avoir fait baigner dans l'atmosphère de ces temps-là -, non seulement à participer à la réhabilitation des détenus politiques, mais aussi, cela pourrait le surprendre, au réveil du conscient collectif guinéen ; d'autant que dans l'un des ouvrages comme dans l'autre, je ne le laisserai pas cheminer seul. Nous nous tiendrons la main...

INTRODUCTION

En écrivant « *Guinée, sous les Verrous de la Révolution* » j'ai voulu donner mon témoignage sur les événements dramatiques qui se sont déroulés dans mon pays, la République de Guinée, à partir de la fin de l'année 1970 et qui se sont poursuivis pratiquement jusqu'au changement de régime suite à la disparition subite de Sékou Touré, premier Président de la Guinée indépendante, le 26 mars 1984 à Cleveland aux Etats-Unis d'Amérique.

Dans la décennie 1960-1970 une guérilla de libération faisait rage en Guinée-Bissau territoire sous domination coloniale à l'époque. L'armée de sa puissance colonisatrice, le Portugal, et les combattants de son mouvement de libération, dénommé « le Parti Africain pour l'Indépendance de la Guinée-Bissau et des Îles du Cap-Vert » P.A.I.G.C s'affrontaient durement. Au cours d'une opération d'accostage, menée le 22 novembre 1970, les Portugais avaient réussi à libérer leurs soldats faits prisonniers et gardés dans notre pays.

Sur les suites dramatiques de ces opérations, des témoignages ont certes déjà été présentés au public à travers des écrits, des articles de journaux, des émissions de radio et de télévision, notamment l'émission « *A vous la parole* » organisée par la radio guinéenne après la chute du régime du Président Sékou Touré le 3 avril 1984.

Dans ce récit autobiographique, après plus de 40 années de recul, sans passion, ni haine, ni esprit de vengeance, je livre ma version des faits, les enseignements que j'en ai tirés et l'opinion que je m'en suis faite.

Avant de me décider à écrire, je me suis souvent posé deux questions : doit-on, sans mot dire, laisser passer par pertes et profits 25 années d'une histoire ensanglantée emplie de drames d'un pays? J'ai pensé que non. Mais doit-on témoigner quand on a pardonné ? Après mûre réflexion, j'ai fini par penser que oui. Il fallait dire les faits ! Car ne pas le faire, c'est trahir la mémoire des victimes, notamment de celles dont le destin a été scellé par une fin tragique dans ces événements et qui ne peuvent plus, hélas ! ni parler, ni témoigner, ni pardonner, qui ne peuvent surtout plus clamer leur innocence ; c'est imposer à leur mémoire une deuxième mort, celle de l'oubli, en les enterrant par et dans l'oubli...

Ancien détenu politique, victime de l'arbitraire et de l'injustice, ayant purgé de longues années en détention, j'ai pensé que les jeunes et futures générations de mon pays devaient mieux connaître ces sombres et douloureuses pages de notre histoire. « Quand une femme accouche d'un serpent, elle en fait une ceinture. » dit-on chez nous.

Ce faisant, je souhaite contribuer à réhabiliter la mémoire des victimes de toutes les victimes par le rappel de la vérité et faire en sorte qu'il n'y ait plus jamais ça.

C'est aussi l'occasion pour nous de conjurer les peurs enfantées par la Révolution qui sévissait d'un bout à l'autre du pays, de vieilles peurs récurrentes qui, jusqu' à nos jours, subsistent encore chez nous Guinéens, à des degrés divers.

Dans un nuage noir, il y a toujours une doublure argentée. Paul Eluard disait dans « Les derniers poèmes d'Amour » : «La nuit n'est jamais complète, il y a toujours au bout du chagrin, il y a toujours un rêve qui veille, désir à combler, faim à satisfaire, un cœur généreux, une main tendue, une main ouverte, des yeux attentifs, une vie à partager »... Là-bas, en prison, j'ai compris que, même dans la détresse la plus absolue, il existait toujours une place pour le sourire, et même pour le rire alors qu'il s'agit d'atrocités, mince rayon de soleil transperçant les nuées...

Que le lecteur ne s'étonne pas non plus d'une certaine présence de Dieu tout au long du récit, constante recherche d'une arche, d'une bouée..., même si nos attitudes et nos jugements envers Lui étaient divergents, parfois même diamétralement opposés.

Qu'il ne soit pas surpris de se voir considéré comme partie prenante. Tout au long de mon chemin, parfois véritable chemin de croix, qui eût pu être le sien, - surtout s'il est citoyen d'un pays comme le mien -, j'ai veillé à ce que le dialogue entre lui et moi ne se rompe jamais...

En présentant les faits, j'ai aussi voulu, du même coup, mettre en exergue le pardon qui pour moi constitue l'une des dimensions essentielles de cet ouvrage. Le Pardon, surtout en ce temps où nous ne devons pas accepter de laisser le spectre d'un passé que nous avons communément vécu et subi dans notre chair et dans notre sang, nous opposer vainement les uns aux autres. Ce temps où nous devons raffermir notre fraternité en allant les uns vers les autres. Le Pardon faisant exploser la générosité du cœur et de l'esprit entre tous les Guinéens. Je le dis avec force et émotion.

CHAPITRE I

LE PAYS

La République de Guinée, dite de nos jours Guinée-Conakry, est un Etat de l'Afrique de l'Ouest largement ouvert sur l'Océan Atlantique et situé entre la Guinée-Bissau au Nord et la Sierra Leone au Sud. Limitée au Nord par le Sénégal et le Mali qui la contourne à l'Est, la Côte d'Ivoire à l'Est et le Liberia au Sud, d'une superficie de 245857 km2, elle compte à l'intérieur du pays une population d'environ dix millions d'habitants, et un peu moins de trois millions à l'extérieur avec sa très importante émigration.

La Guinée est riche et belle de l'extraordinaire variété en relief, végétation, climat, faune, flore, sol et sous-sol de ses quatre régions naturelles qui vont de la mer à la forêt, en passant par les montagnes et la savane.

Dans la région de la Guinée Maritime appelée encore Basse Côte, vers l'Océan convergent les célèbres rivières dites du sud qui s'éparpillent en multiples branches nourricières sous les rizières. Porte d'entrée du pays par la mer, l'étranger venu d'Outre-Atlantique qui en a foulé le sol de la guinée maritime, y a découvert, avec émerveillement, sous les palmiers et les cocotiers, son premier havre. En pénétrant à l'intérieur des terres, il a commencé à goûter aux délices de l'hospitalité des pêcheurs après avoir franchi l'exubérante mangrove bordant les eaux des embouchures, des eaux maritimes ou douces qui sont parmi les plus poissonneuses des côtes ouest-africaines. Et lorsque conquis par cette hospitalité, il s'est enfoncé plus profondément sur le territoire, *Le Voile de la Mariée*, une merveille de la nature, qui se déploie dans toute sa blancheur et sa grâce à partir de la chute de Séguéya, s'est offert à sa vue à un pas de la ville de Kindia dans une région à la production vivrière particulièrement abondante et variée.

A l'Est et au Sud-est à la frontière de la Côte d'Ivoire et du Liberia, nous avons la Guinée forestière. Comme son nom l'indique, elle s'enveloppe d'une couverture de végétation luxuriante. Non seulement elle regorge d'essences qui sont parmi les plus rares, mais elle peut également s'enorgueillir d'abriter l'une des toutes dernières forêts primaires du monde dans le massif du Ziama. C'est cette région, aux ressources fabuleuses, qui offre à la Guinée son toit, les Monts Nimba, qui culminent à 1752 mètres. Tout en donnant aux crapauds vivipares, une espèce endémique, le seul habitat au monde où ils peuvent vivre et se reproduire, cette montagne est aussi le terroir des célèbres chimpanzés de Bossou à côté de la ville de Lola, une race de grands singes anthropoïdes dont l'intelligence, le mode de vie, l'organisation quasi sociale de la population, semblent en faire l'un des chaînons les plus évolués reliant l'homo sapiens au reste du règne animal.

Dans sa partie Nord, nichée sur les montagnes de sa dorsale, la Moyenne Guinée fait frontière avec le Sénégal et partiellement avec le Mali. Appelée Fouta-Djalon, cette région est mondialement connue pour son climat paradisiaque qui se distingue par un net adoucissement par rapport au reste du pays, notamment sur les hauts plateaux. Avec des températures allant de 11 à 12 degrés en décembre-janvier, de 20 à 25 degrés aux mois de mars-avril, période la plus chaude dans le reste du pays où le thermomètre peut monter jusqu'à 40 degrés, le Fouta-Djalon est l'une des rares régions sous les tropiques où les hommes peuvent bénéficier en tout temps d'un climat agréable. Au cours des saisons aux variations exceptionnelles, les hommes venus du froid qui y séjourneraient et qui ressentiraient de la nostalgie pour leur hiver, peuvent même y bénéficier d'un bonus. Le thermomètre en y mettant de la bonne volonté, peut descendre jusqu'à des minimales de 2 degrés, avec même de la gelée blanche sur les sommets et dans les vallons. En arrivant au Fouta-Djalon, vous ne pourrez pas échapper au regard fascinant de *La Dame de Mali,* autre merveille de la nature. Miraculeusement sculptée dans les roches au flanc du Mont Loura dans la ville dont elle porte le nom, du haut de ses 1538 mètres d'altitude, elle est la première à inviter l'étranger, et même le Guinéen des autres régions naturelles, à venir goûter à l'hospitalité légendaire de la population. Qui en passant devant elle a pu résister aux charmes de *La Dame de*

Mali ? Qui, même au cours du séjour le plus bref, n'a pas succombé à la chaleur de l'accueil au Fouta-Djalon?

Au Nord et au Nord-est, jouxtant le Mali et La Côte D'Ivoire, la Haute-Guinée, est la région des grands espaces. Le bassin supérieur du Niger et de ses nombreux affluents y draine des eaux généreuses dans les plaines et les savanes verdoyantes. Par sa dense chevelure hydrographique et la qualité de ses sols, elle dispose d'un atout de tout premier ordre dans le domaine agricole. Elle abrite également le célèbre *Nanfouléntou*, un site mythique situé sous une forêt traversée de multiples rivières et ruisseaux. Selon de nombreuses légendes fécondées durant des siècles, là se rassemblaient deux fois par an, tous les animaux de la savane, des plus petits aux plus grands ; selon les mêmes légendes, c'est sous cette forêt que s'organisaient les cérémonies d'adoubement des chasseurs les plus réputés, les célèbres *donzos*. Ceux qui en ramenaient des trophées dignes d'être cités en exemples devant leurs confréries en sortaient couronnés du glorieux titre de *Simbon,* maître émérite de la chasse.

Actuellement devenu forêt classée dans le haut Niger et réserve dans le parc naturel du Mafou, géographiquement *Nanfouléntou* couvre un périmètre se situant principalement dans la région de Faranah, mais qui s'étend aussi à celle de Kouroussa et dans une moindre mesure à celle de Kissidougou.

L'attrait, souvent la fascination, qu'exerce la Guinée sur l'étranger ne découle pas uniquement de l'admirable complémentarité de ses quatre régions naturelles, de la beauté de ses sites, du caractère unique de ses curiosités scientifiques. Toutes exceptionnelles qu'elles soient les unes et les autres, ces caractéristiques ne sont qu'une infime partie des nombreux autres trésors dont regorge le pays.

Elle a l'eau, et en abondance. L'eau, source de toutes les vies. Avec son exceptionnel réseau hydrographique, elle constitue le centre de dispersion des eaux en direction des territoires des pays voisins, ce qui lui a conféré tout naturellement l'appellation de « château d'eau » de l'Afrique de l'Ouest. C'est le pays, dit-on, aux 1300 cours d'eau, peut-être plus, mais aussi aux multiples chutes, dont le célèbre Konkouré aux possibilités hydroélectriques immenses. Le fleuve Niger, le plus long de l'Afrique de l'Ouest et le troisième plus grand du continent après le Nil et le Congo, ainsi que le fleuve Sénégal y prennent leur source.

Véritable miracle géologique, elle recèle les premières réserves mondiales de bauxite avant l'Australie, un tiers des réserves, et les deuxièmes de fer après le Brésil. Cumulés avec ceux de la montagne voisine du Simandou située aussi en région forestière, les gisements des Monts Nimba - les Monts Nimba pratiquement un bloc de fer - ont la teneur la plus forte qui soit – 78% -, dit-on. Hormis la bauxite et le fer, ses deux principales ressources minières, la Guinée renferme en outre dans son sous-sol, et en quantité, de nombreux autres métaux connus de nos jours, manganèse, zinc, cobalt, nickel, silicium, uranium etc. C'est par exemple le pays du diamant, de la meilleure qualité au monde et de l'or, de l'or exploité depuis le temps des Empires africains anciens, notamment en Haute Guinée dans le Bouré à Siguiri, et transporté à dos de chameaux jusqu'en Afrique du Nord et dans les pays arabes du Golfe. Savez-vous aussi que l'ancienne monnaie anglaise, *guinee*, qui valait 21 shillings était frappée en or venant de Guinée, d'où son nom ?

Extraordinairement dotée par la nature, l'une de ses plus grandes potentialités réside dans l'agriculture. Par une conjonction unique de la nature des sols, de facteurs climatiques, avec ses deux saisons, dont la durée varie selon les régions, l'une pluvieuse appelée encore hivernage et l'autre sèche, c'est un pays où tout ce qui peut être semé en graines, planté en bouture, enfoui en terre en noix, germe, pousse, en saison des pluies et continue à se développer et produit, même sans arrosage en saison sèche. Des cultures vivrières aux cultures d'exportation, - du riz aliment de base de la population au café -, tout s'épanouit.

Et que dire de sa culture, de sa civilisation, de son art, de sa musique... ? Comme ses ressources naturelles, ils sont riches et divers de la richesse et de la diversité de ses quatre régions naturelles, même si chacune d'elles enrichit les autres de sa spécificité. Dans les villes de Boké, Kindia, Coyah, Forécariah, Fria, Télimélé en Guinée Maritime ; dans celles de Macenta, Nzérékoré, Lola, Yomou, Kissidougou, Guéckédougou en région forestière ; dans celles de Labé, Mamou, Dalaba, Mali, Pita, Tougué, Koubia, Lélouma, de Koundara au Fouta-Djalon ; dans celles de Kankan, Kouroussa, Siguiri, Mandiana, Kérouané, Faranah, Dabola,

Dinguiraye en Haute Guinée, l'étranger, et même parfois l'autochtone, va de découverte en découverte.

Profondément enracinée dans la culture populaire, dans ce riche paysage artistique, la musique, par son omniprésence dans toute la vie et dans toutes les activités humaines, se taille une place de choix. Du berceau jusqu'aux funérailles, elle accompagne toujours l'homme, sous une forme ou une autre.

Bien que les nouvelles générations de toutes origines rivalisent tous les jours de créativité et d'inventivité pour s'approprier ce patrimoine commun à tous, dans la société ce sont les griots qui continuent de porter la musique et d'en être les dépositaires unanimement reconnus, particulièrement chez les populations de tradition mandingue où les griots sont la mémoire du peuple. Nourri et toujours renouvelé par ceux-ci depuis des temps immémoriaux, le répertoire de la musique guinéenne est inépuisable.

Qualifiée de perle de l'Afrique, pays-carrefour, terre de rencontre et de brassage culturel, ethnique et religieux, la Guinée est considérée comme le plus beau pays de l'Afrique de L'ouest.

Historiquement aussi, elle peut se glorifier non seulement d'avoir été le berceau d'un grand empire, l'Empire mandingue de Soundjata Kéïta dont la Capitale, Niani, se trouvait sur son sol, d'avoir donné naissance au grand Empire théocratique du Fouta-Djalon, au Royaume de Zégbéla Togba en région forestière, d'avoir recouvert partiellement les territoires du Royaume de Sosso et de l'Empire du Wassoulou, mais aussi beaucoup plus récemment d'avoir été la seule colonie française à voter «Non» le 28 septembre 1958, en préférant l'indépendance à l'appartenance à une Communauté française lors du référendum proposé par le Général Charles de Gaulle à la France métropolitaine et à ses colonies.

Mais par-dessus tout, la plus grande richesse de la Guinée, ce sont ses hommes. Elle est riche de la multiplicité de ses ethnies. Comme dans tous les pays qui bénéficient d'un tel avantage en Afrique et ailleurs sur d'autres continents, le génie de ses populations, de ses femmes et de ses hommes, par sa complémentarité est pour elle plus qu'une chance, un atout.

Si une dominance particulière caractérise chaque région, par les vagues successives de migrations au travers des siècles, et par les brassages qui se sont opérés, toutes les ethnies se retrouvent et toutes les langues du pays se parlent couramment, certes à des degrés divers, dans les autres régions naturelles.

C'est en Guinée maritime que ce phénomène est de loin le plus marquant, particulièrement dans la Capitale Conakry où, comme c'est souvent le cas dans les grandes métropoles, un véritable melting-pot s'est mis en place. Région initialement et principalement peuplée de Soussou et de Baga, avec d'autres sous-groupes, de nombreuses populations des autres régions - peulh du Fouta-Djalon, guerzé, toma, kissien de la région forestière, mandingue de Haute Guinée et de la forêt, pour ne citer que celles-là - y vivent et parlent communément la langue sosso devenue de ce fait, avec le pular et le mandingue, l'une des trois grandes langues de communication du pays.

Ces principales langues guinéennes, - puisqu'il y en existe d'autres, même si elles sont d'une moindre extension spatiale -, sont toutes parlées dans les pays limitrophes. Le pular et le mandingue qui le sont à une échelle beaucoup plus large sont en usage au-delà de nos frontières dans de nombreux autres pays ouest-africains avec des variantes locales.

En plus du français, la langue officielle, parlée presque partout avec différents niveaux de langage, une coutume largement partagée en Afrique l'Ouest joue un rôle véhiculaire important. C'est le *sanankounya* ou *la fraternité à plaisanterie* par laquelle les ethnies entre elles, et aussi en leur sein, renforcent leurs liens par le rire à coup de bons mots sur fond d'histoires drôles, de traits d'humour et autres galéjades. En Europe, cela pourrait se comparer à ce qui se passe régulièrement entre gens du sud et gens du nord, gens de l'est et gens de l'ouest, ou entre français et belges par exemple…

Dans aucun domaine les atouts ne manquaient à la Guinée après son indépendance pour être heureuse, pleinement heureuse dans l'harmonie, la fraternité, la prospérité et la paix. Elle avait tout, les hommes, les ressources, la liberté. De cette merveille de pays, la folie humaine a fait un Goulag, un vaste camp de concentration où les atrocités les plus monstrueuses ont été commises où la pire misère et la pire terreur ont régné durant un quart de siècle. Voici comment et pourquoi.

CHAPITRE II

LA NEBULEUSE EN PYRAMIDE

Déjà une décennie de souveraineté de vécue. Nous sommes en l'année 1970. La République de Guinée venait de célébrer le 12e anniversaire de son indépendance, un anniversaire fêté avec le faste apte à toucher les plus profondes fibres de son nationalisme.

Dès l'aube de cette indépendance, la jeune République avait proclamé qu'elle ne se considérerait pleinement libre que lorsque toute l'Afrique serait affranchie du joug colonial. Partant de ce postulat qu'elle avait inscrit en priorité dans son programme, elle avait apporté son soutien politique, diplomatique et matériel à un grand nombre de mouvements de libération africains, de l'Afrique du Sud jusqu'à la Guinée portugaise, en passant par plusieurs autres pays du continent. A cette dernière colonie qui partage avec elle une frontière, elle avait donné une base arrière et s'était fortement impliquée militairement aux côtés de ses combattants, les combattants du Parti Africain pour l'Indépendance de la Guinée-Bissau et des Îles du Cap-Vert P.A.I.G.C dans leur lutte. C'est en République de Guinée qu'étaient gardés les soldats portugais, au nombre de huit, capturés au cours de cette guerre, d'abord à l'intérieur du pays à Mamou au Fouta-Djalon, puis dans la capitale à Conakry au camp de la Garde Républicaine transformé depuis l'indépendance en prison de détenus politiques sous le nom tristement célèbre de camp *Boiro*. Après l'échec de plusieurs médiations, dont une du Pape, le Portugal, (puissance colonisatrice de la Guinée-Bissau), lança une opération militaire maritime d'accostage à Conakry, pour libérer ses hommes parmi lesquels se trouvait, disait-on, le fils du maire de Lisbonne de l'époque. Des ressortissants de la Guinée-Conakry, mais de la diaspora, mercenaires ou hommes politiques, se seraient joints à cette expédition pour tenter parallèlement de renverser le régime en place, celui du Président Sékou Touré, du moins c'est ce que disait la version officielle guinéenne.

En République de Guinée, l'opération fut baptisée du nom «d'agression du 22 novembre 1970». Effectivement, ce jour-là, l'armée portugaise avait fait débarquer sur les côtes guinéennes environ 400 hommes qui avaient occupé pendant quelques heures des endroits stratégiques de la capitale pour faire diversion, le temps pour elle d'atteindre son objectif : la libération de ses prisonniers ; ce qu'elle fit, apparemment sans difficulté aucune, avant de reprendre le large. L'intervention fut éclaire.

Dès après le rétablissement de la situation, les autorités guinéennes annoncèrent avec force propagande, que l'agression avait échoué et que bon nombre d'assaillants avaient été soit tués soit faits prisonniers, des mercenaires affirmait-on.

Pour la petite histoire, la Guinée par la voix de son leader, Le Président Sékou Touré, avait dénoncé pêle-mêle, en plus du Portugal, l'implication de la France, de la République Fédérale d'Allemagne (RFA) dite Allemagne Fédérale ou encore de l'ouest à l'époque, des Etats-Unis d'Amérique, du Royaume-Uni de Grande-Bretagne et d'Irlande du Nord, de l'Organisation de l'Alliance Atlantique Nord, l'OTAN, de la Côte d'Ivoire et du Sénégal. Avait été également dénoncée l'existence d'une vaste complicité intérieure qui prit rapidement le nom de « Cinquième colonne », que le Portugal aurait recrutée dans le pays pour appuyer son expédition, avait-on dit.

L'expression « Cinquième colonne » est de provenance espagnole et désigne des éléments intérieurs ou infiltrés soutenant et préparant les actions de forces ennemies s'apprêtant à attaquer un pays, par extension les services secrets d'espionnage ennemis sur un territoire ; quant au sigle allemand de (S.S.Nazi), qui fut lui aussi largement employé à l'époque pour désigner les mêmes complices, il date de 1934 avec le Schutz-Staffel « échelon de protection », membres des formations militarisées de police de l'Allemagne nazie, devenues en 1940 de véritables unités militaires sous le nom de Waffen S.S.

En ces années 70, exhumées pour les besoins de la cause, toutes ces appellations européennes ont ressurgi en pleine terre africaine de Guinée. Des réseaux étrangers dits d'espionnage - Service de

Documentation Extérieure et de Contre-Espionnage (S.D.E.C.E) français, Réseau ouest-Allemand ou (G.E.H.L.E.N), (C.I.A) américaine, (K.G.B) soviétique que le commun des Guinéens, et même ceux des hautes sphères de la société, étaient à mille lieues de connaître, ont été abondamment cités et accusés d'avoir recruté à coup de dollars US les agents d'une soi-disant Cinquième Colonne.

Selon certains témoignages, à prendre tout de même avec quelque précaution, entre le Président du Conseil du Portugal, Antonio de Oliveira Salazar et le Président *Sékou Touré*, il aurait été conclu un accord secret dont les principaux intéressés, le (P.A.I.G.C) et ses dirigeants, en particulier son leader Amilcar Cabral, n'auraient pas été parties prenantes. Selon cet accord, les prisonniers auraient été transférés de Mamou à Conakry deux jours avant l'agression pour que les Portugais viennent les y chercher.

Au moment où s'enchaînaient sans interruption ces événements, je suis un jeune homme de 30 ans, professeur de lettres françaises modernes, servant à Dabola. Adopté par la population de cette petite ville de l'intérieur du pays, en quelques mois seulement j'y menais plusieurs activités. Affecté en qualité de Directeur Régional de l'Education, politiquement j'y avais été élu Secrétaire général de la Jeunesse à l'issue d'un congrès ; les encadreurs de l'équipe locale de Football m'avaient aussi, à l'unanimité, choisi comme entraîneur bénévole, fonction que j'exerçais déjà, toujours à titre bénévole, à Kankan, ma ville natale, où je dispensais des cours à l'Institut Polytechnique Julius Nyerere.

Jusqu'à nos jours, la République de Guinée traîne les conséquences funestes de ces événements dont elle porte encore les stigmates. Ils provoquèrent, en effet, l'arrestation arbitraire de centaines et de centaines d'innocents pris pour traîtres, des disparitions, des pendaisons, des exécutions toutes extrajudiciaires et des condamnations à des peines privatives de liberté extrêmement lourdes, toujours accompagnées de confiscation de biens à la suite de parodies de justice.

A l'époque, la Guinée était soumise à un régime de parti unique, celui du Parti Démocratique de Guinée (PDG)

Devenu parti unique en République de Guinée après l'indépendance, le PDG était au départ une section territoriale du grand parti ouest-africain le Rassemblement Démocratique Africain

(RDA) dont le doyen Houphouët-Boigny de Côte d'Ivoire était le Secrétaire général au moment de la lutte politique de libération des colonies françaises de l'Afrique de l'Ouest. Le RDA, sous la férule de ses dirigeants locaux conservera toujours son sigle, mais deviendra en Guinée « *la Révolution Démocratique Africaine* ». Bien structuré, le PDG fonctionnait sur le mode du centralisme démocratique. A la base : des Comités de base, de quartier ou de village qui deviendront plus tard des pouvoirs révolutionnaires locaux ; au sommet : le Bureau Politique National (BPN). Entre ces deux pôles, les Comités directeurs regroupant les (PRL) d'un arrondissement de l'administration publique, les Bureaux Fédéraux, élus dans les 30 villes les plus importantes du pays, qui étaient en même temps chefs-lieux de régions administratives. A chacun de ces niveaux, du (PRL) au (BPN), correspondait un organe subsidiaire des jeunes, des femmes, des travailleurs ; par ordre d'importance de ces organes, venait en tête celui des jeunes, appelé Jeunesse de la *Révolution Démocratique Africaine*, plus connu sous son sigle (JRDA) ; dans le jargon de l'époque, elle était « l'Aile marchante du Parti ». Gardienne zélée du Parti, la milice nationale dite populaire partait elle aussi de la base au sommet ; menace permanente pour les citoyens, la milice constituait dans le système une institution à part.

Au cours de sa fulgurante ascension, pour asseoir sa domination et son contrôle sur tout le pays et tous ses habitants, le Parti avait étendu son organisation non seulement aux usines, entreprises et autres sociétés d'Etat qui étaient dotées chacune d'un organe politique, le Comité d'Unité de Production CUP, mais aussi à des institutions, censées être apolitiques, comme l'armée, la gendarmerie, la police, la douane, en somme les corps dits habillés ou les hommes en uniforme, par la mise en place des Comités d'Unité Militaire CUM à l'image des camps de la milice populaire. Pour les considérer comme bien intégrés à son système et leur jeter de la poudre aux yeux, le Parti faisait appeler ces corps habillés, militants en uniforme, comme il avait pourvu les enseignants du glorieux nom de militants d'honneur après une tentative de grève qu'il avait écrasée faute d'avoir pu l'étouffer.

A cette organisation politique du pays, correspondaient des hiérarchies administratives. Le Pouvoir Révolutionnaire Local était dirigé par un président assumant une double fonction ; car, outre ses attributions politiques, il représentait en même temps l'administration publique dans ses différentes prérogatives ; à la tête de chaque arrondissement, parallèlement au Secrétaire général du Comité directeur, se trouvait un commandant d'arron-dissement ; la ville, elle, était dirigée par un gouverneur.

Administrativement, le pays était découpé en quatre grandes entités administratives, appelées encore délégations ministérielles qui correspondaient en fait aux quatre régions naturelles. Chacune de ces délégations était placée sous l'autorité d'un ministre-délégué, membre du Gouvernement, mais qui résidait au chef-lieu de la région naturelle, la capitale provinciale en quelque sorte, respectivement, les villes de Kindia pour la Guinée Maritime, de Labé pour la Moyenne Guinée, de N'Zérékoré pour la Région Forestière et de Kankan pour la Haute Guinée. Conakry, la presqu'île du Kaloum proprement dite, et sa banlieue, très grosse agglomération à l'échelle du pays, en raison du nombre de leurs habitants, et parce qu'elles étaient le siège du Gouvernement et celui de l'instance la plus haute du Parti, le Bureau Politique National, constituaient une zone dite spéciale. Centre névralgique du pouvoir, c'est aussi à Conakry que se trouvait la direction, le secrétariat ou le quartier général de tout autre organe ou toute autre structure ou institution nationale ou internationale dont les rayons d'action pouvaient s'étendre à tout le pays ou à l'étranger.

Puissant, le (PDG), qu'on appelait le Parti tout court puisqu'il n'y en avait pas d'autre, disposait de sa radiodiffusion, la radio nationale dite la *Voix de la Révolution*, et de son journal, *Horoya*, les deux seuls et uniques organes de presse du pays ; *Horoya* signifie liberté ou indépendance dans les langues sosso, et mandingue ; il avait son emblème : l'Eléphant ; son hymne, « le chœur PDG » : sa couleur, le blanc ; son école, l'Ecole du Parti. En bref, le Parti, pour tout dire, était l'un des personnages centraux du pays !

Après l'indépendance, le Parti s'était créé une sorte de doublure qui commença d'abord par le suivre partout comme son ombre, ensuite par lui faire pièce à chaque instant avant de l'enrober entièrement. Chemin faisant, il avait décidé de changer et le pays et ses hommes du tout au tout. Pour atteindre cet objectif, en schématisant, il a fait comprendre au peuple qu'il s'agissait de faire le contraire de tout ce qui avait cours sous le régime colonial. De ce changement qui fut difficile à caractériser au départ, il a fini par résulter un phénomène aussi insaisissable que le sens d'un oracle ou des lettres écrites sur du sable mouvant, une sorte de nébuleuse qui prit progressivement le nom de Révolution.

Le Parti, c'était la Révolution, la Révolution, c'était le Parti ! Impossible de les dissocier. L'un a engendré l'autre et l'a nourri. Mais plus diffuse puisqu'on ne la voyait pas, tout au moins pas à travers des structures, c'est la Révolution, moteur invisible, qui impulsait le Parti. C'est d'elle qu'on parlait même quand on pensait au Parti ou au régime. Pour la qualifier à l'époque, il fallait faire dans l'incandescence en tenant constamment le peuple en ébullition par des slogans et des explosions verbales, et les mots et expressions ne manquaient pas. C'était, à qui traduirait le mieux l'excellence et la foi révolutionnaires. Du « détail », au prolétarien en passant par des néologismes comme le «transtemporel» ou la «transcroissance» tout était bon, pourvu que le « militant » les crie aussi fort qu'il le pouvait. Cependant, incontestablement, une formule remportait la palme : «globale et multiforme». Oui, la Révolution guinéenne était globale et multiforme ; ce qui permettait dans une confusion volontairement créée et soigneu-sement entretenue, de tout y mettre et de tout faire en son nom. Arrêter, détenir et au-delà, c'était en son nom qu'on le faisait. Au nom d'une Révolution sans visage, globale et multiforme !

Pour l'accompagner dans l'exécution de ses œuvres en temps de crise - et toute crise qu'elle soit sociale, économique ou politique était artificiellement et inévitablement transformée en « *complot*» par le régime -, la Révolution se dotait d'un organe spécial : le Comité Révolutionnaire National. Placé sous l'autorité d'un Haut Commandement, ce comité dans chaque fédération ou ville se ramifiait en Sous-comités Révolutionnaires érigés automatiquement en Tribunaux dits Populaires et Révolutionnaires. Dans chaque arrondissement et chaque quartier ou village (PRL), la milice populaire prenait le relais de ces structures.

Au sommet de toute cette pyramide ou «nébuleuse», se situait un homme : Sékou Touré. Secrétaire général du Parti, puis du Parti-Etat, en même temps, chef de l'Exécutif et Président de la République devenu par la suite Responsable Suprême de la Révolution, dit Suprême tout court. D'une main de fer, c'est lui qui dirigeait et l'Etat, et le Parti, et la Révolution, et le Haut Commandement.

Cette présentation du Parti, de la Révolution, de tous leurs démembrements, et du Leader Suprême, pour brève que j'ai voulu qu'elle soit, serait incomplète si je ne citais pas le «Palais du Peuple», et le «Stade du 28 septembre». Deux lieux mythiques. Le premier était le siège du Bureau Politique National, et le second, le terrain national de football. Tout aussi célèbres l'un que l'autre, incontournables dans le système, ils étaient les deux hauts lieux de rassemblement public du régime, disons de la Révolution.

CHAPITRE III

LA VILLE

Généreusement baignée par le Tinkisso, l'un des nombreux affluents du fleuve Niger, Dabola est située au flanc de la montagne Sincéry qui semble la protéger de son voile quand elle étend sur elle sa brume au moment où le souffle de l'harmattan, notre hiver à nous, un hiver bien tropical, chasse dans toute la contrée le reste des grandes chaleurs du mois de mars. Bien que chef-lieu de région administrative et fédération politique du Parti, Dabola était une petite ville rurale à la lisière du Fouta-Djalon et de la Haute Guinée.

Elle était aussi une cité commerçante depuis le double passage du chemin de fer et de la route nationale numéro 1, les deux voies de communication les plus importantes de la Guinée portant toutes deux le même nom de Conakry-Niger.

Malgré ces deux voies de communication et sa position au centre du pays qui ont fait caresser longtemps à ses habitants l'espoir de la voir devenir un jour la Capitale, c'était une petite localité ordinaire de province comme tant d'autres. Avec des moutons et des chèvres broutant paisiblement le long des ruelles et qui s'enhardissaient même au point de pénétrer dans les concessions pour se repaître des graines étalées au soleil sans surveillance. Tout cela paraissait normal ; même les chiens errant en liberté à travers les quartiers, revenant à la maison à l'heure du repas, alors qu'ils devaient aller aider leurs maîtres à surveiller les champs, ou les accompagner à la chasse, qui pouvaient même servir de chiens de garde dilettantes, car Dabola, petite cité peuplée de bonnes gens, ne connaissait guère de vols.

Des arbres, beaucoup d'arbres fruitiers, bordaient les ruelles ou ombrageaient abondamment les concessions : des manguiers, des orangers, des avocatiers... Ici, même les haies vives étaient faites d'arbres fruitiers. Les feuillages touffus de ces vagues successives de frondaisons formaient autant de parasols pour les braves habitants de notre ville quand sévissaient les grandes chaleurs estivales.

En période de floraison, cela donnait un éblouissement de couleurs et une exubérance de senteurs, extraordinairement entremêlées, qui naissaient et s'évanouissaient au rythme des jours et des mois. Mais les couleurs et les parfums étaient tellement habituels à Dabola que les autochtones ne les voyaient ni ne les sentaient. On se régalait de fruits, les fruits compléments essentiels de l'alimentation dans notre société, une société de nécessité où l'utilité l'emporte sur les sensations évanescentes. Seule l'impétuosité du flamboyant échappait à cette indifférence aux couleurs et aux senteurs. Sa beauté éclatante et son parfum de roi des savanes faisaient l'unanimité. Ici, il y en avait de beaux, de très beaux. Disons-le tout net, c'est à Dabola qu'on trouvait les plus beaux flamboyants !

Par son charme tout exquis qui - sans lui faire perdre son titre de ville parce que dotée de quelques bâtiments administratifs aux toitures de tuiles, vestiges de la colonisation, et de nombreuses autres maisons couvertes de tôles ondulées - lui conservait intact son naturel de grand village ignorant les avatars pernicieux des grandes cités, par la beauté de ses sites qui n'avaient rien à envier à ceux des plus belles villes de la Guinée et que je découvrais au fil des missions d'inspection des écoles dans les zones rurales, dans les chefs-lieux d'arrondissement, et même dans certains quartiers du centre-ville - Almamamiya, Foundén, Saouro, Kambaya, Babiliya etc. -, par l'hospitalité et la bonhomie à nulle autre pareille de ses habitants, de ses hommes, de ses femmes, surtout par ses écoliers merveilleux de gentillesse, d'intelligence et de discipline, Dabola m'avait conquis. Dès les tout premiers mois de mon arrivée, j'étais littéralement tombé sous son charme…

Malgré la promotion dont j'avais bénéficié en y venant, j'avoue que j'avais nourri quelques appréhensions en quittant une grande ville, Kankan, pour joindre Dabola une petite ville de province ; mais dès l'ouverture des écoles et le commencement de mes passionnantes activités de directeur régional de l'éducation, mes craintes s'étaient rapidement dissipées…

Comme dans tout le pays, ici nous avons deux saisons principales : la saison sèche et la saison des pluies. Localement, cette deuxième s'appelait, la saison de l'arachide. L'arachide était en effet la principale production de la ville. Cette légumineuse n'y était pas seulement une culture vivrière et industrielle, elle était un trait de civilisation. En effet, Sans l'arachide, croyez-moi, on ne peut rien faire à Dabola. En y arrivant, ce qui frappait l'étranger, ce n'était pas uniquement la place prépondérante des arachides dans toutes les recettes de cuisine, mais leur omniprésence dans tout ce qui se faisait et se disait, de la conversation la plus banale aux activités les plus importantes. On en trouvait de tous genres : des courtes et des longues, des jumelles et des triplées, des rouges et des blanches, des hâtives et des tardives. En temps normal, la vie ici était rythmée par l'arachide. On composait des hymnes et l'on dansait en son honneur au moment des récoltes. De la sculpture aux pièces de théâtre, elle inspirait abondamment les artistes locaux.

Si l'arachide ici était un phénomène culturel, elle était aussi au centre de l'activité commerciale. A chaque montée ou descente des trains et des camions vers Conakry ou vers l'intérieur du pays, des marchands et marchandes s'affairaient autour des wagons et des véhicules pour en vendre les graines et faire les emplettes du jour. Il était impossible d'imaginer Dabola sans l'arachide ! Par elle on vivait, par elle on changeait de condition sociale. Quand la ville décidera un jour de se doter d'armoiries, l'unanimité, n'en doutez pas, se fera autour de l'arachide.

L'implantation d'une usine d'huile d'arachide dans le quartier Foudén sur la route de Conakry n'avait fait qu'amplifier le phénomène. Ceux qui connaissaient bien la Guinée pouvaient être tentés de croire que la monoculture n'était pas une spécialité de notre seule localité et qu'en fait la plupart des autres villes ou régions du pays se distinguaient par une spécificité de cette nature. Mais le cas de l'arachide à Dabola était particulièrement marquant. Hormis cette singularité, et son cosmopolitisme toujours cité en exemple dans le pays et par lequel les peulhs et les mandingues, qui composent l'essentiel de sa population, vivent en pleine harmonie et fraternité avec un goût prononcé pour la convivialité, le partage et le brassage par le mariage, Dabola était une petite agglomération ordinaire et sympathique de province, sans histoire.

Parallèlement à l'arachide, depuis l'indépendance, la vie y était rythmée par la Révolution, comme partout ailleurs dans le pays.

Depuis 12 années qu'elle dominait d'un bout à l'autre, régnant sans partage, la Révolution se portait toujours très bien. A coups de congrès, de comités centraux, de conseils nationaux, de rassemblements publics monstres avec des acteurs vêtus de blanc pour donner une apparence de pureté ; à coups de festivals, de quinzaines et de semaines artistiques illustrant quelques hauts faits parfois inventés de toutes pièces ou bien démesurément et volontairement grossis ; à coups de ballets folkloriques colorés et endiablés, d'hymnes et de chœurs pour les grands-messes du Parti, de coupes de disciplines sportives abondamment arrosées, de slogans enflammés, elle volait de « succès » en « succès ». Pour l'œil non initié, une Révolution joyeuse, chantante, un peuple gai, en fête permanente !

Depuis ces 12 années, elle avait inventé de toutes pièces de nombreux complots, des contre-révolutions dotées bien sûr de leurs contre-révolutionnaires. Elle avait déjà frappé sous le couvert de Tribunaux dits Populaires et Révolutionnaires factices, nombre de ses propres enfants, un peu comme toutes ses sœurs aînées des pays qu'on appelait de l'Est dont elle s'inspirait abondamment et qui avaient la désastreuse habitude de se nourrir de leurs propres enfants, les révolutionnaires, en les accusant faussement de conspiration après les avoir embastillés dans des goulags spécialement conçus à cet effet.

Au début de l'indépendance, avec un savant discernement, elle frappait plutôt la Capitale là où les meilleurs cadres du Parti et de l'administration étaient concentrés, et de temps à autre dans certaines grandes agglomérations, des chefs-lieux de région naturelle ou de délégation ministérielle comme Kindia, Labé, Kankan et N'Zérékoré, mais assez rarement dans de petites localités de province comme la nôtre.

La Révolution, on la disait prolétarienne, comme ses grandes sœurs des autres continents. Successivement les cadres les plus brillants, les officiers les plus valeureux, les riches propriétaires et commerçants avaient été ses cibles privilégiées, de sorte que le peuple, en sa simplicité et son innocence, pensa longtemps que les dites contre-révolutions étaient uniquement une affaire de gens instruits, cerveaux instigateurs puisant leur financement dans les couches riches de la population et faisant des officiers leurs bras armés.

Dans ce tragique écrémage de la société dont la Révolution avait pris la désastreuse habitude, Dabola avait certes déjà eu, quelques années auparavant, certains de ses fils arrêtés à Conakry, dont un des siens les plus illustres. Mais en ces années 70, sembla dangereusement s'élargir le champ des suspicions. De plus en plus de notables, mais aussi de simples gens du peuple vinrent allonger la liste des suspects, contre-révolutionnaires bien sûr.

Mais malgré son omnipotence et son omniprésence, rien cependant ne laissait présager que l'extraordinaire enchaînement de faits qui se sont déroulés à Dabola à partir du mois de novembre de l'année 1970, était parmi les signes avant-coureurs des douloureux événements dont le pays entier allait devenir le théâtre et qui, au fil de leur tragique évolution, allaient progressivement tourner au désastre.

Dans notre ville, la toute première arrestation en cette fin d'année de 1970 passa presque inaperçue. L'affaire n'avait pas suscité grand bruit. Il s'agissait d'un fonctionnaire récemment affecté de Kankan à Dabola. Le monsieur, disait-on de manière détachée, comme pour repousser le spectre d'une éventuelle et dangereuse contagion, il a dû venir avec son histoire. Pourvu qu'il ne nous apporte pas sa guigne !

A l'arrestation d'une deuxième victime, le bouche-à-oreille fonctionna mieux. Cette fois, il s'agissait bien d'un originaire de Dabola, pas une notoriété certes, mais bien de quelqu'un de chez nous. Puis une troisième arrestation ! Le début d'une hémorragie pour une si petite ville ?

Le lendemain de ce troisième cas, un paysan infirme, vivant au fin fond de son village, fut appréhendé. Avec cette arrestation incompréhensible, insolite, nombre d'habitants furent saisis de perplexité. On avait beau s'interroger, puisqu'on ne pouvait pas interroger la Révolution, le motif de cette arrestation n'apparaissait clairement à personne. Vieillard impotent, pourquoi et comment pouvait-il avoir trempé dans un complot dont les instigateurs se trouveraient à Conakry où il n'avait jamais mis les pieds ? Malvoyant et illettré de surcroît, quel rôle aurait-il pu y jouer ? Cultiver et entretenir le paradoxe devaient faire partie de la stratégie.

Notre révolution ne se nourrissait-elle pas de paradoxes ? Il devait s'agir pour elle de mettre l'intelligence sous hypnose en frappant le plus possible l'imagination et de provoquer l'incompréhension dans une confusion générale volontairement créée.

A partir de ce moment, les habitants de notre ville commencèrent à croire que la Révolution qui avait considérablement accru sa foudroyante capacité de prédation partout ailleurs dans le pays, était devenue soit aveugle pour ne plus distinguer ses propres fils, soit folle pour confondre tout, ou les deux à la fois.

Un ami, vieux sage et notable, Môkhôba Séidiyanké Barry du quartier Almamiya, inquiet, me confiait lors d'une visite que je lui avais rendue: « Mon ami, je connais ton ardeur patriotique, mais devant une telle calamité, ne sera sauvé que celui que Dieu voudra sauver. Puis, perplexe, il ajouta : « Tiens, un conseil, il ne sera pas de trop ! Chaque matin, en sortant de chez toi, fais une aumône à un indigent : de la nourriture, de l'argent même de petites pièces ; un fruit, une noix de cola, qu'importe pourvu que l'autre en face de toi en ait besoin ; l'arachide est la meilleure chose à offrir, le meilleur sacrifice contre le malheur qui peut s'annoncer comme c'est le cas actuellement ; me conseilla-t-il songeur. Dans le malheur, un croyant quelque soit sa religion ne peut que prier, il trouve toujours en sa foi un refuge. Le meilleur refuge à mon âge, que j'en réchappe moi-même ou non, je le trouverai dans le recueillement. Puissions-nous être sauvés et puisse la Guinée être sauvée ! »

Môssôbè El Hadj Lamine Diawara, un autre ami, vieux sage lui aussi, un notable respecté qui arborait toujours fièrement à sa poitrine, même hors cérémonie, la médaille de Compagnon de l'Indépendance, ancien pourfendeur d'administrateurs coloniaux, l'homme qui était dans toutes les confidences, même de celles de la presqu'île du Kaloum disait-on, l'homme qu'on consultait pour dénouer les crises politiques les plus délicates, l'homme qui pouvait faire et défaire les organes locaux du Parti, grâce disait-on aussi à la bénédiction de Conakry, sans avoir jamais été candidat et sans même parfois bouger de sa maison, me déclara le même jour désabusé : « Jeune homme, la situation que nous vivons est une calamité qui finira par semer la désolation même dans les villages». En parlant ainsi, il se fondait beaucoup plus sur les échos parvenus de la Capitale que sur la situation locale. « Figurez-vous, me confiait-il, des camarades à nous sont arrêtés, des membres fondateurs du Parti, des porteurs de distinctions honorifiques, des personnes occupant des hautes fonctions politiques et admi-nistratives. Que fait-on de leurs médailles ? Des ministres, et parfois parmi les plus importants, un membre même de la plus haute instance du Parti, ont été arrêtés. Vous rendez-vous compte ? Des hommes qui ont bâti le Parti de leur intelligence et de leur fortune, en sacrifiant leurs carrières et parfois même au risque de leurs vies, j'en ai été témoin à plusieurs reprises, durant la lutte contre la colonisation, sont maintenant arrêtés. Peuvent-ils tous ces camarades avoir trahi ? Si tous ceux-ci ont trahi, que peut-il en être de notre Révolution elle-même ? Veut-elle se saborder ? » Clamait-il au bord des larmes. « Un conseil, ajouta-t-il, chaque jour, fais un sacrifice, une bonne poignée d'arachides par exemple ».

CHAPITRE IV

LA BATAILLE DE KONIDOU

Avec la cadence infernale imprimée par la Révolution aux arrestations dans tout le pays, une véritable psychose s'était progressivement emparée de la population de Dabola. Nous étions au début de l'année 1971. Nous ne comprenions pas ce qui nous arrivait. Devant notre courage et le patriotisme de notre armée, une agression organisée contre la Guinée et financée par un pays du Nord, le Portugal en l'occurrence, aidé disait-on par d'autres pays développés très puissants, par deux pays africains limitrophes et par toute une organisation militaire internationale, *l'OTAN* ou plutôt par l'impérialisme tout court, comme la *Voix de la Révolution »*, le clamait tous les matins et tous les soirs, au début et à la fin de ses émissions, comme le journal *Horoya, l' éditorialisait* tous les jours à longueur de colonnes, venait d'échouer lamentablement. Nous avions cru, nous le peuple, bien drapé dans notre fierté, qu'ayant tous remporté cette victoire, cette victoire éclatante, nous la fêterions tous et la célébrerions légitimement dans une totale allégresse. Mal nous en prit : au lieu de cela, les bruits les plus fous, parfois les plus invraisemblables circulaient avec persistance. Par le jeu politique et la rumeur, la possibilité d'une nouvelle agression se distillait astucieusement dans les esprits ; de sorte que la tendance quasi générale était de voir des Portugais, des mercenaires et leurs dits complices de l'intérieur partout. Cette histoire en est une illustration.

Un jour, vers 15 h, au moment où un groupe de responsables du Parti assurait la permanence au siège de la Fédération Politique de Dabola, sous la présidence de Sékou Sy Savané le Secrétaire Fédéral, deux hommes, pleurant à chaudes larmes et tremblant de frayeur, se présentèrent affolés, et déclarèrent que les Portugais et leurs mercenaires occupaient Konidou, un village situé à une trentaine de kilomètres de la ville.

Au fur et à mesure que nos deux hommes avançaient dans les péripéties de leur récit toujours abondamment arrosé de larmes, la rage révolutionnaire, prompte à s'enflammer, montait au sein du groupe de permanents. Une nouvelle fois, l'occasion s'offrait à Dabola de s'illustrer après l'envoi de son renfort à Conakry dès l'annonce de l'agression. L'impérialisme qui trouvait tous les jours à *la Voix de la Révolution* et dans *Horoya* « son tombeau en Guinée » à travers les slogans, allait de nouveau mordre la poussière, comme elle l'avait déjà fait lors de sa première tentative, le désormais historique 22 novembre 1970.

Dabola est situé au centre de la Guinée. Pour l'attaquer, il faut d'abord soit venir de l'Océan Atlantique à l'ouest et traverser la moitié de la Guinée, soit franchir les frontières de quelque république avoisinante, pénétrer ensuite sur le territoire national et avoir investi une ou plusieurs villes limitrophes : Mamou, Faranah, Dinguiraye ou Kouroussa.

Cette histoire, dans un contexte ordinaire, aurait dû paraître tout simplement invraisemblable: aucun message du Bureau Politique National, aucune radio, même la nôtre qui n'arrêtait pas de dénoncer, n'en avait fait cas. Mais l'art du combat ne réside-t-il pas dans l'effet de surprise ? Après leur défaite cuisante à Conakry, pourquoi pas une contre-attaque fulgurante du Portugal et de ses alliés à l'intérieur du pays par des troupes aéro ou héliportées? Les va-t-en guerre - ardeur révolutionnaire oblige- paraissaient subjugués, ou feignaient de l'être, par la volonté d'en découdre absolument avec du «mercenaire».

Le zèle seyait mieux à nos révolutionnaires que l'appel à la raison ou à l'intelligence. Pour agir rapidement, l'on renonçait à la recherche du pourquoi et du comment des choses. On se passionnait à décider, pour être toujours les premiers à l'avoir fait. L'une des rares passions qu'on ne manifestait pas, c'était celle de la logique ; ceux qui s'en réclamaient étaient traités d'intellectuels petit-bourgeois à col blanc, catégorie réactionnaire voire contre-révolutionnaire par nature. La surenchère montait toujours rapidement. Ce qu'on vous demandait au palier inférieur de l'échelle du centralisme démocratique, c'était d'avoir du réflexe et non du bon sens. La politique visait à conditionner au maximum ce réflexe et à faire preuve de passion en toute circonstance pour paraître défendre la Révolution. Les idéologues attitrés réfléchissaient pour les militants. Du sommet, c'est-à-dire du Chef «qui ne se trompait jamais», venait obligatoirement l'inspiration, la vérité de toute évidence.

Nous voilà donc embarqués dans une nouvelle affaire de mercenaires en plein centre du pays. Notre ville était sans garnison. Qu'à cela ne tienne, elle disposait de quelques gendarmes, ils ne faisaient pas un escadron complet, elle pouvait compter aussi sur ses policiers, ils ne faisaient pas tout à fait une brigade. On battit le rappel. En plus de ces forces dites conventionnelles, parmi lesquelles on avait compté les miliciens avec leur armement suranné, pour l'essentiel, des fusils A 44 de fabrication soviétique datant de la deuxième guerre mondiale, on fit appel aux chasseurs de la contrée les *donzos*, auxquels on distribua hâtivement la poudre à canon et les cartouches destinées habituellement aux paysans pour éloigner les singes et autres petits prédateurs des champs, quand l'arachide commence à craqueler le sol.

La Révolution, clame le slogan - nous le savions tous par cœur -, « C'est le Peuple en arme » ! Tous les responsables de tous les organes du Parti et tous les chefs de service de l'administration se trouvaient réunis au siège de la Fédération, tous en treillis de combat prêts à diriger les opérations et à affronter l'ennemi. Malgré la discrétion stratégiquement nécessaire devant pareilles informations venues du front de Konidou, la nouvelle avait rapidement franchi les limites de la permanence pour se répandre en ville où la panique s'était rapidement emparée de la population ; des familles entières de Dougoula, le bas quartier, avec en tête les Sanankouns, la catégorie la moins courageuse de la cité, devant la supposée avancée des mercenaires, avaient escaladé le Sincéry pour y chercher refuge. De nombreux autres Sanankouns, prenant la direction diamétralement opposée à celle de Konidou, s'étaient enfuis dans des brousses lointaines emportant avec eux tout ce qui ne pouvait tenir ni à fer ni à clou. L'essence de l'unique station-service même la dotation dite stratégique réservée aux responsables du Parti ou aux privilégiés, fut rapidement épuisée.

Vers 17h, les préparatifs achevés, les troupes fin prêtes, placées sous le commandement d'un chef des opérations désigné parmi les agents des corps habillés, Monsieur Tahirou Bah le commissaire de police, le bureau fédéral faisant pour la circonstance office d'état-major et veillant sur la population, l'on s'embarqua pour Konidou en renforçant la vigilance autour de Dabola et tout au long de la route menant au champ de bataille. On était prêt à livrer bataille. Après avoir observé maintes précautions stratégiques, les premiers éléments, les éclaireurs, arrivèrent sur le site supposé de la bataille, Konidou. A leur grand étonnement, ils trouvèrent un village calme, avec des habitants vaquant tout à fait normalement à leurs occupations : des femmes pilant des céréales ou faisant la cuisine, des paysans rentrant au village après les travaux champêtres...

- Qu'est ce qui nous vaut l'honneur de cette visite surprise, chef ? demandèrent à nos éclaireurs des vieillards assis sous un arbre et devisant tranquillement. Vous êtes bien armés.

- Vigilance révolutionnaire oblige, spécialement par ces temps.

- Mais ce soir ?

- Simple promenade avant la tombée de la nuit. De Dabola à Konidou, ce n'est pas bien loin, répondit le commissaire Tahirou arrivé sur les lieux,- et comment allez-vous ici ? ajouta-t-il.

- Rien de mauvais, répondirent les vieillards.

Et dans l'esprit des traditions locales, ils offrirent des arachides grillées et des noix de cola aux visiteurs qui s'en retournèrent à la permanence sans inquiéter outre mesure les paisibles habitants de Konidou ignorant qu'ils étaient déclarés, depuis environ trois heures, victimes d'une agression de mercenaires.

L'origine de l'histoire qui venait de provoquer le branle-bas de combat ne manque pas de saveur : Un paysan s'était disputé avec son épouse pour un repas qui n'avait pas été prêt à temps. Au moment où les deux conjoints en venaient pratiquement aux mains, leur petit garçon qui les accompagnait au champ courut vers la route en pleurant et en appelant au secours. Coïncidence : à l'instant où il arrivait au bord de l'axe Konidou-Dabola, un coup de feu retentit ; redoublant de pleurs, le petit garçon s'adressa à la première personne qu'il rencontra en lui expliquant la brouille familiale ; celle-ci avait entendu le coup de feu ; elle crut d'abord que c'était le mari qui avait tiré sur sa femme. Tuer ou blesser par balle pour une brouille si banale ? Cette personne se ravisa et pensa que ç'aurait été trop simple, et se dit : ce ne pouvait être sûrement que des mercenaires qui avaient tiré.

Ce passant, sûr de son fait, sans avoir vérifié quoi que ce soit, poursuivit son chemin en racontant sa version à un curieux qui, à son tour, l'enfla pour une troisième personne se rendant à Dabola, de sorte que, d'un récit à l'autre, la nouvelle avant d'arriver à la Permanence avait accouché d'une agression en bonne et due forme, avec vingt-neuf tués pour les uns et trente pour les autres.

Catastrophe ! La poudre à canon de toute la saison avait été entièrement distribuée, la dotation d'essence épuisée, ce qui avait mis en furie tous les responsables ; les « braves » Sanankouns qui avaient escaladé le Sincéry, ou qui s'étaient enfuis dans des brousses lointaines, s'y trouvaient toujours, sans qu'on ne sache comment les convaincre pour les en faire descendre ou les en faire revenir.

Vérification faite, dans une exploitation contiguë à celle du couple qui se disputait, c'était un paysan qui avait tiré sur un troupeau de singes ravageant son champ. L'émotion suscitée avait été grande. La bataille de Konidou n'avait pas lieu ; mais la rumeur ne fut pas sans conséquence. L'affaire aurait dû prêter à rire, mais dans une ambiance où chacun épiait l'autre, où tout s'interprétait tendancieusement, le rire pouvait être considéré comme suspect, voire réactionnaire ou même contre-révolutionnaire, d'autant qu'il venait d'arriver «en Révolution», à Kankan, exactement en 1970 quelques mois avant l'agression, une bizarrerie. Un certain Moriba Kanté du quartier Moryoulén, avait été emprisonné pour un rêve qu'il était allé raconter au Bureau Fédéral. Celui-ci avait jugé le rêve subversif, comme si l'infortuné rêveur avait commandé son rêve. Ce genre de petits faits de la vie quotidienne qui mettaient continuellement en évidence les errances de la Révolution, se multipliaient. Ce qui n'avait été qu'une brouille querelle passagère, comme il en arrive au sein d'un couple, avait été traité comme une affaire d'Etat.

L'on remonta à la source jusqu'au paysan de Konidou, réconcilié depuis avec son épouse. De cette famille jusqu'aux deux malheureux annonciateurs de la dernière version, tous ceux qui en avaient transmis quelque élément "de près ou de loin", une expression souvent utilisée en ces temps-là, furent soumis à interrogatoire, pour avoir «volontairement» semé la confusion, provoqué la panique dans la population, et surtout la rupture de stocks stratégiques. L'affaire ne fut pas classée sans suite. Leurs actes furent qualifiés de contre-révolutionnaires, et ils en furent punis par quelques jours de garde à vue, avec inscription au dossier.

Accentuant la généralisation de la psychose, des manifestations de cette nature se multiplièrent. Au cours des mois qui suivirent l'agression, dans certaines de nos villes, particulièrement dans celles où les Sanankouns étaient nombreux, il ne fallait pas qu'un pneu de véhicule automobile éclate accidentellement sous l'effet d'un gonflage excessif, ou qu'un battant de porte claque par un coup de vent violent, sinon c'était une panique indescriptible. «Ils sont là, les portugais!» s'écriait-on, soit en prenant la poudre d'escampette, soit en s'armant bravement des pieds à la tête.

Les enseignants servant à Dabola à l'époque se souviendront que je leur avais donné à commenter dans toutes les écoles un texte intitulé « *La Dent d'Or* ». Dans cet extrait de son « *Histoire des Oracles* », un rouennais, Bernard le Bouvier de Fontenelle, racontait en substance que le bruit ayant couru qu'un enfant de sept ans s'était vu pousser une dent en or à la place d'une dent normale qu'il avait perdue, pas moins de trois savants s'étaient empressés d'écrire des thèses sur l'origine de cette dent, sans chercher à voir l'enfant ni à vérifier que sa dent était effectivement en or. Après moult répliques et contre-répliques, toujours à coups de doctes ouvrages, c'est un orfèvre qui, après avoir examiné la dent, trouva qu'elle avait été fort habilement recouverte d'une simple feuille d'or. S'assurer des faits avant d'en chercher les causes, était tout simplement contraire à l'esprit de la Révolution.

CHAPITRE V

LES CHIENS DE ZAÏDAN

Un doberman et un dalmatien montaient et descendaient l'artère principale qui traverse Dabola de part en part, portant au cou leurs colliers et deux longues laisses tenues par un certain Djouma, le gardien de leur ancien maître Joseph Zaïdan, commerçant libanais. Celui-ci - qui portait le prestigieux surnom de «Wodibati», «celui qui a beaucoup d'argent» en langue mandingue - venait d'être arrêté. On cherchait à ses chiens un ou de nouveaux maîtres. Fabuleusement riche, Zaïdan à Dabola était un vrai Crésus. Il était tellement riche le monsieur que pratiquement personne ne l'appelait plus par son vrai nom ; pour tout le monde, il était tout simplement Wodibati.

C'était un problème assez complexe : Zaïdan était emprisonné pour complot. Comme toutes les personnes arrêtées à cette époque, il était supposé appartenir à la fameuse Cinquième Colonne. Personne, en principe, en principe seulement, ne devait disposer de ses biens, sans l'autorisation du Comité Révolutionnaire National ou du Sous-comité Révolutionnaire. Dans ce cas d'espèce, il ne s'agissait pas de biens matériels, mais d'êtres vivants. Les chiens avaient besoin de manger, de boire, d'être soignés, surtout d'être aimés. C'est le genre de choses que ne prévoyait pas la Révolution, même si l'un des slogans de l'époque affirmait : « *la Révolution, c'est le détail !* »

Il fallait cependant prendre une décision. Elle fut prise à la suite d'une réunion des hautes personnalités politiques et administratives de la ville transformée pour l'occasion en instance judiciaire ; en effet, le Sous-comité Révolutionnaire de la Haute-Guinée siégeant à Kankan, dans la capitale provinciale, à deux cent soixante kilomètres, se trouvait trop éloigné. N'eût été le pedigree extraordinaire des deux chiens, l'affaire n'aurait peut-être pas mérité tant de considération. Mais devenir gratuitement propriétaire des chiens du Libanais le plus riche offrait une perspective attrayante pour chaque responsable administratif ou politique de haut rang, histoire pour chacun de rehausser à bon compte son prestige.

Quand il y avait quelque chose de bon à prendre, la Révolution, même au prix d'une violation de ses "sacro-saints" principes, trouvait toujours une solution. Penser aussi que la charité bien ordonnée commence par le chef, ne datait pas de cette époque. Qui d'autre que le Gouverneur en sa qualité de premier responsable administratif pouvait mieux mériter dans la ville un tel honneur ? Hériter du Libanais le plus riche ! Le Gouverneur devint donc logiquement le nouveau maître du doberman et du dalmatien. Il ne le resta pas bien longtemps. Héritage lourd, même pour lui ! En moins de rien, sa provision de vivres pour le mois fut largement entamée. En ces temps où la population elle-même tirait le diable par la queue et vivait dans la misère, le carnet de rationnement, comme en temps de guerre, était de rigueur pour tous à l'exception des privilégiés ; les vertus égalitaires de la Révolution n'allaient pas jusqu'à astreindre ceux-ci au même traitement que le peuple. Déception ! Malgré son rang de haut dignitaire, il ne fut pas à la portée du gouverneur d'assurer la nourriture des deux chiens. Cependant on continua à faire de l'adoption des deux animaux un problème de chef. Après le gouverneur, ce fut le tour du Secrétaire fédéral, la personnalité politique la plus importante. Il s'essaya lui aussi à la tâche, mais y renonça aussitôt au bout d'une journée pour les mêmes raisons. Les chiens ne voulaient pas manger n'importe quoi.

Sollicité après d'infructueuses tentatives auprès des Secrétaires généraux des Comités Directeurs, je déclinai l'offre. J'avais été le tout premier à avoir demandé à prendre en charge l'un d'eux, le doberman de préférence, à défaut le dalmatien, mais je n'avais pas obtenu satisfaction. On ne m'en avait pas jugé suffisamment digne. La grande sympathie dont je jouissais au sein de la population, particulièrement dans le milieu enseignant et des sportifs où tout le monde m'appelait familièrement par mon surnom « Capi » à cause de mon penchant pour les sports et pour avoir été depuis mon jeune âge capitaine d'équipe de football à plusieurs reprises, n'avait pas suffi.

J'aimais les chiens ; j'avais appris à les connaître. Généralement, c'était des bâtards. Dans le pays on ne pratiquait pas d'élevage de chiens. Je les prenais chiots, les faisais grandir, les suivais dans leur évolution en découvrant progressivement leurs comportements, leurs caractères, leurs points forts et leurs points faibles. A Dabola j'en avais bien eu un. En quittant Kankan j'avais tenu à l'emmener. Mais je l'avais perdu il y avait tout juste deux mois. Un camion l'avait écrasé, presque devant moi. C'était au carrefour central de la ville où se croisent les routes venant de Mamou, Kouroussa, Faranah et Dinguiraye ; je venais de mon bureau ; comme à son habitude, dès qu'il m'avait aperçu, il avait couru vers moi pour mettre ses deux pattes sur ma poitrine et me barrer pratiquement le chemin ; cela l'amusait. Il s'appelait Wolignouma « Reconnaissance » en langue mandingue. Contrairement aux autres chiens que j'avais possédés, lui je l'avais adopté adulte, à deux ans environ. Sans doute égaré ou abandonné par son propriétaire, il m'était venu un jour, malade, galeux, malingre, famélique. Après l'avoir soigné et bien entretenu durant quelques mois, il était devenu attachant, reconnaissant surtout. Dans une situation périlleuse où bien des hommes m'auraient trahi, il m'était resté fidèle et m'avait sauvé la vie... Je vous conseille de prendre un chien chez vous, si vous n'en avez déjà pas...

Au moment où j'avais demandé l'adoption de l'un d'eux, j'avais essayé de leur faire lécher dans mes mains une trace de sauce appétissante que j'y avais volontairement laissée à leur intention, après avoir marché à pas comptés en leur direction et pris quelques autres précautions d'usage, par exemple, les caresser pour me faire accepter d'eux. A présent, il me paraissait évident que ces chiens n'étaient ni pour un directeur ni pour un entraîneur bénévole de football. Il valait peut-être mieux ne pas devenir leur maître pour leur malheur, en ne pouvant pas les nourrir.

Il faut l'avouer, ces deux pensionnaires à Dabola sortaient de l'ordinaire. Les avoir sous son toit équivalait à organiser à chaque repas un festin. Ils ne mangeaient pas n'importe quel aliment. Pour chacun d'eux, il ne fallait pas moins d'un kilogramme de viande par jour. De quoi préparer une très bonne sauce pour toute une famille dans les quartiers de Dougoula, et même de Sandô, les hauts quartiers où consommer cette denrée à l'époque relevait de la prouesse.

Le doberman un jeune mâle d'environ un an et demi ou deux, mesurait autour de 70 cm au garrot, ce qui dépassait de loin la moyenne locale ; nos chiens n'atteignant généralement pas les 50cm. Sa robe était noire, d'un beau pelage lustré, avec des taches acajou au-dessus des yeux, sur le museau hormis la truffe qui était noire, sur la gorge, la poitrine, les pattes, les pieds et sous la queue, disons à l'extrémité de son arrière-train, puisqu'il n'avait pratiquement pas de queue.

Le dalmatien, lui aussi un mâle, paraissait plus âgé, trois ans ou trois ans et demi peut-être. En l'apercevant, même à distance, on pouvait se rendre aisément compte qu'il ressemblait encore beaucoup moins aux chiens de chez nous que le doberman. Il était blanc avec une superbe robe mouchetée de multiples points d'un noir très intense, des points ronds bien délimités, presque réguliers un peu comme s'ils avaient été dessinés à la main au lieu d'être naturels, des points qui ne se fondaient pas les uns dans les autres. Certes à Dabola on avait quelques chiens blancs, parfois même tout blancs, mais pas du blanc aussi pur que la robe du dalmatien de Zaïdan. Bien qu'appartenant aussi à la catégorie des chiens de grande taille, il était un peu plus petit que le doberman. Toutefois, haut comme un veau bien nourri de chez nous, il était impressionnant.

Rien que par leur allure massive, on imaginait aisément la quantité d'aliments qu'ils pouvaient engloutir par jour. Zaïdan qui était très fier de l'origine de ses chiens, avait tenu à ce que leurs noms n'en soient pas éloignés. Le doberman, il l'avait appelé Dob ; et le dalmatien, Dalma…

Djouma, le gardien de leur maître continuait à les promener pour trouver, toujours dans « les hautes sphères de la société », quelque personne capable de les adopter.

De la viande, leur nourriture de base, pour Dalma, pour Dob et souvent crue pour ce dernier ! Et pas n'importe quelle viande, de la bonne, sans trop de graisse ni de nerfs. Le premier choix. Avec en plus, d'autres friandises, une quantité généreuse de biscuits ou croquettes, pour l'agrémenter. Wodibati les nourrissait si bien, qu'ils répugnaient à se faire mal aux dents en croquant des os comme les braves chiens de chez nous.

Mais en fait, étaient-ils de chez nous, ces chiens ? Non, eux, ils étaient de race et non de rue. Ses chiens, le riche Zaïdan les avait achetés à prix d'or en Europe, en Allemagne pour Dob et dans la région de l'Adriatique pour Dalma, et acheminés en Guinée par avion. Ils avaient leurs niches, autrement dit leurs logements qui étaient quotidiennement lavés et désinfectés avec des produits spéciaux commandés eux aussi en Europe alors que par violent orage ou par soleil de plomb nos chiens à nous se contentaient de vivre à la belle étoile. Malades ou pas, Dob et Dalma recevaient la visite du vétérinaire deux fois par mois. Dans un pays où les hommes ne mangeaient pas à leur faim et où ils ne se soignaient pas à l'apparition des premiers symptômes d'une maladie, on ne comprenait pas le pourquoi du tant d'attention à l'égard d'animaux. Il était peut-être libre, le monsieur, d'être riche quand tout le monde était pauvre autour, mais pas de sur-nourrir des bêtes et d'avoir «un médecin » pour elles…

A longueur de journée, au bout de leurs laisses, les deux chiens traversaient la ville en montant et en descendant, mi-goguenards, mi-stoïques, surtout Dob qui ne semblait avoir perdu ni de sa vivacité ni de son intelligence naturelles. Leur refus de s'adapter à leur nouvelle condition, commença à agacer, voire à leur attirer l'antipathie d'une bonne partie de la population, à les rendre « impopulaires », pour employer le vocabulaire politique d'alors. Pourquoi ne voulaient-ils pas faire comme les chiens de chez nous qui raffolaient du riz à la sauce arachide sans viande ou parfois avec simplement un soupçon de viande, des os et des arêtes même blanchis par la salive des hommes, qui se régalaient des reliefs d'un repas ou de n'importe quoi qui se mange… Même le fait d'être deux mâles soulevait des questions, paraissait anormal aux yeux des habitants, et faisait objet de reproche à Dob, Dalma et à leur riche maître. Bizarre cet homme, pourquoi pas tout simplement un couple reproducteur qui lui éviterait d'avoir à commander à prix d'or à chaque fois des chiens qui ne mangeaient ni le riz, quelle que soit la sauce, ni le fonio si facile pour la bonne digestion, ni quoi que ce soit d'autre que nos chiens à nous aiment tant ? se demandait-on

Il fallait se rendre à l'évidence, ce n'était pas tellement aux chiens et à leur maître qu'on en voulait. Mais plutôt à leur passé opulent à tous les trois. De là à trouver en leur maître et en eux des coupables, dans l'esprit de la Révolution on n'en n'était pas loin, vu l'atmosphère dans laquelle nous vivions. Pourquoi nourrissait-il, pourquoi soignait-il si bien des animaux Zaïdan alors que les hommes alentour souffraient de faim et de maladies ? De tels comportements ne pouvaient que paraître suspects à une telle époque !

Dans l'arrière-pays, on raconte cette anecdote illustrant l'absence directe de cause à effet : « La famine frappait durement toute une contrée. Le ciel n'avait pas été clément. Les pluies avaient été rares cette année-là. Les champs d'arachide, de riz, de fonio, de maïs, de mil, de patates et d'ignames n'avaient donné que de très maigres récoltes. Et pourtant, miracle dans un village ! Un champ de fonio jaunissait ; des tiges lourdement chargées de graines ployaient sous le poids des épis dorés. Mais son propriétaire, un paysan obstiné, ne voulait pas entendre parler de moisson. La population avait faim. Il eut été bien aisé pour elle de procéder à la récolte contre le gré de celui-ci. Seul contre tous, il n'aurait rien pu faire. Mais il existait encore une morale collective à respecter. La population, notre paysan en tête, décida un matin d'organiser une battue pour abattre quelques gibiers et s'en nourrir. Aussitôt cette battue commencée, voilà qu'on lève une biche, une biche grasse et luisante au soleil qui bondit affolée, et c'est notre paysan, propriétaire du champ qui la met en joug, qui tire… et qui rate. Et la population d'arrêter aussitôt la battue et de se diriger directement vers les épis dorés en s'écriant d'une seule voix : « Il a raté la biche, allons récolter son champ ! ».

En cette période d'incandescence révolutionnaire, la vindicte populaire ne s'orientait jamais du côté où il fallait. En tout cas jamais contre la Révolution, elle qui était pourtant la source de tous nos maux.

Zaïdan avait tout simplement eu le tort d'avoir été très riche, et ses chiens celui d'avoir été bien nourris et bien soignés par lui. Ses chiens, qui eux, n'avaient toujours pas de preneurs en vue. Faute de leur en avoir trouvé un digne de leur « standing », on avait fini par cesser de décider de leur sort en fonction de la hiérarchie administrative ou politique. A travers les rues et ruelles au fin fond des quartiers de Babiliya, et même de Kambaya, Djouma les promenait toujours dans l'espoir de découvrir quelqu'un qui les adopterait, même par pitié.

Le récit anecdotique de leur pérégrination entrecoupait celui des arrestations qui se succédaient dans notre ville comme partout ailleurs dans le pays, à un rythme sans cesse accéléré.

Avec toutes sortes de commentaires, bien des gens tentaient de trouver à leur infortune, ce que personne ne leur demandait, une autre justification que la difficulté de les nourrir. Cette justification ne venant pas d'elle-même, la superstition vola à son secours. Djouma fut arrêté. Illustration éclatante de la guigne imaginaire qu'apportaient les chiens. Rejetés, pratiquement plus personne n'osait s'approcher d'eux. Pauvres chiens, de méchantes personnes avaient décidé qu'ils étaient eux aussi coupables, pourtant ils n'étaient pour rien dans tout cela. Cependant, leur maître et le gardien de celui-ci ayant été arrêtés, ils devenaient irrémédiablement coupables eux-mêmes, et en plus de transmettre le malheur.

Au fil de l'évolution de la situation dans le pays, cette gratuite contagion de culpabilité supposée atteignit progressivement les amis, les parents et autres relations des personnes arrêtées qu'on appelait déjà contre-révolutionnaires, comploteurs ou saboteurs. Madiba Souaré est arrêté ! Madikoro Kaba est l'ami de Madiba, Madikoro est donc contre-révolutionnaire lui aussi ; Madikoro doit être arrêté. Et Madikoro et sa famille d'être précipités dans l'anxiété puis dans le malheur. Dans cette atmosphère d'hypocrisie, à force de faire semblant d'agir comme tout le monde, chacun finit par vouloir faire plus que tout le monde...

La prison, ce n'était pas seulement se voir enfermé entre quatre murs. C'était aussi être dans la perpétuelle hantise de croire tous les jours qu'on pouvait, qu'on allait s'y trouver. C'était se sentir embastillé, dans «une pseudo-liberté», de vivre cette fausse liberté. Cette forme latente d'enfermement aussi atroce que l'autre, parfois plus, était le lot des amis, des relations, des parents, de tous ceux qui n'étaient pas encore pris et qui s'attendaient toutes les nuits, tous les jours à l'être.

Au cours des innombrables arrestations que le pays a connues aux mois de novembre et de décembre 1970 et durant le premier semestre de 1971, d'autres personnes à Dabola, sans que leurs cas aient eu une quelconque relation avec celui de Wodibati, avaient été accusées de participation au complot de la « Cinquième Colonne » et mises en prison. Mais qu'importe ! Les cibles du moment étaient les pauvres chiens. Des enfants commençaient à leur lancer des épluchures d'orange et de patates, des cailloux parfois, quelques crachats aussi les aspergeaient, certains les maudissaient, à voix haute ou à voix basse. Sans broncher, en montant et en descendant l'artère principale, eux ils continuaient à endurer le martyre.

Désormais seuls sans maître ni gardien, leurs laisses trainant derrière eux, la démarche légère et élastique, l'allure fière, affrontant l'épreuve avec courage et intelligence, ils passaient et repassaient, parfois devant la Maison d'Arrêt de Dabola autrement dit la prison où croupissait un homme déjà condamné à la peine capitale par tous les militants du Parti, ou supposés tels, lors des *assises* d'un *Tribunal Populaire Révolutionnaire* factice organisé au mois de juillet de 1971 dans ses instances, de la base au sommet. Cet homme devait être pendu la même nuit que les autres condamnés par le « Tribunal ». Un accord était recherché sur le lieu de sa pendaison. La réunion sur la question, interrompue un moment, reprit durant la nuit.

Au fil du temps, dans leurs tribulations commune aux deux chiens, plus courageux et affichant une plus grande fermeté de caractère, menant la marche, Dob bien que plus jeune semblait avoir pris le commandement. C'est lui qui était toujours devant et montrait la voie à suivre. Il était devenu le chef. Docile Dalma paraissait avoir accepté sa subordination.

Tout en poursuivant leurs allées et venues seuls à travers la ville, ils commençaient à pousser ces longs et lancinants aboiements repris en chœur par tous les chiens la nuit dans les villages, sans qu'on ne sache jamais trop pourquoi, mais que les paysans dans nos campagnes interprètent souvent comme des signes annonciateurs de malheur. Dans notre cas le malheur, déjà là, bien présent et partout, ne suffisait-il pas ? Que pouvaient nous annoncer de plus les aboiements des chiens ? Que nous fallait-il de plus ?

De temps à autre, par pitié ou tout simplement pour s'en amuser, quelque personne tentait un geste à leur égard... Ainsi au moment où ils passaient devant son échoppe, un boucher, Kôtô Fofana, leur lança un morceau de viande crue de vache. De la bonne viande ? Affamés comme ils étaient, à leur place d'autres animaux n'auraient pas hésité à en venir aux crocs pour s'emparer de cette chair inespérée. Mais les deux chiens en voyant le morceau par terre se regardèrent un peu comme des hommes qui s'interrogeraient sur la meilleure attitude à observer. Au final, Dob le laissa à Dalma plus amaigri. Le boucher observant l'attitude des deux chiens s'avisa, il laissa tomber un deuxième morceau de viande un peu plus gros cette fois, sur une peau de vache posée à ses pieds. Dob s'en approcha et s'en saisit. Tout ébahie, une femme qui faisait sa lessive non loin de là et qui avait suivi cette scène, leur tendit à distance une calebasse remplie d'eau qu'ils burent à grandes gorgées avant de poursuivre leur pénible errance.

Du temps de la splendeur et de l'insolente opulence de Wodibati, ils étaient efficaces, reniflant au moindre bruit insolite. Personne n'osait toucher le portail de leur maître, à plus forte raison s'aventurer à le franchir sans y avoir été invité. Ils savaient se faire respecter et le faire respecter. Le jour de l'arrestation de celui-ci, Dob a pleinement justifié la réputation bien établie de gardien idéal, de meilleur chien de garde au monde de sa race. Pendant que Dalma tournoyait autour des gendarmes et cherchaient à s'interposer entre eux et le portail, vaillamment il avait bondi sur celui d'entre eux qui s'était le plus avancé vers Zaïdan, l'avait terrassé, lui avait retiré son arme sans le blesser et l'avait maîtrisé en s'installant sur sa poitrine attendant l'ordre de finir le travail ; Les autres gendarmes qui avaient précipitamment battu en retraite faillirent les abattre tous les deux. C'est leur maître qui les avait sauvés en caressant les chiens et en leur parlant…

En réalité, avant ces événements, les habitants de notre ville ne connaissaient pas grand-chose de la vie de ces chiens de cour ou de château. Très peu de gens avaient eu l'occasion de les approcher. On ne les apercevait que de derrière les grilles, mais les récits de leurs exploits était connus même des voyageurs de passage. C'est l'arrestation de leur maître qui avait délié les langues chez quelques privilégiés de la haute société ayant goûté au bonheur de pénétrer dans «*Zaïdanya*», la propriété de Zaïdan. C'étaient eux qui avaient levé un coin du voile sur le paradis des chiens, sur leur provenance, sur leur menu, sur les caisses de provisions, notamment de viande !

Zaïdan, qui avait conservé son statut de citoyen français dont il continuait à être ostentatoirement fier, était le genre d'étranger qui n'entretenait pas de relations suivies même avec les membres de sa communauté d'origine, à plus forte raison avec les « indigènes ». Une fois les ventes de la journée achevées, il n'avait que quelques pas à effectuer pour rejoindre Zaïdanya, une superbe villa flanquée d'un jardin fleuri situé tout juste derrière sa boutique. Il vivait là, comme dans son Liban natal ou comme en France où il possédait une propriété, coupé des autochtones et se délectant tranquillement de sa solitude dorée avec ses deux pensionnaires, Dob et Dalma. Pourtant, malgré la distance qu'il observait avec la population, Zaïdan était réputé avoir bon cœur ; à chaque fête, il offrait des moutons, des tissus et d'autres cadeaux aux notables et aux personnes déshéritées. Mais, c'était un temps où il ne faisait pas bon être riche, même le paraître simplement, et où il suffisait d'être arrêté pour devenir automatiquement un vieil et dangereux ennemi de «tout le peuple», ou plutôt de toute la Révolution, un contre-révolutionnaire que tout le monde avait dangereusement ignoré jusque-là.

Malgré les jours qui passaient et leur calvaire qui s'éternisait, Dob bien que tout efflanqué n'avait pas encore entièrement perdu de sa superbe. Il gardait même un étonnant air de dignité. Qu'est-ce que Zaïdan avait bien pu leur dire quand il les caressait pour la dernière fois ?

La belle robe de Dalma se mouchetait d'étranges nouvelles plaques noires, purulentes celles-là. Un début de gale. Depuis l'arrestation de Wodibati, on ne les avait pas lavés une seule fois avec leurs produits spéciaux, importés eux aussi d'Europe.

Par peloton les mouches commençaient à les suivre, à les poursuivre. Dob avec sa queue écourtée avait un mal fou à s'en débarrasser. Cela le rendait nerveux et le faisait bouger dans tous les sens. Dalma par contre là se défendait mieux ; de sa queue dont la longueur pouvait atteindre ses jarrets, il les chassait avec plus d'efficacité et de calme.

Victimes du destin de leur maître, de la vindicte populaire qui s'en était mêlée et qui s'amplifiait chaque jour plus, de la superstition qui cherchait à sceller définitivement leurs sorts, ils continuaient à errer à travers Dabola suscitant de plus en plus de répulsion.

Seuls face à leur destin, ils allaient de maison à maison, de case à case rasant les murs et se cherchant eux-mêmes un gîte et un propriétaire, eux qui n'avaient jamais eu l'habitude de vivre sans être entourés de soins et d'affection. Une nuit par-ci, une autre nuit par-là, subissant toujours leur supplice, ils ne passaient pas deux nuits sous le même « toit ». N'importe qui désormais pouvait les prendre. Ils en étaient là. De si beaux chiens !

C'est alors que le gendarme en chef de la ville, un certain adjudant-chef Môô Minala Massou, celui-là même qui procédait aux arrestations à Dabola, celui-là même qui avait arrêté Zaïdan, s'intéressa à l'affaire. Les gendarmes ne redoutent pas la guigne, ils ne doivent pas croire non plus aux superstitions. Sinon que deviendrait la Révolution ? Môô Minala prit les chiens, les conduisit non pas chez lui dans sa famille, mais à la Maison d'Arrêt. Il ouvrit un violon, pour en sortir un prisonnier de droit commun qu'il mit avec un autre. Il y enferma les chiens, écrivit sur la porte en gros caractère la lettre "D" et s'en alla vaquer à ses occupations habituelles. La lettre "D" marquée sur une porte désignait diète totale pour le prisonnier se trouvant à l'intérieur de la cellule. Quel destin que celui de Wodibati et de ses chiens. A quelques jours d'intervalle, leur vie avait basculé.

Durant un jour et une nuit, les chiens restèrent sans boire, ni manger. Malgré la faim et la soif, ils n'aboyaient pas, ils ne gémissaient pas non plus. La lettre "D" restait toujours gravée sur la porte. Dans la cellule d'à côté, le condamné à mort dont on devait décider du lieu de pendaison vivait ses dernières heures. Lui non plus n'avait ni mangé, ni bu.

Le matin, l'adjudant-chef saisit la moitié de son repas, l'introduisit au-dessous de la porte, par la même petite fente servant à faire passer au prisonnier sa pitance quand la lettre « D » n'est pas inscrite sur sa porte, autrement dit quand il n'est pas à la diète totale. En moins de rien, les deux chiens déjà meurtris par leur traitement happèrent le plat. Puis pistolet au poing, Massou ouvrit la porte à ses deux nouveaux détenus, leur tendit un bocal d'eau. Dans le violon, le clapotement de l'eau fait mal aux tympans de quiconque est à la diète.

Dob et Dalma se montrèrent fidèles et obéissants envers leur désormais nouveau maître, l'adjudant-chef de gendarmerie. Ils devinrent ses compagnons inséparables. Les voleurs et autres malfaiteurs n'ont pas coutume de fréquenter le domicile des gendarmes. Le chef ne jugea donc pas utile de les rétablir dans leur fonction de gardiens. Il leur fit prendre du grade. Désormais à son service exclusif, de simples gardiens, nos deux héros devinrent des chiens policiers. Fin limier par nature, Dob n'eut aucun mal à s'adapter à ses nouvelles « attributions ». Il y excella rapidement. Dalma suivit son chef et l'imita. Comme des « chevaliers servants », lui obéissant au moindre signe codé, ils accompagnèrent Môô Minala Massou dans ses missions de recherche et d'arrestation d'autres contre-révolutionnaires.

CHAPITRE VI

L'INCONNU

L'école primaire centrale de Dabola était l'une des plus anciennes et des plus prestigieuses de toute la Haute-Guinée. La ville, en raison de sa position géographique au centre du pays et de sa grande facilité d'accès aux localités environnantes, avait, dès les débuts de la colonisation, bénéficié de son implantation. De nombreux hauts cadres y ont reçu leur formation initiale. Construite toute en pierre et non en torchis, elle ne semblait pas avoir pris une seule ride, malgré les décennies. Seules les toitures de tôle roussies par les ans et les pluies, les portes et fenêtres à l'aspect quelque peu triste durant l'hivernage, trahissaient en saison des pluies cette impression de jeunesse éternelle. Il suffisait de la toiletter par quelque nettoyage régulier des toitures et de passer à chaque intersaison une couche de peinture sur les portes et fenêtres, pour lui rendre sa beauté d'antan, pour la rendre belle, quasi resplendissante.

Par contre, le terrain fédéral des sports, dit « Stade Omnisports », était dans le pays un terrain de seconde catégorie, sans tribune ni gradins. L'aire de jeu n'était pas non plus recouverte de gazon. Les installations, s'il faut parler d'installations, étaient bien sommaires : deux cadres en bois sans filet délimitaient les buts ; deux poteaux branlants en fer, armés de crochets, servaient de sautoir en hauteur ; pour le basket, seulement deux panneaux vétustes et chancelants avec des filets en loques autour de deux cercles en fer ; une piste d'athlétisme inférieure à la distance olympique ; un sautoir en longueur ; une espèce de grand échafaudage pour les exercices de musculation, utilisé comme balançoire par les enfants. Bref, un condensé sportif de la misère qui régnait partout dans le pays.

Malgré ce triste délabrement, la jeunesse de Dabola aimait bien son terrain. C'était là que les moniteurs d'éducation physique apprenaient aux enfants les disciplines sportives et les jeux. C'était là que les petits écoliers aimaient à s'ébattre en cercles multicolores, bruyants et joyeux au moment des récréations. C'était aussi là que les équipes de football, de basket, de volley et d'athlétisme effectuaient leurs entraînements et organisaient leurs compétitions. Tous les soirs, après les classes et le travail, toute la jeunesse s'y retrouvait pour rivaliser d'ardeur dans l'accomplissement de prouesses sportives.

La population qualifiait volontiers son terrain de stade porte-bonheur ou de stade fétiche. Bien des formations sportives de villes plus grandes comme Kankan, y avaient été vaincues. Particulièrement en hivernage, l'équipe locale devenait imbattable parce que s'adaptant mieux à la nature argileuse du sol qui en faisait une véritable patinoire.

Le choix du lieu de pendaison du condamné qui gisait dans les geôles tardait. Les échos lointains de la surenchère dans les propositions descendaient de manière insidieuse jusqu'aux petits attroupements de badauds du genre gobe-mouches formés çà et là au détour des chemins. Il fallait un emplacement d'où toute la population pourrait le voir facilement. Les endroits les plus fréquemment cités avaient été le terrain fédéral des sports et le carrefour central, le carrefour central une sorte de place publique à Dabola. Tous deux étaient situés non loin de l'école. Faire la sale besogne à l'un ou l'autre endroit n'allait pas échapper aux yeux des écoliers. Le premier se trouvait en face de mon logement et le second se situait tout juste derrière. Je ressentais un mal, quel que soit le côté choisi.

A l'idée de voir un homme pendu devant ou derrière ma maison, l'angoisse fit tarir instantanément la salive dans ma bouche ; mon visage se décomposa, ma gorge se dessécha. J'étais souvent saisi de brefs et soudains tressaillements que j'avais du mal à dissimuler. Je voulus tenter une action pour m'opposer à l'un et à l'autre projet qui commençaient à prendre la forme de propositions de plus en plus claires et précises. Craignant d'être traité de complice, je n'en eus pas le courage. Une arrestation pouvait rapidement s'ensuivre. Généralement, c'était vite fait. Pour attitude «moins risquée» on était conduit en prison. Je gardai le silence. Pourtant, je m'étais montré plus hardi le jour de l'agression. En effet, durant les premières chaudes heures du 22 novembre 1970, je m'étais porté volontaire et avais été l'un de ceux qui avaient mobilisé des hommes et des femmes de la ville pour aller en renfort à Conakry et sauver la patrie en danger, du moins c'est ce que je croyais. Maintenant pour m'opposer de front au choix de l'un ou l'autre lieu de pendaison, le courage ne suivait pas. Depuis que mon expression de visage trahissait quelque peu mon émotion, je me sentais observé. Chaque rencontre était pour moi comme un supplice. Au passage, des yeux, d'aucuns soupçonneux cherchaient à scruter dans mon regard ce que je pensais du choix. La «culpabilité de tressaillement» s'établissait-elle déjà pour certaines personnes ? Tout le monde savait que mon logement se situait entre les deux emplacements pressentis. Je ne parlais pas, mais mes yeux s'emplissaient de signes laissant entrevoir mon désarroi intérieur. Seules quelques personnes, dont mes deux amis, les vieux Môkhôba Séidiyanké Barry et Môssôbè El Hadj Lamine Diawara, semblaient, sans cependant pouvoir rien dire, comprendre la situation devant laquelle je me trouvais.

La torture, on ne la subit pas qu'au moment des interrogatoires, lorsque les cordes vous lacèrent la peau et vous anesthésient les nerfs, ou encore lorsque, mis à la diète, la faim vous tord les boyaux, on la subit aussi lorsque l'on ploie au lieu de rester debout dans la tête et dans le cœur ; lorsqu'on est contraint de ne pas crier « Non » du tréfonds de soi, quitte à en mourir. Elle est présente chaque fois qu'on se donne l'occasion de mourir avant la mort ou de ne pas mériter de vivre, de se soumettre, de se montrer impuissant au lieu de se révolter…

Cependant, l'indécision des autorités demeurait la même, quant au carrefour ou au stade. L'homme à pendre nous était venu du camp *Boiro*, où il avait été enfermé après sa capture. Dès son arrivée, secret mal gardé, la rumeur avait circulé que la ville venait de recevoir son mercenaire à pendre. Dans quelques coins isolés loin de l'hostilité silencieuse et du traumatisme de la population, des personnes, comme si cela devait changer quelque chose, par zèle révolutionnaire ou par pure démagogie, se posaient inutilement des questions, en essayant d'y répondre elles-mêmes : quel âge aura-t-il ?, sera-ce un jeune, un homme mûr, un vieux ? De quelle taille, son poids, quelle corde utiliser, l'heure exacte à laquelle il allait être extrait de sa cellule, le chemin qu'on allait lui faire suivre pour le conduire jusqu'au lieu retenu, où sera-t-il ce lieu ? Sera-ce sur la place publique ? Fallait-il lui bander les yeux pour qu'il ne reconnaisse personne autour ? Y avait-il des instructions de Conakry en ce sens ? Comment serait-il à l'instant fatidique ? Que de détails cyniquement et inutilement imaginés ! Des femmes, balai en main parfois caché sous le pagne, voulaient nettoyer l'un ou l'autre endroit. Elles hésitaient. Comment les gens interpréteraient-ils leur acte ? Le qualifierait-on d'expression de pudeur, de respect de la personne humaine ou de cynisme ?

L'homme venu du *camp Boiro* fut pendu la nuit, la nuit du 24 au 25 janvier 1971. C'est ce terrifiant spectacle que constatèrent les habitants de notre ville ce matin-là. Même spectacle dans toute la Guinée. Sombre journée. Chez nous, à Dabola les fidèles allant à la Mosquée pour la prière de l'aube, furent les tout premiers à le découvrir avec stupeur ; puis ce furent ceux qui allaient chez les marchandes et le boulanger acheter la bouillie de riz, de maïs, de mil ou le pain du petit-déjeuner. Suivirent les travailleurs des différentes catégories socioprofessionnelles. Au fur et à mesure que le soleil montait dans le ciel et éclairait l'homme, des attroupements de curieux de tous genres, des élèves, des enfants parfois, se succédaient par vagues lentes et muettes autour de lui.

En définitive, à Dabola, ce fut sur le terrain fédéral des sports que se porta le choix. Notre terrain souillé, frappé d'une suprême malédiction, sombra dans la désolation, et avec lui, la ville et le pays tout entier. D'habitude lors des grands événements, il se remplissait continûment de vie, de jeux, de joie, mais aujourd'hui, devenu le terrain de la mort il se vidait plus rapidement qu'il ne se remplissait.

Pour y pendre le mercenaire, point besoin de potence ! La corde avait été accrochée à la partie supérieure du grand échafaudage des sportifs et balançoire des enfants. L'homme, un parfait inconnu à Dabola, était grand, mince, apparemment plus amaigri par la faim et les mauvais traitements que par une minceur naturelle ? Il devait avoir environ une trentaine d'années. Ses gros os, au volume aisément imaginable sous la peau, laissaient apparaître sous la chemisette et le pantalon en loques, la forme d'un homme naguère corpulent.

Sur instruction du Bureau Politique National et du Haut Commandement, le corps resta là, accroché, toute la journée. C'était le 25 janvier 1971.

Vers midi, l'inconnu, l'homme resta seul. Il semblait avoir eu le dernier mot dans son ultime combat avec les vivants. Plus personne autour de lui pour le regarder ! Seul contre tous, défiant la population, il lui barrait le chemin. Les habitants de passage évitaient désormais le lieu et empruntaient des voies détournées. Les parents interdisaient à leurs enfants de passer de ce côté. Même les véhicules de voyageurs ne s'y arrêtaient pas. Ils accéléraient plutôt leur allure au moment de le dépasser. Le matin, leurs passagers avaient déjà vu les pendus des fédérations du Parti qu'ils avaient traversées ou quittées. Seuls quelques charognards, haut dans le ciel, sinistres compagnons, tournoyaient au-dessus de lui, dans l'espoir de s'emparer de ses restes.

Le soleil de plomb qui dardait ses lances de feu sur le site et les odeurs qui commençaient à s'en exhaler, n'expliquaient pas à eux seuls le vide fait autour de l'homme, sa solitude. Un pendu semble narguer les vivants et défier leur désir de puissance en leur lançant comme sous forme d'épitaphe : « Vous m'avez ôté la vie, vous ne pouvez guère faire plus. Moi j'ai fini mon parcours sur la terre ; désormais, je vous laisse cheminer avec vos consciences ; nous nous reverrons le jour du jugement dernier. »

La fin tragique du pendu, sans que celui-ci cessât d'être « le mercenaire ennemi » du peuple, lui avait restitué sa nature d'homme, son humanité. « Quand vous voyez les charognards planer au-dessus du corps d'un homme, ne dites pas qu'il plane au-dessus du corps d'un tel, dites plutôt qu'il plane au-dessus de notre corps d'homme. » dit la sagesse de chez nous.

Dans cette nuit du 24 au 25 janvier 1971, sombre nuit, il avait été servi à chacune des trente fédérations du Parti, selon sa taille, son ou ses hommes à pendre.

Quelques-unes de nos villes faillirent pourtant échapper à cette horreur. Par la faim, l'épuisement et les mauvais traitements, leurs condamnés attribués avaient rendu l'âme avant d'arriver à destination. Mais les responsables des fédérations du Parti de ces villes avaient alors réclamé un ou des condamnés vivants pour les voir coûte que coûte offerts aux yeux de leurs militants pendus au bout d'une corde. Le Comité Révolutionnaire National sur ordre du Haut commandement puisa dans son vivier pour leur donner satisfaction. Même pour une entreprise aussi macabre, personne ne voulait être en reste. Le zèle était à son comble.

Sans doute pour tenter de faire partager la responsabilité de ses actes à tout le peuple, et se donner ainsi bonne conscience, le Bureau Politique National avait tenté d'impliquer le Parti à tous les niveaux dans le « jugement » des mercenaires. En effet, au cours du mois de janvier de cette année 1971, sur son instruction et à travers le Haut Commandement, son Comité Révolutionnaire National et ses Sous-comités, l'inconnu de Dabola et cent soixante six autres personnes, dont trente-quatre par contumace, avaient été condamnés à la peine capitale, par toutes les instances du Parti, émanations supposées du peuple, élevées sine die au rang de Tribunaux Populaires Révolutionnaires. Se prononcèrent, le 11 janvier, huit mille congrès de Pouvoirs Révolutionnaires Locaux de tous les quartiers de chaque ville et de tous les villages ; le 13, les deux cent dix sections des Comités Directeurs firent de même ; Le 15, les trente fédérations ; le 16 et le 17, l'Armée et les autres corps habillés, à travers leurs Comités d'Unité Militaire ; et enfin les 18, 19, 20, 21, 22 et 23, l'Assemblée Nationale Populaire transformée en Tribunal Révolutionnaire Suprême. Des condamnations en séries, sans Tribunaux formels pourtant prévus par la Constitution et les lois en vigueur dans le pays, des condamnations sans juges, ni avocats, des mêmes personnes, en leur totale absence, suivies de leurs exécutions, dans une cynique mascarade savamment orchestrée par le Parti, la Révolution et leur chef, le Responsable Suprême !

Toujours dans la même mascarade, partout dans le pays les pendaisons avaient été précédées d'une vaste campagne de conditionnement des populations sur les ondes de *la Voix de la Révolution*, dans les colonnes de *Horoya* et lors des assemblées générales extraordinaires organisées à cet effet d'un bout à l'autre du pays.

Ce conditionnement contre les mercenaires, contre les supposés commanditaires extérieurs du débarquement des portugais et contre leurs complices supposés de l'intérieur créa partout une atmosphère qui suscita dans certaines des fédérations du Parti des manifestations tournant parfois à l'hystérie collective. Cette hystérie atteignit son paroxysme à Conakry. C'était sous le pont du 8 novembre, le Pont Fidel Castro ou le pont des pendus, la limite géographique entre la presqu'île du Kaloum et la banlieue, la voie de passage obligée pour entrer dans la Capitale ou en sortir. Sous les corps des suppliciés, une danse folklorique avec tam-tam ou djémbé et balafon avait été organisée par le Parti.

La nuit, sous ce pont, il y avait eu quatre pendus : Moriba Magassouba, membre fondateur du RDA, le plus bel éditorialiste du journal de combat du Parti, «Le Réveil», lors de la lutte pour l'indépendance, ministre délégué à Labé en Moyenne Guinée ; Ousmane Baldet, Secrétaire d'Etat aux Finances, ancien Gouverneur de la Banque Centrale ; Ibrahima Barry dit Barry III, Secrétaire général du Gouvernement, ancien chef de parti avant l'indépendance, ancien ministre ; et Kara Kéïta de Soufiane, ancien commissaire de police.

Dès le lendemain de cette funeste nuit, les habitants de notre Capitale à cette époque s'en souviennent, tous les écoliers, tous les élèves, mais aussi tous les étudiants de l'Institut Polytechnique Gamal Abdel Nasser de Conakry, la première institution d'enseignement supérieur du pays créée après l'indépendance en 1961, avaient été arrachés de leurs classes et à leurs cours accompagnés de leurs moniteurs, instituteurs et professeurs guinéens pour se rendre, contraints et forcés, sous le pont pour voir de visu les corps des pendus.

Parmi ces écoliers, élèves, étudiants et enseignants se trouvaient des enfants de certains suppliciés, Moriba Magassouba et Ousmane Baldet notamment. Ces images d'enfer provoquèrent chez ces filles et fils de pendus, chez leurs camarades, leurs maîtres et professeurs un choc terrible. Toute une partie de cette génération traumatisée quitta le pays en se promettant de n'y plus jamais remettre les pieds. C'est là l'une des origines de notre nombreuse diaspora. Ces enfants des pendus, mais aussi les épouses, parents et amis, ne s'en remirent pas. Certains en moururent, d'autres devinrent des malades mentaux le reste de leur existence, une existence malheureuse.

Ces manifestations ne cessèrent que quand elles furent unanimement condamnées par la communauté internationale et les organisations internationales de droits de l'Homme.

Contrairement aux fédérations où les pires excès avaient accompagné les pendaisons, notre ville Dabola, avait accueilli la sienne dans le silence et la dignité.

Lors des précédents complots, de nombreuses personnes arrêtées partaient pour ne jamais revenir, parfois même sans être condamnées à la peine capitale. Exécutées par fusillade, par pendaison, par la cruelle diète noire, consistant à placer un détenu dans une cellule d'isolement, sans lui donner à manger ni à boire jusqu'à ce qu'il passe de vie à trépas, ou décédés de maladie, on n'en savait presque jamais rien... Disparues à jamais ! Des exécutions publiques avaient, elles aussi, déjà eu lieu, mais c'était la première fois qu'elles s'opéraient simultanément et publiquement dans tout le pays.

Au fil des nuits et des jours qui suivirent les 24 et 25 juillet 1971 et leur cortège de malheur, le poids et le nombre des peines prononcées suscitaient de plus en plus dans la population terrorisée, des interrogations angoissantes.

CHAPITRE VII

KANKAN

Du reste de la Guinée et de Kankan en particulier, les nouvelles qui nous venaient à Dabola n'étaient pas bonnes. Non seulement Kankan, parce que seconde du pays par sa taille et le nombre de ses habitants, avait reçu un nombre élevé de personnes à pendre – trois - mais le Président de la République, Sékou Touré, le Suprême, venait en personne dans un discours de la déclarer : « Citadelle de la Contre-révolution ».

Politiquement, Kankan avait été décapitée. L'ancien et le nouveau Secrétaire fédéral du Parti, Amiata Mady Kaba et Mamadi Sidimé, furent arrêtés ; de même que de nombreux membres influents du bureau fédéral, dont Dabadou Karamo Sidibé - considéré pourtant par la population comme l'un des piliers de la Révolution - ; El Hadj Mama Kaba « Ecer », l'infirmier débonnaire connu pour son secours à l'égard des personnes démunies ; de nombreux membres des deux Comités directeurs dont Sory Sano un fonctionnaire retraité et un vieil homme Ansoumane Naïté, autre fonctionnaire retraité ; des Secrétaires généraux des Comités Directeurs d'arrondissements : dans le Wassouloun, Souleymane Bayo souvent qualifié de sage dans les milieux politiques kankanais et « de paysan-philosophe », il faisait de son bon sens un usage toujours bien à propos, - souvent, on l'appelait « Mandiana » tout court du nom de son arrondissement- ; dans le Tron, Bakary Condé, un technicien agricole, passionné pour tout ce qui pousse en terre, - il portait lui aussi le surnom de « paysan de Moribaya », ou de « Moribaya » tout court, le nom de son arrondissement - ; dans le Batè (désignation de la région de Kankan par ses habitants), El Hadj Sory Kaba de l'arrondissement de Batènafadji, un vieil homme ;

l'ancienne et la nouvelle résidente des femmes du Parti Mme Gbéléya Djènet Kouyaté et Mme Djédoua Diabaté, toujours citées toutes les deux en exemple pour leur engagement politique parmi les militantes les plus dévouées ; plusieurs membres du Comité Régional de la Jeunesse ; ainsi que de très nombreux chefs de quartier.

Administrativement aussi Kankan se vidait de ses cadres. Le ministre délégué Ibrahima Sory Barry, le gouverneur Samba Safé Barry, le Procureur de la République Kémo Kéïta, le président du Tribunal Bakary Camara, le trésorier régional Doussoumory Condé, l'inspecteur du Travail Fila Camara, les inspecteurs des Affaires Administratives Aly Camara et Aboubacar Diallo, le directeur et médecin-chef de l'hôpital régional : le docteur Abdoulaye Diallo, le chef d'escadron de la gendarmerie le commandant Habib Baldé, l'inspecteur de police, etc. En un mot toute la haute hiérarchie administrative de la ville avait été arrêtée et jetée en prison.

Kankan..., une ville effondrée par une effroyable décimation ! De nombreux fonctionnaires, les chefs de service en particulier, des membres de tous les organes du Parti, de simples citoyens de toutes catégories étaient eux aussi partis pour la même destination, la prison. Tous les soirs, *La Voix de la Révolution* débitait les dépositions des détenus déjà interrogés et diffusait de nouvelles longues listes de personnes récemment dénoncées. Dès le lendemain, *Horoya* prenait la relève en égrenant la même litanie. Chaque nuit, le ronflement assourdissant des moteurs des véhicules tout-chemin Waz et Gaz, de marque soviétique, déchirait l'épaisseur et le silence de la nuit. Remplis de gendarmes, en allées et venues incessantes, ces véhicules traversaient la ville, partant d'un quartier à l'autre, d'une maison à l'autre, s'arrêtant et redémarrant aussitôt avec leur cargaison d'hommes menottés appelés par le Sous-comité *Révolution*naire « poissons », petits ou gros selon l'importance du détenu ou «colis » tout simplement. Ils allaient à la pêche aux innocents pour livrer des colis.

Pourtant Kankan venait de s'illustrer singulièrement au sein du Parti lors de l'un de ses tout derniers congrès nationaux. Pour se protéger des foudres du Suprême et espérer entrer définitivement dans ses bonnes grâces, son Bureau Fédéral, sans demander aucunement l'avis des habitants, ses mandataires tous supposés être des militants, avait proposé, rien de moins, de le proclamer à vie, et par acclamation, Président de la République, Secrétaire général du Parti, Chef du Haut Commandement, Responsable Suprême etc.

Malgré ces dispositions extraordinaires, à Kankan les listes s'allongeaient, s'allongeaient… surtout depuis que dans un discours prononcé le 14 juin 1971 au Palais du Peuple à Conakry, le Suprême, chef du Haut Commandement, déclarait lui-même en s'adressant à la milice populaire : « Continuez, recherchez, fouillez partout où besoin sera. Ne laissez aucun complice. Nous vous faisons confiance. Allez en profondeur, atteignez la racine de la Cinquième Colonne, c'est la radicalisation de la Révolution ».

C'est à la même époque, qu'un membre du Bureau Politique National et du Gouvernement, alors redoutable président du Comité Révolutionnaire National, a lui aussi choisi Kankan pour avancer au cours d'une réunion publique, au moment où les arrestations faisaient rage, le chiffre astronomique de 80 000 complices intérieurs qu'il fallait arrêter dans le pays. Colossal ! Kankan, toujours Kankan la ville victime de tous les excès du régime…

Après avoir reçu ainsi carte blanche, les miliciens des Pouvoirs Révolutionnaires Locaux appréhendaient systématiquement dans les quartiers toute personne dont le nom était cité à la radio ou dans le journal lors des dénonciations ou qu'ils considéraient tout simplement eux-mêmes comme suspecte. Les listes s'allongeaient, s'allongeaient… Pour éviter le choc d'être humiliés dans leurs familles devant leurs femmes et leurs enfants et dans l'espoir d'être blanchis, certains citoyens, après avoir entendu leurs noms à la radio lors de la diffusion des dépositions, et quoique convaincus de leur innocence, se rendaient volontairement avec assurance sur les lieux de détention : permanences du Parti, postes de gendarmerie, de police ou autres dépôts de l'administration publique aménagés à cet effet etc.

Irrémédiablement, les fouilles suivaient les arrestations. Des fouilles opérées généralement de nuit sans aucun mandat de perquisition, en pleine violation de la loi, et dont le but en fait pour les membres des Sous-comités Révolutionnaires consistait plus à aller se servir dans les biens des personnes arrêtées que de rechercher des preuves de leur culpabilité. Certaines de ces fouilles donnèrent parfois lieu à des scènes ubuesques. Celle organisée chez

Kaba Laye, un grand notable de la ville, défraya la chronique. A la recherche d'armes dont ils avaient fait croire avec force tapage à l'existence, et dont ils étaient pertinemment convaincus de l'inexistence, les membres du Sous-comité avaient fait vider même les fosses septiques par leurs miliciens, sans évidemment rien trouver. C'était le jeu politique poussé jusqu'à l'absurde. Cette pratique a parfois conduit ses auteurs jusqu'au cynisme le plus noir. Les bonnes gens, sans s'aviser de manifester publiquement leur incrédulité, disaient, impuissantes et mortifiés -« à l'évidence, on ne peut pas trouver ce qui n'existe pas ».

C'est à cette époque que gagné par la folie de la Révolution, un vieil homme du quartier Sogbè de Kankan qui se prétendait ostentatoirement l'un des tout premiers militants du Parti et qui avait fait des dénonciations mensongères sa spécialité, affirmait sans sourciller : « la Contre-révolution, c'est comme l'ictère, ça se reconnait au changement de couleur des yeux et de la peau. Dès que moi je regarde quelqu'un, s'il est dedans, je le vois tout de suite et je m'écrie cinquième colonie ! » Quand par malheur, ce genre d'illettré total, pauvre et pitoyable bougre, qui ne savait même pas faire la différence entre colonne et colonie vous dénonçait, vous étiez arrêté, parce qu'il était tout simplement supposé infaillible à cause de son militantisme, et de ce fait incapable d'accuser à tort...

A toutes ces victimes arrêtées à Kankan venaient s'ajouter les infortunés raflés de nuit dans la ville ou capturés aux frontières ; tous ceux qui tentaient d'échapper au désastre et tous ceux qui venaient de l'étranger étant nécessairement considérés comme des suspects. La garnison militaire de Kankan, le camp *Soundjata Kéïta,* qui recevait ce flot de personnes pour interrogatoire et détention, n'était nullement préparée à une telle affluence ; ce n'était pas non plus sa vocation. C'était bien malgré eux que les militaires voyaient leur caserne transformée en prison pour détenus politiques. Une fois les interrogatoires terminés, des interrogatoires assurés par des gradés de la gendarmerie ou de l'armée dirigés parfois par des responsables politiques, dans cet incongru mélange des genres, ce sont des militaires, généralement de jeunes recrues, qui se voyaient confier une corvée dégradante pour leur corps, celle de porte-clefs.

Après avoir rempli tous les lieux rendus disponibles au camp, il fallut réquisitionner les bureaux du bâtiment principal, au rez-de-chaussée et à l'étage, pour faire place à de nouveaux arrivants toujours plus nombreux ; quand les salles de conférence, le mess des officiers, des bureaux furent tous pleins, on en vint jusqu'à occuper le salon de coiffure des soldats. Dans la ville, il avait été dénombré plus de 450 arrestations.

Bien que Kankan fût l'une des plus durement frappées, chacune des autres villes et localités du pays, sans exception, avait eu à payer son tribut, même si les arrestations n'avaient pas atteint la même ampleur partout. Une fois la nuit tombée et la diffusion des dépositions terminée, les hommes, les femmes et les enfants, transis d'effroi, se terraient dans leurs maisons. Dans le silence et la torpeur, chacun se demandait : à qui le tour la nuit prochaine ? Quand le jour se levait, les habitants restaient cloîtrés dans leurs maisons. Chacun craignait de rencontrer son voisin, hésitait à aller vers lui, à lui parler comme d'habitude. L'angoisse avait anesthésié chez les habitants, la pulsion toute naturelle de révolte que chaque homme frappé d'injustice laisse exploser avec rage en de telles situations. De manière invisible, les effets pervers de la Révolution semblaient se tapir en chacun, se dresser dans l'ombre derrière chaque silhouette, hanter les esprits sous la forme d'une méfiance, une méfiance devenue quasi maladive, surtout contagieuse. Cependant avec l'évolution catastrophique de la situation, Nombre de Kankanais commencèrent à douter. Bien des gens dans la ville, et certainement ailleurs dans le pays, commencèrent à se poser des questions, sans réponses : «Comment se fait-il que les dépositions se ressemblent toutes dans leur forme ? Si toutes ces centaines de personnes détenues partout avaient trempé dans le même complot, comment pouvait-il échouer ? Comment se fait-il que toutes les personnes détenues soient devenues aussi prolixes aussitôt leur arrestation, pour dire tout et n'importe quoi, et surtout en aient dénoncé systématiquement d'autres ? »

C'est dans ce climat que les trente Comités régionaux de la jeunesse du pays se rendirent à Conakry pour tenir au Palais du Peuple leur cinquième congrès national.

CHAPITRE VIII

LA PHRASE

Le Palais du Peuple, lieu mythique et réel de la Révolution s'il en était ; un Palais qui a recelé tant de mystères et de machinations ! Il était l'un des centres névralgiques du Pouvoir. Les grandes décisions qui engageaient toute la Nation, ou qui scellaient le destin de milliers de personnes, d'innocents, se prenaient là. Les grandes rencontres nationales et internationales, les congrès nationaux de tous les organes du Parti, les conférences de toute nature se déroulaient là. Se tenaient là aussi les grands meetings dits populaires, si le stade du 28 septembre autre lieu mythique du régime où étaient souvent rassemblés par milliers les militants pour entretenir l'ardeur révolutionnaire, n'était pas choisi. C'était aussi au Palais du Peuple que se nouaient de sordides intrigues, mais aussi que s'organisaient, joyeusement, les festivals, les quinzaines et semaines artistiques. Là se célébraient les grandes cérémonies officielles quand le Parti voulait leur assurer la solennité maximale. Si seulement ce Palais, témoin privilégié de notre histoire pendant près d'un quart de siècle, pouvait parler… !

Ces quatre premiers jours du mois de juillet 1971, il s'y tenait le cinquième congrès de la Jeunesse, la JRDA. Tous les membres statutaires y étaient réunis autour du Comité National. L'issue de l'élection, qui devait avoir lieu à la fin des travaux pour le renouvellement de l'organe, ne semblait être connue que de quelques « initiés ». L'ambiance était tantôt lourde, tantôt surchauffée. Dans le pays, les dénonciations fusaient, fusaient tous les jours et les arrestations suivaient.

Une petite commission de rédaction de cinq membres, mise en place par le congrès, et siégeant au nom des trente fédérations du pays, débattait du projet de Résolution Finale. Les discussions achoppaient sur une phrase, clef pour les deux camarades représentant le Comité National, dangereuse pour les deux Secrétaires généraux de Conakry, de Kissidougou et pour moi-même venu de Dabola en tant que Secrétaire général de la jeunesse.

« Tout organe de la Jeunesse du PDG qui a ou aura un de ses membres dénoncé ou arrêté, doit avoir tous ses membres arrêtés » disait la phrase. Selon ses auteurs, les membres du Comité National, elle était indispensable. Ils fondaient leur argumentation sur l'idée qu'elle rendrait les arrestations systématiques, par groupes entiers sans discernement, et permettrait ainsi d'extirper des rangs de la jeunesse, « l'aile marchante du Parti », tous les contre-révolutionnaires.

En proposant cyniquement cette formulation, les deux membres du Comité National savaient pertinemment que les trois camarades qui se trouvaient en face d'eux autour de la table appartenaient ou avaient appartenu à des organes dont des membres étaient déjà en détention, et qu'accepter la phrase revenait tout simplement pour ceux-ci à donner des cordes au congrès pour les pendre.

Argument contre argument, le débat était houleux. Ce fut, le Secrétaire général de Kissidougou, un certain Hervé, un brave type celui-là, qui sonna la révolte. Il s'insurgea contre la phrase et la traita de démagogique. Il fut immédiatement rejoint dans sa position par le Secrétaire général de Conakry et par moi-même. Nous la qualifiâmes tous de suicidaire, tout en mettant en exergue les conséquences incalculables qu'elle entraînerait pour d'innocentes personnes, en particulier pour des jeunes. Face à des points de vue aussi diamétralement opposés, nous décidâmes de porter l'affaire devant tous les Secrétaires généraux de jeunesse des fédérations. A ce niveau aussi, elle souleva un tollé, la quasi-totalité des Comités Régionaux de la Jeunesse ayant soit des membres arrêtés, soit des membres dénoncés. Unanimement, elle fut condamnée et rejetée.

Après l'avoir stigmatisée et après avoir demandé sans succès de la supprimer sans autre forme de procès, l'argumentation qui était la plus communément soutenue tourna autour de ce raisonnement par l'absurde : Pourquoi donc vouloir singulariser à tout prix la jeunesse par rapport aux autres organes du Parti ? Il faut mettre tous les organes sur le même pied d'égalité ; dans ce cas, la phrase serait : « Si on arrête ou dénonce un membre d'un organe du Parti, il faut en arrêter tous les autres membres ». Dans la logique du centralisme démocratique, cela irait ainsi du Bureau Politique National au sommet, au plus petit Pouvoir Révolutionnaire Local à la base. Ce qui signifiait, étant donné qu'un membre de la plus haute instance du Parti-Etat était détenu et que de nombreux ministres avaient connu le même sort, que tous les membres et du Bureau Politique et du gouvernement devaient suivre ; sans que personne ait osé le dire, cela laissait entendre que le Suprême lui-même ne serait pas épargné. Cette levée de boucliers ne suffit cependant pas à faire plier le Comité National ; ses membres formant bloc voulurent obstinément faire passer la phrase en force. C'est seulement devant la menace unanime de s'en désolidariser publiquement et collectivement en séance plénière, et au moment des cérémonies de clôture, en présence de tous les congressistes, des délégués des pays étrangers invités et « de la presse », sous la présidence du Suprême, que les responsables nationaux de la jeunesse finirent par reculer et retirer l'invraisemblable phrase-motion du projet de Résolution Finale.

Près de quarante ans après ce congrès, je n'ai toujours pas pu savoir si cette extraordinaire proposition émanait du Comité National lui-même ou si elle avait été dictée par la hiérarchie. Dans la première hypothèse, il devait s'agir, pour bien se protéger dans « le jeu de massacre » politique, d'éliminer un ou des adversaires en les disqualifiant par le biais d'une dénonciation calomnieuse avant un scrutin. Plusieurs membres du Comité Régional de Kankan auquel j'avais appartenu, successivement en qualité de Secrétaire au sport et de Secrétaire à l'organisation, avaient été déjà arrêtés. A l'approche du congrès et pendant la session, j'avais été fortement pressenti par un grand nombre de délégués, notamment les enseignants, pour être élu Secrétaire général du Comité National. Avant l'arrivée de la délégation de Dabola au congrès on avait fait courir, dans les couloirs du Palais du Peuple, le bruit que j'aurais déjà fait l'objet d'une dénonciation à Kankan. Quelques uns s'étaient même montrés curieusement sceptiques sur ma présence au congrès. Seconde hypothèse, la phrase avait été dictée par la hiérarchie ! Mais dans quel but ? Saura-t-on jamais la vérité sur l'origine de la proposition, les acteurs vivants ne voulant pas ou ne pouvant pas livrer leur pensée. Si le Palais du peuple pouvait parler, il nous aurait grandement aidés à percer cet énigme, et bien d'autres encore.

CHAPITRE IX

IL ÉTAIT 1H35 DU MATIN

Le Suprême entouré des membres du Bureau Politique National et du Haut Commandement, en guise de discours de clôture des travaux du congrès de la jeunesse, avait décidé de tenir un grand meeting d'information au Palais du Peuple. *La Voix de la Révolution* et *Horoya* avaient annoncé par un battage monstre que des révélations importantes allaient être faites. Dès les premières heures de la matinée, ce 5 juillet 1971, la salle des congrès du Palais du Peuple avait été prise d'assaut par une marée de militants tout de blanc vêtus ; même l'esplanade, pourtant extrêmement vaste, était blanche de monde. Dans la capitale, personne ne voulait manquer « à l'appel ». Etre présent de manière ostentatoire, un tel jour, était une façon d'afficher son militantisme ; par contre, dans la logique révolutionnaire de l'époque, une absence était censée faire de vous purement et simplement un suspect.

Avant même l'apparition en public du Suprême, les femmes scandaient « Syli ! Syli ! », son surnom, « Eléphant », en langue Sosso, et entonnaient à gorge déployée le célèbre « Syli so ta » « L'Eléphant a fait son entrée » qui n'était chantée strictement qu'en son honneur à lui. Ambiance des grands jours. J'y étais, avec un ami le professeur Sékou Konaté appelé encore « Grand Kos Londan Djéti », qui m'avait accueilli au cours de mon séjour durant le Congrès. Mais faute d'avoir trouvé de la place à l'intérieur du Palais, nous étions retournés tous deux à son logement situé au quartier Donka de la banlieue de Conakry au bâtiment communément appelé Bloc des professeurs. *La Voix de la Révolution* retransmettait le meeting en direct.

Mon hôte, son épouse Fatou Oulén et moi, confortablement installés au salon devant le poste de radio, écoutions le Suprême, qui, comme à son habitude, s'était lancé dans un discours-fleuve.

Génial improvisateur, il allait de diatribes en diatribes. Plus la foule scandait «Syli ! Syli ! », plus il fulminait. Tout à coup, il s'arrêta, marqua une brève pause, reprit avec cette fois une profonde indignation dans le ton : « Kankan », s'exclama-t-il ! Il expliqua longuement l'ampleur du mal dans la ville, pourtant située à plus de six cents kilomètres de la côte où les Portugais avaient débarqué ; dévoila quelques noms de personnalités arrêtées ou à arrêter, puis observa un second arrêt comme pour obtenir un silence total et poursuivit ! - « La jeunesse ! Eux, ils étaient quatre ! » Il cita le nom d'Ismaël Nabé, le Secrétaire général du Comité Régional de la Jeunesse de Kankan, celui d'un ami, Lanna Béna un professeur de mathématiques, tous deux déjà arrêtés et ayant appartenu au même comité, puis lâcha : Lamine Kamara, avant de crier le nom du dernier accusé.

Une telle indignation jaillissait de sa voix que j'aurais mis ma main au feu, juré sans hésiter un seul instant de sa totale bonne foi, s'il n'avait pas été question de moi-même, tant il donnait l'impression d'un homme outrageusement blessé et trahi dans sa confiance. Jusqu'à aujourd'hui je n'arrive pas à comprendre comment un être humain normalement constitué peut mentir avec un tel aplomb, peut faussement accuser des innocents en paraissant profondément convaincu, peut m'accuser à tort alors que je suis innocent. Il est vrai qu'en chaque homme politique, il y a un homme de théâtre. Mais lui le rôle qu'il s'était attribué, il le jouait avec le destin, avec la vie d'innocentes personnes. Justification supposée ou feinte de sa colère : « La jeunesse a toujours raison. » aimait-il à dire souvent dans ses discours.

- Mon ami, c'est toi ça ? me lança mon hôte perplexe, pendant que sa femme s'éclipsait pour aller noyer son désarroi dans les larmes au fond de sa chambre.

- Oui, Kos, c'est bien de moi qu'il s'agit, répondis-je ; mais il y a une chose qui ne va pas dans ce que toi et moi venons d'entendre, c'est que personne, personne, fût-ce même le Suprême, ne peut savoir mieux que moi ce que j'ai fait. Mon ami, je suis absolument innocent !

Notre conversation se limita à cette question et à cette réponse.

L'angoisse s'était de nouveau saisie de moi, de mon hôte aussi. Silence pesant. L'espace d'un discours, mon destin changeait de cours. En effet, à partir de ce moment, j'étais persuadé que je n'échapperais pas à la prison. Ce ne devait être qu'une question de jours, peut-être d'heures. Si j'avais eu de la place au Palais du Peuple, peut-être que j'aurais déjà été pris en plein public.

Alors, une douloureuse pérégrination débuta pour moi : descendre, monter dans la ville…, je ne pus m'empêcher de me souvenir des chiens de Zaïdan, car moi aussi je venais d'avoir ma corde au cou. La différence. Celles de Dob et de Dalma étaient visibles ; la mienne invisible, mais je la sentais tout autant se resserrer autour de ma gorge.

Fantôme errant, déjà devenu instantanément un pestiféré pour certaines personnes, parfois même des amis, parce que j'étais simplement cité dans un discours, en descendant et en montant, je rencontrais des camarades, des amis terrifiés par ma seule vue. Certains se dérobaient derrière des regards fuyants. D'autres, craignant une mise en cause par une simple rencontre changeaient de direction. D'autres par contre, me fusillaient carrément des yeux, parfois en me posant des questions du genre : « Comment se fait-il que tu ne sois pas encore arrêté ? Comment, n'es-tu pas encore pris ? » Etais-je déjà devenu un camarade d'hier ou un ami d'hier ?

Les martèlements du temps se précipitèrent. Je tentai de voir un ami membre du Bureau Politique National et du gouvernement, Mamadi Kéïta, Ministre de l'Education Nationale, de l'Enseignement Supérieur et de la Recherche Scientifique, pour demander son aide. Mamadi Kéïta était un homme bien. Tous ceux qui ont eu à l'approcher vous le diront : honnête, intègre, fidèle en amitié ! Homme de gauche depuis ses séjours en France et en Suisse, où il avait fait ses études supérieures et où il militait déjà pour l'émancipation des pays africains, ce philosophe de formation appartenait au groupe de cadres venus de bonne foi comme beaucoup d'autres Guinéens et Africains se mettre au service de la Guinée nouvellement libérée, pour relever le défi de l'indépendance et du développement. Comme un grand nombre de ces cadres, il avait été aspiré, malgré lui, dans la spirale de la Révolution.

Mamadi était de nature sobre en paroles. Ses échanges avec moi furent brefs. Après quelques phrases difficiles à trouver pour lui et encore plus difficiles à entendre pour moi, lointain, apparemment perdu dans une réflexion, visiblement tout autant troublé qu'embarrassé, préoccupé par mon sort, et peut-être aussi par le sien, il m'avoua son impuissance en concluant : « Je te connais, toi tu ne peux pas tremper dans un complot. Mais la seule personne qui peut te sortir de cette situation, c'est le Suprême lui-même. Lui seul, personne d'autre. Si je le pouvais, je l'aurais fait, tu le sais bien.»

Deux jours durant, deux jours interminables, peut-être les plus longs de mon existence, je montais, descendais sans résultat. Pour l'obtenir ce résultat que je voulais absolument positif, je tentai de rencontrer le Suprême lui-même et de lui clamer mon innocence.

Pour ce faire, je pensai à Fily Cissoko, Secrétaire général à la Présidence de la République à l'époque ; il m'avait connu quand j'étudiais à l'Ecole Normale dans sa ville, Kindia. Dès qu'il fut informé de ma présence devant son bureau, il me reçut aussitôt. Sur ma demande, il mit tout en œuvre pour que je puisse rencontrer le décideur Suprême. Il voulut, il tint à me sauver. En vain. Il se heurta à une fin de non-recevoir catégorique. L'intéressé lui demanda de m'orienter vers le Comité Révolutionnaire National comme toutes les personnes dénoncées. Dès lors, je vis se dresser devant moi un mur. Je compris que mon ami, le ministre Mamadi Kéïta, avait raison. Seul le Suprême pouvait, s'il le voulait, me sauver. Ma vie était entre ses mains. Etais-je perdu ?

Dans l'esprit de chacun, le désespoir, quelles que soient les voies par lesquelles il vous envahit, n'est jamais ni total ni définitif, même quand la frayeur d'une fin quasi évidente s'empare de vous. Un danger qui semble inéluctable pousse l'homme au mysticisme. Il cherche alors à s'accrocher à une arche ou à une bouée. La nuit, en me couchant, après avoir effectué ma dernière prière de la journée, je posai directement la question à Dieu en regardant fixement le plafond, comme si c'était de ce côté-là qu'il se trouvait : le Ciel est toujours au-dessus de nos têtes :

- Qu'adviendra-t-il de moi, Seigneur ? Lui demandai-je. Vous, Vous savez parfaitement que je suis innocent et Vous avez bien écouté le Suprême m'accuser à tort : dites-moi, dites le moi donc, je Vous en supplie, pour que j'en aie le cœur net.

Dès que je fermai les yeux et commençai à m'assoupir, je sentis une main se poser sur mon épaule et une voix me dire :

- Tu seras arrêté. Malgré ton innocence tu seras arrêté. Ils ne veulent pas le faire en pleine rue ; dès qu'ils te localiseront, ils viendront te chercher.

Je me réveillai en sursaut et tins, songeur, ma tête dans les mains. Il était 1h35 du matin.

- Oh mon Dieu, j'ai ta réponse, terrible réponse ! Aussitôt je pris du papier et un crayon et écrivis une lettre à mon père. Elle fut brève :

- « Tu as dû entendre mon nom à la radio. Je suis innocent de toute forfaiture. Je n'ai jamais fait partie d'un complot. Sois fier de moi, même si je devais être arrêté et jeté dans les geôles, même si je devais y mourir, même si on ne devait plus se revoir toi et moi un jour. Ton fils Lamine ».

En moi l'instinct de survie essaya de triompher de la certitude.

- Ce doit être un cauchemar, me suis-je dit… Depuis le discours, je me sens poursuivi par le spectre de l'enfermement. pensai-je.

Mais dans un autre coin de mon for intérieur je m'interrogeais avec insistance :

- N'est-ce pas toi qui as demandé au Tout-Puissant le sort qui te sera réservé après ta dénonciation dans le discours ? Il n'a fait que répondre à ta question !

Mais s'avoue-t-on jamais perdu ?... En moi, en cette circonstance deux êtres cohabitaient. Deux êtres qui s'affrontaient. Moi, à la fois protagoniste et juge obligé de ce combat, je n'étais pas neutre ; j'étais loin de l'être. Je penchais irrésistiblement du côté du premier, celui qui pensait que la voix venait d'un cauchemar. N'est-ce pas une forme de lâcheté, souvent de mauvaise foi que de chercher à se rassurer soi-même devant le péril même quand on le sait imminent?

Mauvaise foi ? Plutôt volonté de survie ! Pourtant les signes avant-coureurs de ce qui pouvait arriver avaient été nombreux : l'attitude de certains congressistes, ceux du Comité National de la Jeunesse en particulier. Un nouveau Bureau national de la jeunesse avait été mis en place, sans que mon nom ait figuré sur la liste présentée et approuvée au congrès « par acclamations ». A Kankan, mes amis et mes camarades du Comité Régional de la Jeunesse avaient été arrêtés. J'étais dénoncé par le Suprême en personne. Cela devait mettre fin à toute supputation.

Ne m'avouant cependant toujours pas vaincu par le sort, le lendemain, au deuxième jour, je repris mes descentes et mes montées à la recherche d'une improbable bouée. Une bouée se présenta. Le frère de mon beau-père, El Hadj Sékou Kaba habitant à l'époque le quartier Sandervalia de Conakry, un militant déçu depuis longtemps de l'orientation prise par le Parti, vint me proposer une voiture, de l'argent et un passeur habitué à faire traverser clandestinement les frontières, pour quitter le pays par la Sierra Leone et rejoindre la France par la suite. Je refusai tout net. Je ne voulais pas, par ce départ, faire accréditer l'idée d'une quelconque culpabilité. La perspective de l'exil me rebutait terriblement aussi, car l'exil, c'est prendre le risque de cesser d'être ce que l'on est, tout en pensant qu'on l'est resté, sans jamais devenir ce que l'on croit être devenu. C'est prendre le risque d'être d'ailleurs, souvent définitivement. Etre d'ici, n'est peut-être pas nécessairement meilleur qu'être d'ailleurs, mais, c'est être différent. Moi, j'ai choisi de rester ici, en Guinée. L'exil, je le reconnais, est cependant parfois la condition de la vie, sinon de la survie et de la liberté ; des centaines de milliers, - des chiffres au-delà de deux millions avaient été avancés -, de nos concitoyens, en s'exilant, en ont eu la vie sauve, et rien ne vaut la vie. Mais moi, je me suis interdit d'en jamais prendre le chemin. Plutôt la prison, plutôt la mort que l'exil.

Par ailleurs, dans des cultures comme les nôtres, l'on considère qu'un homme ne doit pas fuir devant un autre homme ...; partir devant des menaces, s'assimile facilement à la fuite, et la fuite qui apparaît toujours honteuse, déshonorante.

La nuit, à 1h 35 du matin, on frappa à la porte.

- Qui est-ce ? demandai-je.

- Au nom de la Révolution, nous sommes venus chercher Lamine Kamara, l'ancien Directeur régional de l'éducation de Dabola, l'ancien Secrétaire général de la Jeunesse ; celui qu'on surnomme Capi.

Avant d'ouvrir la porte, je laissai la lettre sur mon lit dans l'espoir qu'elle parviendrait à son destinataire, mon père ! Je me souvins des paroles de mes deux vieux amis de Dabola, Môkhôba

Séidiyanké Barry et Môssôbè El Hadj Lamine Diawara. Mais les sacrifices, même d'arachide, que l'un et l'autre m'avaient sagement conseillés n'avaient pas suffi. J'allais vers la prison.

Le Waz dans lequel on m'embarqua, s'engagea dans la direction de la Presqu'île de Kaloum. Je pensai au PM3 (Peloton Mobile Numéro 3 de Gendarmerie Nationale), réputé effroyable pour les détenus. Puis brusquement, le véhicule vira à droite et franchit aussitôt le portail du camp *Boiro*. Ce n'était pas loin du bloc des professeurs. En moins de dix minutes, nous y étions. C'était le 7 juillet 1971.

Dix ans auparavant, presque jour pour jour, j'étais là. J'avais été considéré comme l'un des meneurs de la grève générale déclenchée par tous les élèves et étudiants pour demander la libération de leurs maîtres et professeurs incarcérés à la suite de leurs revendications. C'était en 1961 lors dudit complot des enseignants. Toutes les écoles avaient été fermées. Ces deux instituts n'existaient pas encore à cette époque,. Des milliers d'élèves et d'étudiants avaient été arrêtés et incarcérés dans les principales garnisons militaires. Les étudiants guinéens des pays de l'est avaient été ramenés manu militari par charters entiers d'avions soviétiques « Illiouchine18 ».

Au mois de novembre de cette année 1961, le 18 exactement, avait été dénoncé le complot dit du syndicat des enseignants et du syndicat de la santé avec respectivement pour instigateurs prétendus: Koumandian Kéïta, Secrétaire général du Syndicat des Enseignants de Guinée et Secrétaire général de la Fédération des Enseignants d'Afrique Noire, et docteur Ignace Deen, un célèbre médecin d'origine béninoise qui présidait le Syndicat de la Santé. (L'hôpital principal de la capitale guinéenne porte encore le nom de ce dernier en hommage aux immenses services rendus). Ce fut la première grande vague d'arrestations de la Révolution. En plus de Koumandian Kéïta, furent arrêtés en effet de très nombreux enseignants, dont l'éminent historien et écrivain, le professeur Djibril Tamsir Niane plus connu comme l'auteur de *« Soundjata ou l'Epopée Mandingue »,* Ibrahima Kaba Bah, Directeur de l'Ecole Normale de Kindia et professeur de physique et de chimie, Mamadou Traoré dit Ray Autra un érudit, considéré pourtant comme un des barons du régime, Sidy Diarra, professeur reconnu de tous ses collègues et de tout le milieu élève et étudiant de l'époque comme un homme intransigeant sur les principes, etc.

En dix ans, rien n'avait changé au camp *Boiro*. Même atmosphère lugubre, mêmes odeurs pestilentielles, même silence mortel interrompu par moments, par des ouvertures et des fermetures de portes toujours mystérieuses et de temps à autre par de sourds bruits indéchiffrables, comme des gémissements. Le lieu sentait toujours horriblement la terreur et la mort.

J'avais l'impression d'être passé d'une nuit à une autre nuit, d'une cellule à une autre cellule. Pourtant, dix années, dix longues années séparaient les deux pénitences. De douloureux souvenirs se mirent à crépiter en moi. En 1961, élève de la classe de seconde, c'était sur mon avenir que je m'interrogeais ; je craignais de ne pas pouvoir reprendre mes études si ma détention devait se prolonger. Déjà, à cette époque, alors que je n'avais pas 21 ans révolus, j'avais été affreusement ligoté toute une nuit et soumis à la torture par électrode à la magnéto après avoir subi quatre jours de diète. Qu'en sera-ce cette fois-ci maintenant que je suis majeur, mûr, de surcroît responsable administratif et politique, responsable « biphasé », comme le disait le jargon révolutionnairement « électrique » de ces temps-là. Dans mon cas le Comité Révolutionnaire pouvait même me considérer comme un responsable « triphasé », s'il prenait en compte mon poste d'entraîneur bénévole de football. Bi ou triphasé, cela signifiait exercer à la fois deux ou trois responsabilités. A présent, malgré mon innocence, les incertitudes d'une toute autre nature secouaient tout mon être. Je n'ignorais pas le sort tragique réservé aux personnes arrêtées à la suite des complots dénoncés après celui de 1961 : exécutions, pendaisons... L'image de l'Inconnu pendu au grand échafaudage-balançoire de l'école primaire de Dabola m'accompagnait dans ma cellule ; comme l'homme à son gibet, elle y demeurait accrochée, sans que je n'y puisse rien. Innocent, je comptais cependant sur mon innocence.

Déjà en 1961, vu l'énorme charge dont le Comité Révolutionnaire National m'avait accablé, n'eût été l'attitude du président et du vice-président de la Commission d'interrogatoire, Bangaly Camara et de M'Bemba Diakhaby, à l'époque respectivement Ministre de l'Information et Secrétaire fédéral de la fédération de Labé, qui s'étaient tous deux émus devant mon jeune âge et montrés dubitatifs en entendant les autres membres du Comité m'accuser d'être déjà à cet âge un ami de la France, d'être l'un des agents de liaison entre élèves et étudiants contre-révolutionnaires de l'intérieur et ceux de l'extérieur, je serais certainement resté beaucoup plus longtemps au camp *Boiro*, comme certains élèves. Famoï Béavogui, un élève de Kankan originaire de Macenta, y mourut.

- C'est un tout jeune celui-là ! s'était exclamé M. Diakhaby. Nous allons demander sa relaxe ; si nous l'obtenons de qui de droit, ce sera une bonne chose, il est tout jeune et tout frêle ! avait-il ajouté. Je m'en souviendrai toujours.

Pour mémoire, le Ministre Bangaly Camara, militant, puis cadre du Parti dès sa création, un des hommes clefs qui en ont posé les fondements, surtout à Conakry et dans toute la Guinée maritime, des assises chancelantes à ses débuts, l'homme à l'éloquence incomparable, à la parole toujours rassurante et convaincante a fini ses jours dans les geôles du régime durant des purges politiques.

En 1961, j'avais eu un voisin illustre, Koumandian Keïta, le supposé instigateur même de la conspiration. Il occupait la cellule 16 et moi la 17. Cette nuit, je ne savais pas encore qui étaient mes voisins des deux cellules contiguës.

Les ministres Mamadi Kéïta, Fily Cissoko, Bangaly Camara et le Secrétaire fédéral NBemba Diakhaby ne sont plus hélas de ce monde. Par reconnaissance, je voudrais, à travers le souvenir de leurs actes, présenter toute ma gratitude à tous les membres de leurs familles et à leur descendance.

CHAPITRE X

LE VIOLON

Menottes aux poignets, lui au poignet gauche et moi au droit à la même paire, lui, le vieil El hadj Mamoudou Kaba et moi jeune homme frêle, escortés par sept gendarmes dans deux Wazs, nous venions de traverser la moitié du pays, durant la moitié de la nuit, pour nous trouver chacun dans un « violon » à Dabola.

Mon étonnement fut grand quand je reconnus le vieillard. Que venait-il lui aussi chercher dans cette galère, lui, le doyen des chefs de quartiers de Kankan, du pays disaient certains ? Le vieil El Hadj Mamoudou Kaba, bien que bon œil bon pied, était un plus qu'octogénaire qui jouissait d'une très grande notoriété parmi les siens. Barbes et cheveux blancs comme coton éclos au soleil, pour tout le monde dans la ville il était le Vieux, - le Vieux, une marque de gratification dans nos coutumes en Guinée, et en général, partout ailleurs en Afrique, où la vieillesse symbolise la sagesse. Agriculteur durant l'hivernage et commerçant en saison sèche, se suffisant à lui-même, ce qui était rarement le cas à l'époque dans le pays pour un père de famille, réputé généreux, l'une des chevilles ouvrières de la notabilité locale, il inspirait respect et considération partout où il passait. En fait de responsabilité politique, il n'avait accepté son premier mandat électif que pour aider les jeunes et les moins jeunes, souvent en conflit, à s'entendre et à travailler ensemble pour le bien de la cité ; toujours sollicité et plébiscité, il n'avait jamais eu d'adversaire en face de lui dans son quartier de Banankoroda lors des élections ; parfois, c'était au champ ou sous son échoppe qu'on allait le chercher pour lui annoncer sa réélection, toujours triomphale …

Malgré le grand respect et la considération qu'on lui vouait, on ne le connaissait pratiquement que sous le sobriquet de Soboninkoun : « Tête de chevreuil ». Les kankanais l'appelaient affectueusement ainsi, et lui ne prenait jamais cela en mal. La société guinéenne en général, chez les maninkamory de Kankan en particulier, est faite de surnoms. Petits ou grands, chacun en a, - même les Chefs, quelle que soit leur puissance ou leur pouvoir de prédation ; mais les leurs à eux sont codés - noblesse oblige -, et changent d'un cercle à l'autre comme les robes des caméléons ... On ne vous appelle, surtout vos amis et camarades d'enfance, pratiquement jamais par votre nom, ou par votre prénom - ce qui normalement est la règle -, mais toujours par un sobriquet vous campant tout de suite dans votre milieu par les traits saillants, soit de votre physique, soit de votre caractère et qui vous reste collé à la peau jusqu'à la fin de vos jours. En général, ce n'est pas méchant ; mais n'ayez pas de grandes oreilles, ou un nez penchant, même légèrement à gauche ou à droite ; ne soyez surtout pas menu parmi des gros, petit parmi des gens de haute taille, sinon, c'est ainsi que vous serez distingué par vos amis, vos camarades et finalement par toutes les bonnes gens autour de vous ; et si vous avez le malheur, aux yeux de votre entourage, d'être beaucoup plus grand que la normale locale vous risquez de rester « girafe » toute votre existence... A défaut de trouver un surnom susceptible de vous seoir à la perfection, c'est au nom de votre village ou de votre hameau qu'on a recours, surtout quand il s'agit d'appellations colorées, susceptibles de faire rire, ou de type imprononçable ; et si d'aventure on ne trouve en tout cela rien de suffisamment intéressant à exploiter, c'est du côté de votre métier qu'on flairera pour faire le bon choix... Dans le cas de Soboninkoun, son prestigieux titre de Hadj, pèlerin de la Mecque, - puisqu'il y avait effectué le voyage -, aurait largement suffi. Mais il n'avait pas échappé à la règle.

Revenons dans nos violons... Changer de lieu de détention devait être un élément important des techniques d'intendance de l'administration pénitentiaire de la Révolution. Car le détenu à tout moment pouvait être déplacé d'une prison à une autre ! Après quelque temps passé au camp *Boiro*, le voyage de cette nuit dont nous étions en train de passer la deuxième moitié dans un violon, était la première phase du processus de notre premier transfèrement.

Du temps où je dirigeais les écoles et la jeunesse de Dabola, je pouvais passer et repasser journellement devant la Maison d'Arrêt sans y prêter la moindre attention. Pour un citoyen ordinaire a fortiori un cadre assez bien placé dans une petite ville de province, se préoccuper d'une prison ne s'inscrivait pas dans l'ordre normal des choses.

Le voyage du camp *Boiro* à Dabola avait été long et épuisant. Durant le reste de la nuit, il n'avait pas été question pour nous de fermer les yeux. Les menottes qui nous avaient meurtri les nerfs et qui continuaient à le faire pouvaient nous briser les os. C'étaient les fameuses menottes tchécoslovaques utilisées à l'époque en Guinée ; elles avaient la redoutable faculté de se refermer automatiquement d'un cran à chaque mouvement incontrôlé. Même avec une somnolence de perdrix, - la perdrix qui, par peur de ses prédateurs, est réputée chez nous ne jamais dormir que d'un seul œil,- au moindre geste par inadvertance, un cran de moins, sans aucun espoir de voir l'étau meurtrier se desserrer avant que celui qui l'a fermé ne l'ouvre! L'un des gardes qui nous avait jetés la nuit dans cette sorte de basse-fosse était reparti avec les clefs.

Des odeurs, d'une autre nature celle-là, âcres et intenses, comme saturées d'ammoniaque me montaient du sol humide jusqu'à mes tripes en m'étouffant. Un reclus a dû tout faire ici, me suis-je dit.

Le matin, au moment où le soleil avait commencé à percer par les étroites lucarnes qui nous permettaient de respirer, des chiens se mirent à aboyer, à aboyer très fort, à gratter alternativement les portes de nos deux violons et à renifler de plus en plus fort.

- Ils sont en lieu connu. Chaque fois qu'ils se trouvent devant ces cellules, ils se comportent de cette manière. C'est de ce violon que j'ai commencé à les dresser, ces formidables chiens qui sont d'une intelligence supérieure à celle de bien des hommes. Ils comprennent tout et savent tout faire. Leur ancien maître, un commerçant Libanais du nom de Zaïdan Wodibati, occupait cet autre violon.

C'était l'adjudant-chef Môô Minala Massou, le même. Il s'adressait aux gendarmes qui nous avaient convoyés à Dabola. Ils étaient sur son terrain d'opérations. J'avais reconnu sa voix. Dès qu'il ouvrit ma porte, Dob et Dalma bondirent et voulurent se ruer à l'intérieur. Craignant qu'ils ne me mordent, Môô Minala les avait rapidement maîtrisés. Les deux chiens aboyaient, aboyaient, reniflaient, reniflaient sans arrêt. Leurs aboiements, et leur grande agitation, en disaient long sur leurs états d'âme. Le souvenir de leur séjour et de celui de leur ancien maître ici s'était sans doute éveillé de nouveau en eux. Ils aboyaient, aboyaient sans arrêt.

Soboninkoun, le vieil homme, ne connaissait pas Dabola. Pour lui, son violon ne devait être qu'une cellule qui se caractérisait par son extrême exiguïté, son insalubrité et les odeurs. Mais moi, j'étais bouleversé par la vue des deux chiens, leur comportement presque humain - dire que j'avais failli devenir le maître de l'un d'eux -, par le film des événements de Dabola, du Congrès de la jeunesse et de sa suite, et particulièrement par l'image du pendu. Tout cela ressurgissait en moi en se bousculant. La faim et la soif qui m'avaient tordu le ventre toute la nuit s'étaient instantanément estompées. Zaïdan était parti de ces lieux pour une destination inconnue ; l'Inconnu pendu au grand échafaudage du stade non loin de l'école primaire, n'y avait fait qu'escale avant d'aller vers la potence. Dop et Dalma qui s'agitaient là comme des forcenés, aboyant de plus belle, étaient eux libres, mais ils s'étaient vu affectés à une autre fonction, celui de suivre un nouveau maître et d'obéir à ses ordres, fonction qu'ils assumaient ce matin, non sans mal. Au galop, mon destin courait-il vers celui de Zaïdan, vers celui de l'Inconnu ou vers celui des chiens ? Jusqu'où les suivrai-je ? Lequel suivrai-je ?

Brusquement, je revins à la réalité du moment. Môô Minala se dressait devant moi, pratiquement son nez contre le mien. Avant Soboninkoun et moi, Zaïdan, ses chiens et l'Inconnu avaient dû être foudroyés par ces yeux qui commençaient à me fusiller. Voyais-je bien le même homme que celui que j'avais connu ? Affable, même courtois quand il venait à la Direction pour les problèmes de scolarité de ses enfants. Ce matin, certainement pas ! Et dire que secrètement j'avais compté sur son assistance. Il donnait l'impression de ne m'avoir jamais vu auparavant, cet homme-là ! Mais pourquoi donc des chiens si intelligents, qui comprennent tout, qui savent tout faire, ne le mordaient-ils pas pour son attitude si révoltante ?

Comble de cynisme, comme pour nous achever psychiquement, l'équipe de gendarmes, Môô Minala en tête, avait cru bon, pour nous exposer à une humiliation supplémentaire, d'attendre entre neuf heures et dix heures pour prendre l'essence à la station avant de reprendre la route. C'est à ce moment-là que les rues et ruelles de la ville se remplissent d'une bonne partie de la population. La station se trouvait à proximité de mon domicile. Un petit attroupement déjà formé autour des deux véhicules piaffait d'impatience, le bruit ayant peut-être couru que l'ex-directeur régional de l'éducation, l'ex-Secrétaire général de la jeunesse, l'ex-entraîneur de l'équipe fédérale de football avait passé la nuit sous clef. Des curieux semblaient si avides de me voir en chair et en os, menottes au poignet, que leurs yeux auraient, s'ils l'avaient pu, percer les bâches qui recouvraient l'arrière des deux Waz et me dévorer. Les plus opiniâtres, à force de persévérance, avaient réussi à m'entrevoir au travers des fentes d'aération. Des yeux croisèrent les miens. Mon épouse et mes enfants avaient-ils été alertés et accourraient-ils vers le lieu?

Moment terrible, extrêmement pénible pour moi, parce que livré à la vindicte populaire, comme Dob et Dalma l'avaient été. Les sarcasmes de certains dans le public, les quolibets et les injures révolutionnaires à l'accent démagogique d'autres, m'atteignaient de plein fouet. Moment terrible, mais mêlé d'instants de soulagement aussi, je le dis et m'en réjouis même après plus de quatre décennies, de nombreuses expressions discrètes de compassion et même de sympathie enveloppèrent de leur chaleur le deuxième Waz où je me trouvais.

Au sein du petit attroupement, je vis monsieur Mamadou Samba Baldé, surnommé « Mètchéma » par ses amis, mon comptable, plutôt le comptable de la Direction Régionale de l'Education de Dabola. De grosses larmes lui barraient le visage. Ses yeux embués croisèrent les miens. Sans mot dire, il tourna le dos et disparut derrière la bâche.

Autre moment terrible pour moi, les deux Waz reprenaient leur route. Ils traversaient la ville et le carrefour central. Quand ils arrivèrent à la hauteur de mon domicile, je tentai d'apercevoir mon épouse, mes enfants, mes frères et sœurs que j'avais en éducation chez moi. Je me posais mille questions à leur sujet. Avaient-ils su que j'étais à Dabola et s'étaient-ils terrés pour ne pas voir cette scène qui aurait été insoutenable pour eux, ou même fatale : le mari, le père, le frère dans les chaînes avec un attroupement autour. Etaient-ils à mille lieues d'imaginer ce qui se passait à Dabola depuis la nuit dernière ? Peut-être que par pudeur, dignité ou pitié, on le leur avait caché.

Dans la cour de ma concession que j'apercevais la mort dans l'âme, aucun passage, même furtif de quiconque ! Aucune fumée, signe de vie, ne s'élevait de la cuisine ; l'image rapide de Wolignouma, mon chien, me traversa l'esprit ; lui qui avait le flair si bien aiguisé, s'il avait été là, aurait peut-être glapi, et même hurlé et alerté ma famille ; de son vivant il n'arrêtait pas de bouger et d'aboyer dès qu'il sentait ma présence. Etaient-ils toujours dans ma maison ma femme, mes enfants, - j'en avais trois : deux garçons et une fille, des tout petits aucun d'eux n'était encore entré à l'école,- mes frères, mes sœurs ? Etaient-ils repartis chez moi à Kankan ? J'aurais tellement voulu, peut-être pour la dernière fois, les apercevoir tous...

Maintenant les deux Waz longeaient l'école et le terrain fédéral des sports. Debout, le grand échafaudage se dressait là toujours imperturbable, face à la route de Kankan, attendant peut-être la prochaine proie de la Révolution.

La ville, Dabola, hormis les curieux venus autour des deux véhicules, était restée calme, je dirais même silencieuse. Comme je l'ai craint, en sentant son souffle dès l'apparition de ses premières lumières au moment de notre arrivée la nuit, il n'y eut pas de scènes de liesse. Il n'y eut ni vacarme, ni tumulte. Se trouvait-elle encore sous le choc de la pendaison ou avait-elle subi un nouveau traumatisme ? Y avait-il eu d'autres pendaisons au grand échafaudage ? Peut-être que dans sa grande majorité compatissait-elle secrètement à ma peine. On m'y avait bien aimé. En quelques mois, la population m'avait adopté et considéré comme fils. J'y avais même joui d'une réelle popularité ! Peut-être m'y aime-t-on encore malgré mon nouveau statut de « conspirateur » traître à la Nation ?

Les Waz, après avoir quelque peu ralenti, comme s'ils hésitaient de m'emmener de Dabola, en traversant les derniers quartiers, prirent de l'allure, disparurent dans la poussière en fonçant vers leur destination.

CHAPITRE XI

AU CŒUR DE LA NUIT

L'accueil, au camp *Soundjata* fut terrible. Dès notre arrivée, mon compagnon et moi, déjà exténués par notre long voyage et notre nuit sans sommeil, nous fûmes jetés dans une salle avec d'autres détenus. C'était vers dix-neuf heures, au moment où l'on peut s'attendre à un repas bien chaud. De repas, il ne fut point question, ni le reste de la nuit, ni le lendemain matin, ni à midi, ni le soir. Le surlendemain, même régime sans eau ni nourriture. Mes autres compagnons que je n'avais même pas eu le temps de dévisager, et Soboninkoun crurent qu'il s'agissait d'un oubli. Impossible, me suis-je dit, avec l'organisation réputée méthodique du Comité Révolutionnaire, ce genre d'omission n'était pas envisageable. Moi qui en étais à mon deuxième passage dans les geôles de la Révolution en l'espace de dix ans, je compris assez tôt qu'il s'agissait, qu'il ne pouvait s'agir que d'une diète. Mais laquelle ? Une diète d'accueil destinée à vous casser le moral ? Celle qui précède infailliblement l'interrogatoire ? Elles n'avaient pas de durée fixe ces diètes, c'était selon le client, son rang, sa résistance, surtout ce qu'on voulait obtenir de lui. Dans les prisons politiques guinéennes de cette époque, les équations quelles que fussent leurs variables étaient toujours à plusieurs inconnues.

Trois jours sans manger ni boire. Quatre ! Déjà certains d'entre nous ne pouvaient plus se tenir sur leurs jambes. Au cinquième jour, le mal provoqua l'insomnie. Sixième jour ! En 1961, j'étais resté…, je n'étais resté, serais-je tenté de dire, que quatre jours à la diète, c'était déjà bien atroce, j'étais mineur. Ce devait être, me suis-je dit, une dose pour mineur. Maintenant que je suis un homme accompli, quand l'arrêteront-ils, celle-là ?

Une fois par jour, le geôlier de service, un militaire de première ou de deuxième classe, en venant entrebâiller la porte, jetait un coup d'œil furtif à l'intérieur, puis sans rien dire, refermait et repartait. Dans la salle, nous étions treize, tous de Kankan: Souleymane Bayo autrement dit « Mandiana » « le paysan-philosophe », Moribaya le technicien agricole, le vieil El Hadj Sory Kaba de Batènafadji, Lanna Béna, mon ami professeur de mathématiques, ex-membre du Comité régional de la jeunesse de Kankan, qui avait été dénoncé par le Suprême dans le même discours que moi, Tabonka Moussa également professeur et ex-membre du même Comité, les deux fonctionnaires retraités Sory Sano ex-Secrétaire général du Comité directeur et le vieux Ansoumane Naïté ex-membre du même Comité directeur, mon compagnon de voyage Soboninkoun, trois autres cadres de différents organes du Parti et de l'administration publique, un certain Siriman Condé ancien chauffeur-transporteur de Kankan que je n'avais pas connu en liberté, et moi-même.

Au bout de la semaine, nous finîmes par conclure que le Comité Révolutionnaire avait décidé de nous laisser périr d'inanition. La fatale diète noire ! Nous mangerions peut-être. Mais en fait pourquoi nous traitent-ils ainsi ? Nous prennent-ils déjà pour des coupables, me demandai-je ? Dire qu'avant ce traitement, j'attendais fermement mon interrogatoire pour clamer mon innocence ! Mais au train où allaient les choses, me restera-t-il encore un peu de force, non plus pour pouvoir clamer quoi que ce soit, mais pour exprimer, même sans voix, la vérité, mon innocence ?

Huit jours, la soif plus que la faim ou la faim plus la soif ! Aucune sortie à l'extérieur durant ce temps. Un grand pot nous servait de W.C … La soif, la faim ; la faim, la soif.

De manière intermittente, la nuit, pendant que nous nous éteignions lentement, de lointains cris et gémissements parvenaient jusqu'à nos oreilles.

Devons-nous les laisser nous tuer sans réagir ? Pour sauver nos vies, nous montâmes un stratagème. En prévision de l'une des visites furtives journalières du geôlier de service, nous demandâmes au plus affaibli d'entre nous, Tabonka Moussa, un homme chétif de nature, de se préparer à râler, gémir dès le moindre bruit de pas qui se rapprocherait de notre porte. Chose dite, chose simulée !

A la vue de notre compagnon étendu de tout son long, le gardien de service visiblement affolé, s'éloigna en courant et revint toujours au galop avec un gradé en tenue. Tabonka méconnaissable bavant et frémissant gisait lamentablement à leurs pieds.

- Chef, le voici ! C'est lui, cria-t-il en pointant du doigt le pauvre homme étendu de tout son long à terre.

- Amenez un peu de riz pour lui ! ordonna le chef visiblement moins troublé que son subordonné.

L'homme de service retourna au poste et revint aussitôt avec du riz, un peu de riz comme l'avait commandé le chef, du riz qui ne faisait pas un plat.

- Donnez-lui ça ! Quand il l'aura mangé, il ira mieux ! affirma celui-ci avant de s'en aller.

Aussitôt la porte refermée, nous nous regroupâmes autour du doyen d'âge, c'était notre plus qu'octogénaire, Soboninkoun, pour lui demander de partager le riz ; mais vu son état, nous comprîmes vite qu'il ne lui restait plus de forces pour s'acquitter efficacement, surtout rapidement, de la mission. Ce fut à son second en âge, le vieil El Hadj Sory Kaba de le faire, une portion équitablement dosée pour chacun, moins d'une poignée, beaucoup moins d'une poignée. Mais ces graines furent suffisantes pour nous insuffler un peu de force, un peu de vie, une vie qui se manifesta par une abondante sueur qui nous sortait par tous les pores. On avait l'impression d'avoir reçu un seau d'eau sur le corps.

Ce répit fut de courte durée. Dès la tombée de la nuit, ce huitième jour, débuta l'interrogatoire pour notre groupe. Je fus le premier appelé. Menottes aux poignets, je me présentai dans ce qui ressemblait à un bureau, apparemment aménagé en un lieu d'interrogatoire ou salle de torture que le Comité Révolutionnaire dans son langage ésotérique appelait cyniquement « cabine technique ». Silence complet. Une table, sur laquelle était posée une magnéto appelée autrement (téléphone de campagne) par les militaires ou encore gégène par d'autres utilisateurs. La magnéto est en fait une génératrice de courant électrique continu dans laquelle le champ magnétique produisant l'induction est créé par un aimant permanent. Se trouvaient également sur la table, un magnétophone, des feuilles de papier, un crayon, une bouteille d'eau, un verre vide à côté. Dans le coin de la cabine le plus proche de moi, un tas de gravier mélangé à des tessons de bouteilles. Dans un autre coin, un monceau de cordes, des ficelles en nylon, des fils de fer et des fils électriques ; au milieu, de vieux pneus de camion de dimensions différentes. Tout ça pour quoi faire ? me suis-je demandé. En 1961, je n'avais pas vu de pneus, les ficelles en nylon et fils de fer il y en avait eu beaucoup moins. Tout l'attirail du mal et du malheur !

Alors je rivai les yeux sur la magnéto. Je me souvins. J'avais déjà été torturé avec cet engin dix ans auparavant. 1961 me revint comme si c'était à l'instant même. En moi, le souvenir du choc en était plus violent que la vue de l'appareil. En 1961, ses électrodes en forme de tête de crocodile dont les crocs en dents de scie à métaux avaient mordu ma chair vive, s'étaient refermés sur le bout de mes oreilles, quand l'opérateur en avait tourné la manivelle et que le courant électrique s'était vidé en moi, ma respiration s'était coupée presque instantanément, mes dents en claquant m'avaient blessé la langue. Nombre de cardiaques ou de personnes fragiles ont succombé à de telles tortures. Je n'avais jamais pensé que je revivrais encore cela un jour.

Les cordes, les fils de différentes catégories m'avaient aussi meurtri la chair en 1961 ; un tas de gravier et de verre brisé sur lequel on m'avait fait agenouiller m'avait affreusement déchiqueté les genoux.

Autour de la table : des hommes ; ils étaient une bonne dizaine tous à la mine patibulaire, tous taillés pour inspirer la peur, et dont la volonté de faire mal s'affichait sur le visage. Un seul d'entre eux, apparemment le chef de l'équipe, était assis sur une chaise derrière la table. En tenue civile, de grosses lunettes noires rendaient invisibles ses yeux, des lunettes de malfrat. J'appris par la suite qu'il était lieutenant et qu'il s'appelait Sidili Kambérén.

Deux autres portaient eux aussi des vêtements civils ; parmi eux un membre du Comité National de la Jeunesse réélu au congrès, un de ceux qui siégeaient autour de la table lors de la discussion de la fameuse Résolution, peut-être l'un des initiateurs de l'absurde Phrase-motion ? Celui-ci qui arborait avec ostentation un sourire, devança l'interrogatoire en lançant cyniquement cette phrase:

- Avant que toi et tes camarades du Comité Régional de la Jeunesse de Kankan, vous ne vous tiriez de cette affaire, nous, nous serons loin dans la vie !

A côté de lui, se tenaient des gendarmes dont trois de ceux qui nous avaient convoyés, Soboninkoun et moi à Kankan. Je les ai tout de suite reconnus.

L'un de ces derniers, un certain Traoré, un homme au cou et aux bras énormes, opérateur de service apparemment, manipulait déjà la magnéto en tournant la manivelle. Voulait-il l'essayer? S'assurer de son bon fonctionnement ? Ou m'effrayer et me déstabiliser? Voulait-il indiquer par un code qu'il était prêt ? Ou était-il impatient ? Un autre vérifiait, ou faisait semblant, l'état des cordes, puis des fils, en tirant fortement dessus sur toute la largeur de sa poitrine jusqu'à l'extrémité de sa main droite. Affreux ! Faut-il dix hommes pour en torturer un seul pratiquement au bord de l'anéantissement physique après huit jours de soif et de faim ?

Tout à coup, un des subordonnés fit le salut révolutionnaire au chef :

- « *Prêt pour la Révolution mon lieutenant* » ! cria ce dernier en se mettant au garde-à- vous.

- « *Elle est exigence !* » avait répondu le chef.

De rigueur sur toute l'étendue du territoire de la République, cette manière extraordinaire de saluer remplaçait les « bonjour, bonsoir, bonne nuit » utilisés par les hommes parlant normalement.

Pour cet interrogatoire, cette salutation et sa réponse étaient-elles le signal pour commencer «le boulot»?

Ils me laissèrent les dévisager pendant quelques bonnes minutes dans un silence total ! Soudain dans mon dos, une voix, celle d'un tortionnaire, lança :

- Te voici donc !

- Ne vous pressez pas, laissez-le nous couver des yeux, comme il semble le faire, de bien scruter autour de lui, dit calmement l'homme aux lunettes noires.

Je ne bronchai pas. Tout cela me semblait une mise en scène bien conduite. Le lieutenant prenait son temps, il se servit de l'eau dans le verre tranquillement, en but à peine une gorgée, puis repoussa nonchalamment la bouteille vers l'extrémité de la table qui m'était la plus proche. Au moindre geste maladroit de sa part, la bouteille pouvait tomber et se briser en mille morceaux. Dans ce cas, adieu à son contenu ! Constatant avec une satisfaction visible que je m'intéressais plus à l'eau qu'à eux, le lieutenant reprit :

- Te voilà donc !

Je me retournai, cessai de fixer l'eau et me rebiffai. Je ressentis une sorte de hérissement de tout mon être ; le flux vital rejaillit en moi.

- Oui, me voici ! fis-je, fermement décidé à me défendre.

- Nous te proposons ceci, dit le chef en me tendant les feuilles de papier et le crayon, tu signes cette déposition, après l'avoir lue bien sûr, nous t'enregistrons sur cet appareil, dit-il en montrant le magnétophone ; il est tout naturel que toi tu lises ce texte en y mettant les intonations comme il faut. Tu es professeur. Tu ne peux pas t'exprimer comme n'importe qui. Après l'enregistrement, tu retournes d'où mes hommes sont partis te chercher cette nuit ; tu recommences à manger. Un plat bien chaud et de l'eau fraîche t'y attendent. Tu auras un plat bien garni, expliqua-t-il, tout cela avec un calme déconcertant comme s'il disait lui-même un texte en y mettant les intonations voulues.

- Cette déposition n'émane pas de moi, je suis innocent. Je refuse votre marché, car c'en est bien un. Je refuse. Je suis ici pour vous dire que je suis innocent. D'ailleurs, vous savez bien que je le suis. Vous ne pouvez montrer aucune preuve d'une quelconque culpabilité de ma part.

- Avant que vous ne vous sortiez de cette affaire, nous, nous serons loin dans la vie ! reprit, cette fois-ci en ricanant, le membre du Comité National de la Jeunesse.

- C'est toi qui dis ça ? Le jour de l'agression quand Conakry demandait des renforts, où étais-tu, toi ? Moi, vous devez le savoir, je sais que vous le savez, c'est moi qui ai mobilisé, avec d'autres patriotes, les jeunes, les hommes et femmes valides de la fédération de Dabola, pour aller défendre le pays. C'est Sékou Savané, le Secrétaire Fédéral qui conduisait le convoi, avec Mme Hadja Tako Sako et Mme Hadja Hawa Chérif deux femmes braves.

- Arrête ce disque, il est rayé ! Ce n'est pas de tes faits d'armes qu'on parle ici ! Garde le récit de tes exploits et ceux de Dabola pour toi ! coupa un tortionnaire pressé de passer à l'action.

- Deux de tes camarades qui sont déjà passés dans nos mains nous ont dit que tu étais fort têtu, mais ce qu'on ne savait pas, c'est que tu es inintelligent aussi. On te propose un texte, sans même le lire, tu le rejettes. Si jeune, tu vas te laisser détruire, ajouta calmement le lieutenant en faisant mine de s'apitoyer.

- Vous faites semblant d'oublier que je viens de passer huit jours et huit nuits sans manger ni boire après un voyage de plus de six cents kilomètres, menottes aux poignets. On n'a pas besoin d'affamer et d'assoiffer quelqu'un pour lui faire signer un papier établi à son avantage. Je ne suis pas dupe, je refuse. Vous savez surtout que je suis innocent ! Aucun de vous ne l'ignore ! Je suis innocent ! Je suis innocent, innocent je vous le dis, innocent ! Innocent ! Je refuse votre marché.

-Les milliers de dollars que tu as reçus comme appointements, comme salaire de ta trahison, tu vas nous les cracher tout de suite ! lança, en fixant son appareil, celui qui était chargé d'actionner la manivelle de la magnéto.

- Quoi ? Moi ? Des dollars ? fis-je interloqué.

-Tes camarades et tous ceux qui sont passés devant cette commission ont déjà reconnu avoir touché des milliers de dollars, dit un autre.

- Sache que d'une manière ou d'une autre, tu le signeras ce papier et qu'on enregistrera ta voix sur le magnétophone, lança le lieutenant férocement sorti de son calme.

- C'est ce que nous allons voir ! Cette déposition n'est pas de moi, rétorquai-je révolté ! Vous n'allez tout de même pas essayer de me convaincre de signer mon arrêt de mort. Ça ne se passera pas comme ça !

- Il a encore des ressources ! fit remarquer un de mes anciens convoyeurs. Pourtant au cours du voyage, nous l'avons cru bien fatigué.

- Ne t'en fais pas, on va le ramollir et le ramener à la raison, rassura un autre qui ajouta : Il se croit encore dans son fauteuil de Directeur Régional en train de parler à ses administrés et à ses enseignants.

Je me retournai et affrontai des yeux mon interlocuteur... Mon geste énerva le chef qui avait déjà paru vexé par mes répliques.

Furieux, il bondit de sa chaise, faillit renverser la table. La bouteille tomba et éclata. Son contenu m'éclaboussa sans que j'aie pu en lécher même une goutte. L'un des tortionnaires balaya les tessons et les mit sur le tas de gravier et de verres brisés qui attendaient mes genoux.

- Ce n'est pas toi qui commandes ici pour nous dire comment ça va ou ça ne va pas se passer ! Mettez-le à genoux ordonna l'homme aux lunettes de malfrat en pointant du doigt l'amoncellement formé par les tessons et les graviers ; poursuivez votre travail, s'il le faut jusqu'au petit matin, laissez lui les menottes pendant que vous l'interrogez ; attachez-le bien fort et occupez-vous de lui comme il faut! Faites le confronter cette nuit même, de la meilleure manière, je dis bien de la meilleure manière, avec Ismaël Nabé son camarade du Comité Régional qui l'a dénoncé ! Après cela, il va certainement tout reconnaître et signer sa déposition. Nous attendrons demain pour enregistrer afin d'authentifier ses déclarations et montrer ainsi au peuple qu'il a tout reconnu. ajouta-t-il avant de se retirer.

La séance dura toute la nuit. Je ne cédai pas. Au petit matin, voyant que le soleil en se levant allait les surprendre dans leurs œuvres, après m'avoir enlevé les menottes, ils me ramenèrent près des 12 compagnons que j'avais laissés et qui se ruèrent aussitôt sur moi dès la porte refermée.

- Que s'est-il passé ?
- Explique-nous, nous mourons d'envie de savoir !

Les questions fusaient de tous côtés. Je restais silencieux. Je n'étais nullement d'humeur à parler. En outre, je ne voulais effaroucher personne avant son tour. Je voulais laisser chacun découvrir la réalité et la faire sienne. Mais, impatients, ils insistaient. Assis dans un coin, je gardai le silence. Je me tus jusqu'au moment où j'eus besoin d'assistance pour boutonner ma chemise. Mes mains ne m'obéissaient pas. Pour ne pas attirer l'attention des autres, je demandai discrètement à Lanna de m'aider ; mais aux cris de stupeur que celui-ci poussa en voyant l'état de mes membres, tous se ruèrent de nouveau sur moi.

- Que s'est-il donc passé ? Explique-nous ! supplia le vieux Naïté.

Lanna retroussa les manches longues de ma chemise qui leur cachaient les traces de sévices, puis, il m'ôta carrément la chemise. L'état de mes bras et de mon dos tout labouré leur coupa le souffle à tous.

- Figurez-vous, pour commencer, ils m'ont tendu une déposition toute rédigée à l'avance, à signer et à enregistrer sur magnétophone. Un marché en quelque sorte. L'état que vous constatez est le résultat de mon refus.

- Quoi ? demanda Lanna.

- Durant tout mon interrogatoire, ils n'arrêtaient pas de dire que je touchais un salaire mensuel de 12 000 dollars américains de je ne sais quels services secrets allemands, français et américains qui m'auraient recruté dans ce qu'ils appellent la *Cinquième Colonne.* Moi, agent d'un service secret étranger à Dabola ? Vous imaginez-vous ?

- Des dollars tu dis, reprit de nouveau Lanna .

-Oui des dollars ! Ils voulaient absolument me faire reconnaître cela. Je peux vous confier une chose, c'est que ces gens, loin de là, ne recherchent pas la vérité contrairement à ce que nous croyons et à ce que beaucoup de nos compatriotes continuent à croire jusqu'à présent. Les preuves que vous pouvez leur donner de votre innocence ne les intéressent guère. Vous vous souvenez, c'est Ismaël Nabé, qui m'avait cité dans sa déposition. Lors de la confrontation qu'ils ont organisée entre nous cette nuit, Ismaël a courageusement soutenu devant eux que ses déclarations obtenues sous la torture étaient fausses et qu'il m'avait accusé à tort. Il m'a même demandé pardon. Le pauvre Ismaël, après l'avoir écouté, les tortionnaires ont failli le tuer. Moi j'ai résisté jusqu'à présent, mais si…

Certains de mes codétenus n'avaient même pas attendu la fin de cette phrase ; terrifiés, ils s'étaient retirés. Apparemment désireux de m'écouter malgré mon état, et d'en apprendre le plus possible, seuls Lanna, Mandiana et Moribaya restèrent à côté de moi.

- Vous voyez bien que je suis au bout de l'épuisement, que voulez-vous entendre de plus ? Tout ce que je sais, c'est que je suis innocent, cent pour cent innocent.

L'air dépité, Lanna et Mandiana aussi se retirèrent. Resté silencieux tout ce temps, Moribaya s'éloigna à son tour en ayant pour seule réaction ces mots :

« - J'ai compris. » Dans un dernier effort je leur confiai :

- S'ils m'infligent, comme ils me l'ont fermement promis, les mêmes sévices cette nuit, je ne suis pas sûr que je tiendrai... Le capitaine qui commande les opérations au Sous-comité Révolutionnaire de Kankan est un homme que je connais bien moi ; certains d'entre vous le connaissent peut-être aussi. Il s'appelle Kassiya Mandjougou. Personnellement, je comptais sur lui pour me sortir de cette situation, mais malheureusement il n'était pas présent à mon interrogatoire ; c'est un homme à lunettes noires qui l'a conduit.

Le neuvième jour, encore la diète pour tout le groupe et pour moi se poursuivit toute la journée. Au cœur de la nuit, ils revinrent me chercher..., pour me torturer de nouveau jusqu'au petit matin...

CHAPITRE XII

UN CERTAIN VENDREDI

Pendant que nous croupissions et que les tortionnaires continuaient à sévir toutes les nuits au camp *Soundjata*, et sans doute au camp *Boiro* et en d'autres établissements pénitentiaires pour arracher des aveux et mensonges, la vie dans le pays, aux cadences de la Révolution, se poursuivait mouvementée avec chaque jour de nouveaux drames. De plus belle, en séries, les Tribunaux Populaires Révolutionnaires, toujours implacables, tenaient séance. Il s'agissait toujours de condamner les agresseurs et leurs complices intérieurs...

Comme cela m'a été rapporté par Moustapha Camara, un oncle ancien commerçant de Kankan, arrêté bien après moi, un certain vendredi, jour d'assemblée générale dans tout le pays, des assemblées générales fortement encadrées et animées par des miliciens, fusil au poing et vociférant par salves meurtrières des slogans à fendre le cœur, mon quartier Faraco à Kankan, tout comme les 7999 autres Comité de base du Parti, siégeait en Tribunal Populaire Révolutionnaire.

La concession du président du Comité de base, habituellement permanence du Parti, servant pour la circonstance de salle d'audience, était comble. La présence de tous les militants, disons de tous les habitants du quartier, était obligatoire.

Avant même l'ouverture de la séance, les propositions de peines volaient de toutes parts dans une ambiance folle et bien malsaine. Le contrôle de présence à peine entamé se poursuivait difficilement, tant la foule, chauffée à blanc, paraissait avoir devant elle les coupables, les ennemis du peuple, et avoir de ce fait du mal à contenir sa colère. Le contrôle devait cependant s'effectuer. On tenait à faire venir même les malades alités pour que sans exception tout le monde soit « juge ». Pour mettre fin au tohu-bohu, l'un des membres du bureau de séance intervint vigoureusement. Il réussit non sans mal à imposer le silence et fit remarquer aux jurés déchaînés :

- Le camarade El hadj Sonossa Mory Kamara n'est pas là.

C'était de mon père dont on signalait l'absence. De force, on le fit chercher et on l'interrogea publiquement.

- Camarade, levez-vous ! ordonna un milicien en criant.

- A mon âge, je ne crois pas que je puisse être votre camarade, et puis, à ce que je sache, moi je ne suis pas l'un des accusés.

- Dans le Parti, tout le monde est camarade. A cette assemblée générale tout le monde doit être présent ! répondit le milicien sur un ton arrogant.

- Camarade, vous un notable, pourquoi n'êtes-vous pas venu de vous-même ? demanda l'un des membres du bureau de séance qui se dressait devant lui.

- Aujourd'hui, ce n'est pas une assemblée normale, on m'a dit que c'est un tribunal, répondit mon père.

Raison de plus pour qu'aucune absence ne soit tolérée, précisa l'inquisiteur.

- Même la mienne, à mon âge et compte tenu de la spécificité de mon cas ?

- Oui, même vous, surtout vous !

- Présent ou pas cela a-t-il une influence sur la décision que vous vous apprêtez à prendre ? Que puis-je y changer ?

- Tous les militants doivent être là, un point un trait !

- Moi je suis un père. Pensez-vous que je doive assister obligatoirement à la condamnation de mon fils par votre tribunal ? Mon fils Lamine que vous connaissez tous, mon fils aîné, questionna mon père.

- Tout le monde doit être là.

- Vous avez tenu à ce que je sois là, me voici ! Tout juste avant son arrestation, j'ai reçu de mon fils Lamine la lettre que voici, ajouta-t-il en brandissant une feuille. Il m'y affirme son innocence ; je le crois, il ne m'a jamais menti. Vous l'avez tous connu dans ce quartier ; lui, il était militant.

- Et vous ? Vous voulez insinuer, affirmer que vous vous ne l'êtes pas, lui demanda un milicien enragé en lui coupant sèchement la parole.

- Moi, vous le voyez, je ne suis plus loin de la tombe, avec l'arrestation de mon fils, Lamine. J'y ai déjà un pied ; à mon âge et dans ma situation, militant ou pas, cela vous sert-il à quelque chose ?

- Camarade, votre cas est plus grave que celui de votre fils ! Vous osez mettre en doute la bonne foi de la Révolution, de toute la Révolution ! C'est le Suprême lui-même qui a dénoncé Capi ! Vous, vous n'avez pas de radio pour l'écouter tous les jours ? N'avez-vous pas, comme tous les militants, écouté *la Voix de la Révolution* ?

- Camarade, vous faites offense au peuple, à tout le peuple de Guinée ! Retirez votre parole ! s'écria un jeune milicien.

Resté de marbre, mon père ne répondit pas à cette intimation qui était l'une des plus fréquentes lors des réunions publiques ; l'une des plus humiliantes aussi.

Le milicien, visiblement en colère, ordonna une nouvelle fois :

- Retirez votre parole !

La voix de mon père, déjà brisée, qui tentait de répondre cette fois-ci, fut éteinte dans sa gorge par celle plus puissante d'une jeune femme qui demandait avec insistance la parole depuis le début de la séance. On finit par la lui donner.

Frêle et menue, elle se leva et d'un pas vif et hardi s'avança et vint jusqu'au milieu des militants surexcités.

- Ne voyez-vous pas que ce vieil homme n'est plus lui-même depuis qu'on lui a enlevé son fils, et que l'existence ne semble plus avoir de goût, de sens pour lui ? Nous tous dans ce quartier nous le constatons, personne ne peut le nier. Moi, je ne connais pas tous les coupables désignés par le Parti et la Révolution pour me prononcer sur le cas de chacun d'eux, dit-elle d'une voix forte. Celui que je connais, c'est Capi, Lamine Kamara, dont le père El hadj Sonossa Mory Kamara que vous avez tenu à faire venir de force à ce tribunal, se tient debout ici. J'ai passé, devant la plupart d'entre vous, mon enfance avec Lamine dans ce quartier Faraco. Le connaissant, je suis absolument convaincue de son innocence. Tant qu'il ne se présentera pas en personne devant nous, à cette assemblée pour s'exprimer librement, sans contrainte aucune, je ne croirai pas à sa culpabilité.

Qu'on nous le fasse venir donc ici, libre, qu'on le voit et qu'on l'entende !

Stupeur ! Elle a osé, elle a osé dire tout haut ce que pensait un grand nombre de nos concitoyens ailleurs dans le pays et en particulier à Kankan.

- Ah ! Oh ! Eh ! s'exclamait-on de tous côtés.

- Personne ne me fera croire que c'est après son affectation à Dabola que …

Elle voulait poursuivre sur sa lancée, mais sa voix fut rapidement couverte par le brouhaha.

- C'est Mariama Taféti Sinani, la fille même du président chef du quartier ! Entendait-on çà et là pendant que mon père suivait ce pied de nez inespéré.

- Impensable ! C'est sûr qu'elle va avoir des problèmes, son père aussi et peut-être nous tous avec elle. Quelle audace ! Quelle témérité suicidaire ! Quel malheur pour nous ! Quelle nuit cauchemardesque a-t-elle donc pu passer celle-là, avec le diable à ses côtés, pour qu'elle ose déclarer publiquement ce que seule une bouche échangée contre celle de Satan peut vomir? s'écria fou de rage un responsable de comité directeur venu superviser les travaux.

En effet, elle était aux antipodes des habitudes ayant à l'époque cours dans les réunions publiques.

- Tais-toi donc petite folle ! lui lança son père de président. Puis, s'adressant à ses militants « les jurés ou les juges », il expliqua affolé :

- C'est vous qui ne le savez pas, ma fille est malade. Depuis quelques jours, elle donne des signes évidents de troubles mentaux, de grâce aidez-moi à la soigner. Où est donc sa mère ? Ballou Fiman ! Viens donc, hâte-toi, viens retirer ta fille d'ici et amène-la rapidement chez son guérisseur, Famoudou Traoré.

Dans un autre quartier, à Kabada, toujours dans la ville de Kankan, une scène semblable se produisit la même nuit. Un certain Djoulkifill Kabakè SilanBali réclama, sans succès, lors de l'assemblée générale de son quartier, la présence physique de son frère détenu. Pour échapper à une arrestation certaine, lui aussi fut déclaré simple d'esprit par les siens. La folie devenait le prétexte qui remplaçait la liberté de parole, l'amitié, la fraternité, l'honnêteté, etc.

Lors de la même nuit dans un autre quartier un vieil homme qui posa, en toute bonne foi mais bien naïvement, la question de savoir quand cette Révolution allait prendre fin, fut arrêté et emprisonné pour propos jugé criminel et démobilisateur. C'était pourtant la question que bon nombre de gens supposés fervents militants se posaient à longueur de temps et de souffrance, sans jamais oser prendre leur courage à deux mains pour le faire, de manière suicidaire, à haute voix. Le tort du pauvre vieil homme, ce fut de n'avoir pas compris ou d'avoir oublié cela.

Des scènes incontrôlées comme celles-ci, il y en a eu quelques-unes dans certaines de nos villes, une goutte de courage dans un océan de démagogie.

Ces scènes quoique très isolées, vinrent alourdir encore plus à Kankan une atmosphère déjà bien pesante depuis la diffusion des premières dépositions. Les nombreux doutes suscités par leur extrême ressemblance se muèrent peu à peu en scepticisme. Sous forme d'insinuations à la troisième personne du singulier ou du pluriel, de paraboles distillées à mots couverts, de phrases volontairement inachevées chuchotées à demi-mot aux oreilles, on s'interrogeait sur le comment et le pourquoi de tout ce qui se passait et se racontait… A Kankan, réputée ville rebelle pour le régime, le sentiment de scepticisme l'emportait généralement sur tout autre lorsqu'il s'agissait de la Révolution et de son chef. Par sa spécificité, Kankan ne pouvait pas se sentir en odeur de sainteté ni avec l'une ni avec l'autre.

A l'âme plutôt commerçante, la forte aspiration de ses habitants à l'enrichissement dans la liberté était tout simplement contraire à l'esprit communisant de la Révolution. Terrorisée, Kankan redoutait fort le Suprême, mais ne l'aimait guère. Ployant sous la même chape de plomb que tout le reste du pays, elle, elle noyait souvent son impuissance dans l'humour et la dérision. Sans jamais pouvoir l'exprimer librement, Kankan avait toujours été en désaccord avec l'ensemble de sa politique depuis l'indépendance, tout particulièrement avec le dirigisme absolu imposé à l'économie. Elle considérait surtout son régime comme un régime fondé sur le mensonge et la violence. Chaque fois qu'elle pouvait se l'offrir,

Kankan ne perdait pas une occasion de persifler le Suprême... Et celui-ci, sans le vouloir, lui en donnait une presque chaque jour. Ce fut justement le cas dès le lendemain des «assises» de ce tribunal. Dans un de ses fréquents excès de mégalomanie, le Suprême s'enflamma dans un discours, et, comme il en avait pris la dangereuse habitude, il promit d'écraser l'impérialisme, entendez la France, sa toute première cible étrangère, la République Fédérale d'Allemagne, l'Angleterre, le Portugal, en un mot tout le camp occidental. Commentant cette promesse hors de proportions pour le Président d'une toute petite République comme la nôtre, se soit-il fait Suprême, les kankanais rappelaient discrètement ce dicton, en riant sous cape, : « Quand un lièvre, parce que se croyant aussi malin que puissant, affirme qu'il peut habiller un éléphant de sa queue jusqu'au bout de sa trompe, le déshabiller ensuite, le dépecer après l'avoir abattu seul, s'il tient sa promesse, il aura réalisé un immense exploit, s'il ne la tient pas, il aura dit un gros mensonge. »

CHAPITRE XIII

LES ENVAHISSEURS

Après nos « aveux », le groupe avec lequel Soboninkoun et moi avions débuté notre pénitence à Kankan, fut disloqué. Nous fûmes envoyés vers différentes cellules. Toujours par intermittence, les cris et les gémissements déchiraient le silence pesant et angoissé de nos nuits. De temps en temps, par le trou de la serrure, notre observatoire, nous regardions, impuissants, les douloureuses allées et venues des détenus, parfois menottés, entre les cellules et la cabine technique. Nous en reconnaissions certains. C'est ainsi que j'ai vu passer à plusieurs reprises un douanier du nom de Abbas Barry dont je connaissais bien la famille, Abbas Barry, un homme honorable, réputé à l'époque par tous ses collègues pour être le douanier le plus honnête.

Manifestement, ce camp n'était pas conçu pour servir d'établissement pénitentiaire. En y entrant, dès le premier coup d'œil, on s'en rendait compte. Autrefois appelé camp Archinard, du nom du premier officier français qui l'avait commandé, le *camp Soundjata* était de style colonial avec en plus quelques bâtiments construits après l'indépendance.

Les locaux, aussi bien par leur emplacement que par leurs dimensions, étaient de ce fait totalement inadaptés au nouvel usage que la Révolution avait décidé d'en faire,. Disséminés aux quatre coins de la garnison, leur situation ne nous permettait aucune sortie de jour, de crainte que les langues des soldats ne se délient en nous voyant. En outre, sous la forte affluence de détenus, ils se révélaient exigus. Ceux qui étaient prévus pour une ou deux personnes, des cabines de recrues, de tout petits réduits, en recevaient quatre, cinq et même six. Dans celui que j'occupais, nous étions cinq. Couverts de tôle ondulée, ils étaient sans plafond, de sorte que les chaleurs caniculaires de Haute-Guinée, torrides et étouffantes neuf mois sur douze, voire pratiquement toute l'année, nous frappaient durement de jour comme de nuit. Sans lits, sans matelas, sans couvertures ni draps, couchés à même le sol, nos peaux recouvertes d'épaisses couches de crasse, collaient au sol du plancher quand nous nous couchions... Sans qu'il ne nous ait été permis de nous laver une seule fois, nous venions de passer nos quatre premiers mois de captivité.

Pendant toute la durée de notre incarcération au camp *Soundjata*, et tout particulièrement pendant ces quatre premiers mois, sous les effets conjugués des odeurs fétides de sueur et de crasse et de celles pestilentielles dégagées par des pots sans couvercles qui nous servaient de lieux d'aisance à l'intérieur des cellules, ou plutôt des cabines comme l'administration pénitentiaire militaire du camp les appelait systématiquement, et que nous n'avions l'autorisation de vider, quel que soit leur degré de remplissage, qu'une seule fois par 24 h, les cabines puaient, empestaient.

Par flux ininterrompus, de nouveaux détenus se déversaient sur le camp ; et plus notre nombre croissait, plus nos conditions se dégradaient.

Comme par génération spontanée, d'étranges envahisseurs avaient fait irruption dans notre univers, les poux ! Très rapidement, ils avaient pris possession des lieux. Par colonies entières, ils étaient partout ; ils pullulaient sur les loques et guenilles qui nous restaient sur la peau ; repus et rouges de notre sang, ils peuplaient aussi la broussaille hirsute des cheveux et des barbes rêches. Même sur les murs, il y en avait. Quoi de plus affreusement désagréable que de sentir des poux vous marcher sur le cou quand vous êtes en pleine concentration dans vos prières ou en pleine conversation. Les nuits sont toujours trop longues, interminables, quand on ne les dort pas. Pour pouvoir dormir la nuit, mais aussi pour espérer échapper au typhus que leur incroyable prolifération nous faisait craindre, nous passions nos jours à les tuer, à en tuer le plus possible. Comme des babouins en pleine brousse, nous nous livrions à d'interminables séances d'épouillage. C'était une véritable guerre qu'eux et nous, nous nous livrions. Ils nous mordaient, nous les tuions ! Dès l'ouverture des hostilités, eux, ils eurent aussitôt des alliés, des alliés de poids parce qu'intrépides, pratiquement invisibles et insaisissables, en tout cas très difficiles à vaincre dans nos conditions

: les moustiques et les mouches. Ceux-ci aussi ne s'étaient pas fait prier pour s'inviter dans notre habitacle où, comme par un phénomène de magnétisme, une effroyable insalubrité les attirait irrésistiblement. Comme des affamés sortant d'une longue diète, les moustiques dont le bruissement infernal nous irritait, s'acharnait sur nos corps déjà bien affaiblis par l'extrême insuffisance de notre alimentation en puisant notre sang avec leurs trompes, (c'était la malaria et la filariose assurées ! deux maladies très contagieuses) ; quant aux mouches, toujours en folie au moment des repas, c'est par nuées qu'elles se ruaient sur nos plats quotidiens pour nous en susciter le dégoût et pour ajouter à notre empoisonnement ambiant. Je m'imaginais que les acariens bien qu'invisibles, en proliférant avec exubérance, devaient eux aussi faire la fête sur nos corps.

Poux, moustiques et mouches étaient devenus nos inséparables et indésirables cohabitants. Trouvant dans ces conditions d'absolue insalubrité un terreau fertile, les maladies de tous genres, même celles qui n'osaient pas croiser notre chemin, nous regarder en face, les yeux dans les yeux, quand nous étions en liberté, quand nous étions en pleine possession de nos forces, avec nos défenses en constant éveil, apparurent et se frayèrent progressivement de multiples voies pour nous attaquer.

Cela commença, outre quelques allergies parfois passagères parfois aiguës, par des diarrhées, le temps pour des agents pathogènes autrement plus dangereux, embusqués, de fourbir leurs armes, d'aiguiser leurs morbides appétits. Puis, ce furent les retours de maladies qui s'étaient endormies ou apaisées sous l'effet de meilleures conditions de vie ou de soins, en liberté. Tour à tour ou concomitamment, des migraines, des rhumatismes, des tensions artérielles basses ou hautes, des maux de cœur, des maux de foie dont la terrifiante cirrhose, reconquirent les terrains qu'ils avaient cédés ou perdus. De nouvelles maladies dues surtout à la faiblesse des organismes avec comme chef de file la terrible avitaminose carentielle, ennemi numéro un du détenu politique guinéen sous l'ère de la Révolution, et terrain favorable à toutes les pathologies, s'enhardirent.

Sous les assauts répétés et ravageurs des maladies, la plupart de nos organismes ne résistèrent pas. Nombre d'entre nous furent emportés, parfois avant même les interrogatoires. Ceux qui s'en sont miraculeusement sortis en gardèrent des séquelles pour le reste de leur existence. Tous se sentaient comme des survivants.

En ce début de pénitence, en plus des maladies, notre deuxième ennemi, parfois notre pire ennemi, fut nous-mêmes. Au lieu de nous sentir unis par le même sort et de nous souder dans la solidarité pour faire front face à l'épreuve, nous nous entredéchirions souvent dans des discussions stériles, mais parfois cruelles, entre ceux qui avaient dénoncé leurs camarades et ceux qui avaient été dénoncés, entre ceux qui avaient résisté et ceux qui avaient flanché dès le premier coup de manivelle de la magnéto. Déjà mortellement blessés que nous étions dans notre dignité parce qu'injustement considérés comme des traîtres à la patrie, ces affrontements et les conditions carcérales odieuses de l'après-interrogatoire, qui nous donnaient parfois le dégoût de notre propre existence, de nous-mêmes, avaient installé parmi nous un climat de défiance et de suspicion plus que déprimant.

Avant que la tolérance et la solidarité n'aient triomphé tout à fait, l'incertitude alourdissait ce climat. Perdus, perdus peut-être, nous imaginions que nous étions désormais condamnés. Mais à quelles peines, à une condamnation à des années de détention, à perpétuité ou à mort ? Le détenu politique guinéen sous la Révolution ne savait jamais rien. Il ne connaissait jamais sa destination quand il sortait de sa cellule, de son violon, de sa cabine ou de sa salle. Ni lui, ni les codétenus qu'il laissait derrière lui n'en savaient strictement rien. Simple déplacement d'une cellule à une autre, transfèrement dans un autre lieu de détention, dans une autre ville, libération, départ pour le peloton d'exécution ou pour la pendaison, il sortait de la même manière. C'était une fois dehors que les indices lui précisaient son chemin. Les hommes sont aveugles face au destin. Dans les geôles de la Révolution guinéenne, nous étions doublement aveugles…

Malgré ces conditions et surtout cette incertitude, nous commençâmes tout de même, après avoir péniblement pris nos marques, à organiser nos vies, ou plutôt à meubler notre temps du mieux possible en cherchant à rester debout, obstinément debout, à vaincre le temps, à défaut d'en faire notre allié, à triompher de lui, lui qui tentait obscurément et sournoisement de tarir ce qui pouvait encore couler en nous de sources vitales.

Nous donnant l'impression que les interrogatoires étaient terminés, un certain calme s'était installé sur le camp. Nos jours et nos nuits commençaient même à connaître une certaine monotonie. Des hommes habituellement sollicités par les multiples activités de la vie étaient réduits à ne rien faire ni le jour ni la nuit. Pour briser cette monotonie, un rituel quotidien se mit progressivement en place, avec une importance toute spéciale accordée au déchiffrage des messages codés de chaque nuit à travers l'interprétation des rêves.

N'imaginez pas que le détenu puisse passer une seule nuit sans rêver. Chaque fois que nous fermions les yeux, à chaque tranche de sommeil, nous rêvions, même le jour. La prison est une immersion perpétuelle de l'être dans le subconscient.

Constamment sollicité par l'angoisse, le prisonnier qui ne vit pas dans la même plénitude que l'homme libre, trouve dans les rêves une certaine forme de vie compensatoire ; son esprit court d'espoirs en fantasmes, s'évade sans cesse, vagabonde parfois, s'invente une autre existence où, comme les eaux de plusieurs sources, les unes troubles, parfois boueuses, les autres limpides, s'entremêlent de manière inextricable le passé, le présent et l'avenir. Dans son univers, une chaîne ininterrompue se forme, se reforme sans cesse et fait éclore l'espoir dans les cœurs, sur les lèvres, dans les rêves. Au-delà de la détresse, il y a l'espérance. Rêve, réalité, réalité rêve.

Dans son existence, l'homme passe environ le tiers de son temps à dormir et sur ce tiers, une bonne partie est consacrée au rêve, qu'il en soit conscient ou non. Dans la solitude et l'angoisse de la prison, cette activité onirique trouve un riche ferment qui décuple le dynamisme de l'intelligence profonde, en faisant remonter à la surface de multiples pulsions immergées dans le magma du subconscient, à travers des faisceaux d'images étranges et de représentations parfois prémonitoires, de puissances insoupçonnées, de désirs inavoués, de tabous à transgresser. La Vérité apparaît comme un fil entre l'être profond et l'univers céleste. Le message est parfois lisible sans effort, clair, éventuellement enrobé d'une gangue déchiffrable par les seuls initiés. Constamment sollicités par les peurs et l'idée funeste de la fin qui nous semblait souvent inéluctable, nous trouvions un refuge dans les rêves au travers desquels nous tentions de décrypter les mystères de l'existence humaine.

Tous les matins, ce sont ces messages codés que nous essayions de déchiffrer pour conjurer le mal qui nous guettait et dans le constant espoir de déceler les signes tangibles de la liberté, de notre libération. Cette science qui nous vient de la nuit des temps a connu ses lettres de noblesse avec Joseph (Youssef), le plus illustre des prisonniers, interprétant les rêves de ses compagnons dans la prison de Pharaon.

Dans le rituel, avant ce déchiffrage quotidien, c'étaient les prières, chacun en sa religion, mais chacun priait pour tous, pour notre libération. Message unique : « Dieu, donne-nous la force et libère-nous ». Le croyant dans l'épreuve ne pense pas qu'à lui seul, il associe toujours le sort des autres au sien, il étend toujours ses vœux à l'autre, aux autres, même à ceux qu'il ne connaît pas, même à ceux qui ne lui demandent rien... S'égrenait, s'égrenait sur les doigts en guise de chapelet pour appeler Dieu. Egrener, égrener pour Lui téléphoner. Des années durant, certains d'entre nous, et j'en étais, l'ont égrené jusqu'à en avoir des cals aux doigts.

Le chapelet était en effet notre téléphone. Quels qu'en soient la forme, le nombre de grains et la croyance de celui qui l'égrenait, il était le fil qui nous reliait au Ciel. Nous L'appelions par la prière, Il nous répondait par les rêves.

Sur les sentiers escarpés de nos destins, quand la mort nous frôlait, nous rendait visite soit la nuit dans les rêves soit le jour et encore la nuit dans la réalité, à la perpétuelle recherche d'une bouée, nous trouvions dans la foi et l'espérance un ancrage à l'Assurance.

Outre ce rituel de spiritualité, s'était établi un rituel physique. Il ne fallait pas se contenter de nourrir l'esprit sans revitaliser le corps en lui procurant chaque jour sa dose indispensable d'énergie pour la recharge de nos accumulateurs. La santé du corps, c'est bien connu, nourrit celle de l'esprit. Nous nous imposions, tout au moins nous les plus jeunes qui en avions la capacité, des exercices physiques de maintien. Des mouvements d'assouplissement pour certains, des abdominaux, des pompes pour d'autres, même des exercices de musculation comme si dans notre situation on pensait avoir l'occasion de montrer des muscles.

Moi j'avais résolument choisi la marche, à mon humble avis, le sport le plus complet ; une thérapie à dose homéopathique aussi douce qu'efficace, parce que naturelle. Une marche toujours bien dosée. Il fallait éviter d'aller jusqu'à l'épuisement et toujours veiller à conserver quelques forces. Mais quand au fil des jours et des mois, le peu de vitalité que nous conservions encore de la liberté commença à nous abandonner, la marche - dont la distance se réduisait parfois à une forme de résistance de gens affamés - fut progressivement remplacée par le massage des malades déjà paralysés. Cela je savais le faire aussi. Ancien sportif, je m'y employais pour aider ceux qui en avaient besoin, particulièrement ceux qui souffraient de paralysie des membres supérieurs ou des membres inférieurs, ou des deux à la fois.

CHAPITRE XIV

LE TRICOT

Les jours et le mois s'écoulaient inexorablement. Déjà six à sept mois de passés. Dans notre trou, la liberté ne se présentait toujours pas, ni dans nos rêves ni dans la réalité. De l'extérieur, aucune nouvelle ! A l'intérieur pas le moindre indice, pas le moindre propos ou geste de geôlier qui trahisse son auteur et nous fasse espérer la libération. Le temps passait et mangeait notre vie. Malgré le rituel, nous continuions toujours à végéter dans la crasse et la puanteur. La monotonie n'était pas vaincue. Continuant à résister, elle n'était rompue que par de très rares déplacements de prisonniers. Je venais de quitter la cabine que j'occupais pour une autre.

Mon nouveau séjour était tout aussi exigu, que celui où nous étions entassés à cinq dans une promiscuité étouffante. Il y avait de la place pour à peine une personne ou deux. Nous y étions quatre cette fois-ci, tous déjà passés à l'interrogatoire : Aly Camara l'un des deux ex-inspecteurs des Affaires administratives de Kankan, de loin le plus âgé d'entre nous, un deuxième Aly Camara ex-inspecteur de police celui-là, mon ami Lanna que je retrouvais de nouveau par pur hasard, et moi-même. En Guinée comme dans bon nombre d'autres pays de l'Afrique de l'ouest, il arrive fréquemment que des personnes qui ne sont pas de la même famille portent le même nom et le même prénom. C'est le cas des Camara qui sont particulièrement nombreux en Guinée.

Insalubre comme toutes celles que j'ai connues depuis mon arrestation, la cabine était infestée de poux, de cafards, de moustiques et d'autres méchantes bestioles du genre, toute la colonie des insectes diptères. L'odeur du pot commun empestait, empestait toujours. L'administration pénitentiaire ne trouvant toujours pas de formule pour nous permettre de nous laver, de prendre ne seraient-ce que des bains de cynocéphale, nos peaux s'épaississaient chaque jour davantage sous la crasse. Mais malgré l'inhospitalité des lieux, une sorte de phénomène d'accoutumance cherchait péniblement à s'installer sans toutefois pouvoir y parvenir tout à fait, parce que régulièrement mis à mal par notre environnement et nos irascibles prédateurs. Comme des organismes qui se défendent en paramétrant de nouvelles données physiologiques, nos corps et nos narines n'avaient plus les mêmes réactivités contre les agressions qu'ils affrontaient. A moins d'être clonés, ce qui ne pouvait être notre cas, les organismes humains sont toujours différemment dotés génétiquement. Autant la présence des bestioles nuisibles ne nous empestait plus avec la même intensité, autant nous ne sentions plus les odeurs, dont les nôtres, avec la même persistance...

Un soir, à l'approche de la tombée de la nuit, Aly Camara l'ex-inspecteur des Affaires administratives, plus affaibli que nous, certainement à cause de son âge avancé, tomba malade. Une très forte fièvre l'avait terrassé. Selon lui, c'était son paludisme chronique qui revenait. Il tremblait de tout son corps et grelottait tant qu'il n'arrivait même plus à articuler correctement les mots. Il ne parvenait pas à manger non plus. Nous frappâmes à la porte.

- Chef (les geôliers pour les prisonniers sont tous chefs, même les moins gradés), nous avons un malade, il a besoin de soins urgents, fis-je.

- J'arrive, répondit l'un des hommes de garde.

Ne voyant personne se présenter pour s'enquérir de l'état du malade, nous renouvelâmes une seconde fois notre demande. Le chef de poste nous envoya un de ses subordonnés.

- Qu'y a-t-il ? demanda celui-ci.

Aly Camara l'ex-inspecteur de police se précipita et se présenta.

- Celui qui est malade, le voici, son état vous le montre, expliqua Lanna en montrant l'autre Aly couché.

- Nous revenons tout de suite, dit le gardien qui s'éloigna d'un pas non empressé.

Le malade grelottait toujours. Au bout de quelque temps, nous inquiétant de la lenteur des gardiens, nous frappâmes de nouveau à la porte.

Le chef de poste, sans ouvrir, se présenta lui-même. L'attente se prolongea encore quelque peu, puis en entrebâillant la porte il demanda calmement.

- Qui est Aly parmi vous ?

- C'est moi ! répondit Aly Camara l'ex-inspecteur de police.

Le malade couché au fond de notre réduit tremblait toujours de fièvre et attendait les soins.

- Lequel d'entre vous est Aly Camara insista le geôlier en essayant de dévisager chacun de nous à l'aide d'une lampe-torche.

- C'est nous qui avons appelé le poste de garde pour signaler le cas du malade. Maintenant qu'on vient le chercher, tu te précipites. Penses-tu encore qu'il s'agit d'une libération ? questionna Lanna en s'adressant à l'ex-inspecteur de police.

Le chef de poste, sans prendre part à cette discussion, reprit sa question en précisant :

- Il s'agit de Aly Camara l'inspecteur.

- Chef, nous sommes tous les deux inspecteurs ! Le chef n'a pas parlé de malade, fît remarquer Aly l'ex-inspecteur de police à Lanna en le fixant.

Mais persuadé qu'il s'agissait bien du malade, Lanna ajouta en désignant celui-ci : Chef, c'est lui !

- Il s'agit de celui qui servait à Kankan, précisa encore le geôlier.

- Je l'ai bien dit.

- Chef, c'est lui, il a besoin de soins urgents, merci d'être venu, il semble bien mal en point.

En effet c'était Aly, qui servait au moment de son arrestation à Kankan en qualité d'inspecteur des Affaires administratives auprès du ministre délégué, que l'on venait chercher.

- Suivez-moi ! dit le geôlier.

Aly eut de la difficulté à se lever. Lanna et moi l'aidâmes en le soutenant sous les aisselles.

C'était un homme de haute stature. Naguère, en liberté, malgré sa soixantaine, il avait une allure sportive ; maintenant, il avait le dos légèrement voûté, mais il conservait un visage toujours serein, volontaire ; d'épais sourcils cachaient parfois des yeux vifs et intelligents ; ses joues naturellement creuses avaient été encore davantage enfoncées par sa faiblesse, conséquence des souffrances épouvantables que nous endurions. Un léger sourire accompagnait toujours ses traits d'humour. Il aimait à plaisanter, à se moquer de lui-même plus que des autres. Dans sa jeunesse, aimait-il à nous raconter, il avait été grand sportif. Il parlait souvent de sa femme et de ses enfants, des enfants, qui, étaient nombreux : il disait en avoir dix au moment de son arrestation, six filles, quatre garçons. « Adorable » était son qualificatif préféré quand il parlait d'eux. Originaire de Conakry, il nous disait appartenir à une famille de notables baga de la Basse Guinée et avoir ses domiciles dans les quartiers de Tombo dans la Presqu'île de Kaloum et de Kaporo en haute banlieue.

Bien qu'ayant servi dans la même ville, Kankan, nous n'avions pas eu l'occasion de nous fréquenter. Question de génération ! Il évoluait dans le cercle des hauts fonctionnaires formés durant la période coloniale. Depuis son départ au poste cette nuit, il focalisait toute notre pensée. Il nous fallut attendre un temps relativement long pour commencer à cogiter sur la durée de ses soins.

Qu'il devait être bien heureux à présent, Aly, en retrouvant le doux parfum de la liberté, au milieu de ses enfants, sa femme assise à côté de lui, avec les amis venus nombreux pour l'embrasser, le féliciter de sa libération, l'encourager pour la remontée de la pente qui s'annonce après la prison, lui apporter des présents, des cadeaux, des livres, sans doute beaucoup de livres, de quoi écrire aussi. Qu'il devait être bien heureux Aly de respirer l'air de la liberté, de voir des enfants courir, rire, crier, jouer, se battre et se réconcilier tout à côté, dans la cour des voisins. Peut-être quand tous les visiteurs seront rentrés chez eux, et si la liberté retrouvée l'a guéri de sa fièvre, et s'il est resté vivant les nuits malgré les atroces tortures de la cabine technique qui se sont souvent révélées source de handicaps irréversibles, il aura aimé longuement son épouse toute la nuit. Le lendemain, ou le surlendemain, il tournera le bouton d'une radio, et choisira entre les musiques et les bulletins d'information, ira se promener et humer, encore et encore, l'air pur de la liberté.

A-t-on jamais fini d'énumérer les gestes de la liberté, du bonheur ?

Après une attente qui nous parut une éternité, nous avions en effet conclu que notre compagnon avait été libéré. Les soins, quand il en était donné, étaient bien sommaires. Quelques comprimés ou dragées, rarement des injections, sauf pour les cas désespérés et dans certaines conditions ; par exemple avant l'interrogatoire, les consignes étaient en effet de ne pas laisser un détenu d'une certaine importance mourir avant son passage à l'interrogatoire.

Nous priâmes jusqu'au petit matin.

Aly aurait-il été libéré ?

Malgré cet espoir, en cette nuit de veillée et de piété pour la libération d'Aly, rien ne parvenait à chasser de nos pensées l'ambiguïté qui commençait à y naître.

Aly aurait-il changé de cabine ?

Si Aly a changé de cabine, s'il est libéré... ? La libération, c'est pour elle que nous avons prié toute la nuit. Le Ciel nous a peut-être entendus ; les rêves de la somnolence du petit matin déjà rituellement racontés avaient été bons selon nos interprétations à Lanna et à moi. Aly malade libéré ! Quel bonheur ce serait ! La libération à elle seule l'a déjà guéri de sa fièvre. Que ne peut la liberté ?

Entre Lanna et moi, les échanges s'animaient. Les conclusions de nos commentaires et de nos analyses penchaient toujours irrésistiblement du même côté : Aly libéré !

Le lendemain, le train-train habituel reprit son cours. Des ouvertures et des fermetures de portes, des bruits de godasses des gardes parfois lents, parfois saccadés ... Au moment du service du petit-déjeuner, un geôlier se présenta dans l'embrasure de notre porte, trois assiettes en aluminium, du pain dans une main et un seau de *kinkéliba* dans l'autre, le *kinkéliba*, est un breuvage amer local obtenu à partir de feuilles sauvages auxquelles certaines personnes prêtent des vertus médicinales.

Il nous servit une louchée et un morceau de pain à chacun. Curieuse idée que de servir une boisson chaude dans une assiette en aluminium ! Elle se refroidit instantanément.

- Chef, celui qui nous a quittés hier, a oublié son tricot, pourriez-vous le lui apporter ? lança Lanna à brûle-pourpoint en tendant au geôlier un tricot sale et tout déchiré au moment où celui-ci tournait le dos avec son récipient et le reste de ses pains.

- Vous pouvez garder ce tricot. Là où il est allé, il n'en aura pas besoin, répondit impassiblement le gardien, qui referma la porte et passa à la cabine suivante.

Cette phrase raviva notre discussion à Lanna et moi.

- Je suis sûr qu'il a été libéré cette nuit. Libre, a-t-il besoin de ce tricot sale et déchiré ? s'interrogea Lanna. Le chef avait l'air d'être plus détendu ce matin que d'habitude, ajouta-t-il, un léger sourire sur les lèvres.

- Je crois aussi qu'il a été libéré, bien que je n'aie pas eu la même impression que toi quand j'ai voulu scruter le regard de chef pour y déceler un signe positif.

- Qu'as-tu donc décelé ? s'enquit Lanna en se rapprochant de moi, comme s'il craignait d'entendre autre chose que ce qu'il souhaitait.

- Rien de spécial, son air habituel, naturel, calme. Tu le sais, on peut tous mourir ici je ne suis pas sûr que cela se lirait sur leur visage, répondis-je. Les yeux sont la jauge du cœur et de l'esprit ; chaque homme en est pareillement doté. C'est l'autre en face de vous qui voit le niveau de votre jauge. Mais ces gardiens ont dû apprendre à rendre illisibles les leurs, ajoutai-je.

- Je ne suis pas entièrement d'accord avec toi, rétorqua Lanna, depuis notre arrivée, nous constatons, en tout cas moi, qu'ils sont quelque peu différents les uns des autres dans leurs comportements.

- Pour moi, ils semblent tous provenir d'un même moule. « Les yeux sont la partie la plus bavarde du corps de l'homme, la moins discrète quand on sait les regarder, les écouter ; votre fortune est sur la langue de votre interlocuteur », dit la sagesse de chez nous. Notre fortune devrait en principe être sur les langues de no geôliers ; mais, ils ne sont pas spécialement bavards.

Pendant tout ce temps, notre deuxième Aly, l'ex-inspecteur de police était resté silencieux. Comme nous, il avait prié toute la nuit, mais depuis le départ de son homonyme, il n'avait pas dit un mot. Pensif, il marmonnait des sourates. Son *kinkéliba* comme le nôtre s'était refroidi ; il semblait avoir un peu honte de son comportement lorsque les gardiens étaient venus chercher le malade.

Durant mes deux détentions politiques, malgré les dix années d'intervalle, j'ai eu à partager la cellule avec un commissaire et deux inspecteurs de police. J'ai toujours été frappé par une caractéristique commune, leur mutisme. Ils ne parlaient presque jamais quand la parole n'était pas indispensable. Ils préféraient écouter. Ils ne se mêlaient pas aux discussions et ne s'épanchaient pas non plus comme beaucoup d'entre nous sur leur passé. Admirables de maîtrise de soi, ils étaient calmes, cédaient difficilement à leurs impulsions, ne s'emportaient jamais. Peut-être par leur formation ou par déformation professionnelle, peut-être par leur connaissance du milieu carcéral.

- Aly aide-nous donc un peu, tu dois mieux connaître la psychologie des geôliers. Que penses-tu de la mine du chef ce matin ? lui demandai-je sur un ton mi-provocateur, mi-conciliant.

- Rien ! fit-il.

- Là où il est allé, il n'aura pas besoin de tricot, continuai-je.

- Je suis enclin à vous suivre dans votre optimisme à toi et à Lanna, mais une telle assertion peut s'interpréter de plusieurs manières. Celui qui est parti dans la tombe a-t-il besoin de tricot propre ou sale, questionna-t-il ?

En fait, intérieurement, je n'avais pas écarté cette terrible hypothèse ; seulement, je ne voulais pas me l'avouer, en tout cas ne pas être le premier à l'avancer, à l'admettre en priorité.

Dans la cabine, malgré toutes nos conjectures, l'incertitude sur le départ nocturne d'Aly continua à animer nos discussions.

CHAPITRE XV

UN CIEL POUR TROIS

Environ une année se passa dans ces conditions exécrables qui se dégradaient de jour en jour, une année endeuillée par de nombreux décès, ponctuée aussi, de temps à autre, par des départs nocturnes, toujours mystérieux, de compagnons. Après un grand nombre de ces départs, l'administration pénitentiaire du *camp* procéda à des réaménagements. Des cabines furent décongestionnées. Après deux ou trois changements de cabines, je me retrouvai tout seul...

Inexorablement, le temps, fidèle à lui-même, poursuivait sa lente marche.

Ce matin, le chef passa de cabine en cabine. Il s'appelait Abdoulaye Diallo celui-là. On entendit des portes s'ouvrir et se refermer. Je tendis l'oreille et essayai d'estimer le temps qui séparait une ouverture de la suivante. Cinq à six minutes environ. Que peut-on faire ou dire en ce laps de temps ? Beaucoup de choses ! De quoi s'agit-il ? Dresse-t-on une liste ? Après des transfèrements, des disparitions, des exécutions ? Chaque fois qu'une liste était établie, nous espérions une libération...

Est-ce pour une distribution ? Mais de quoi ? Ne vaut-il pas mieux attendre tranquillement ? Hélas ! est-on jamais tranquille en ces lieux maudits ? Si le chef doit effectuer le tour de toutes les cabines, il doit bien finir par passer chez moi. S'il ne passe pas, j'en conclurais que je ne suis pas concerné. Nos sorts de détenus étant liés d'une manière ou d'une autre, il est bien difficile de ne pas être concerné par ce qui se passe. L'angoisse existentielle, et dans les cœurs et sur des visages détruits par la vermine, va continuellement de la vague au ressac.

- Nous avons un malade dans un état grave, Samba Camara de la 19. Il a besoin d'assistance. Ses deux compagnons de cabine encore valides ne veulent plus s'occuper de lui. Le troisième vient de contracter la même maladie qui, me semble-t-il, est contagieuse. J'ai fait le tour, aucun de vos camarades ne veut continuer à vivre dans la cabine avec lui. Compte tenu de son état, je ne peux pas le mettre là où il ne peut bénéficier d'assistance. Je peux certes l'isoler, mais faire cela dans son état, c'est le laisser mourir, expliqua le chef pendant que le malade suivait non loin de là ces paroles. Je ne voulais pas que ce soit toi qui l'accueilles ; j'étais l'un des admirateurs de l'équipe de football que tu entraînais à Kankan avant ton affectation à Dabola ; et puis tu as été aussi le professeur d'un de mes enfants à l'Institut Polytechnique Julius Nyerere. Surtout tu es jeune, peut-être que tu seras libéré un jour, ajouta-t-il. Ces mots, ce ressenti d'un peu d'humanité de la part du chef, était-ce un bon signe ? En tout cas il me mit du baume au cœur.

- Je vous remercie chef. Veuillez l'amener ! C'est un homme. Après tout, si le Ciel a décidé que je dois mourir de cette maladie, il n'en sera pas autrement. Ce sera mon destin. Veuillez le faire venir, chef.

Le malade arriva. En se présentant à moi, il me dit qu'il était le frère de Bangaly Camara, l'ancien Ministre de l'Information, l'un de mes deux sauveurs de 1961. Dès le premier contact, je fus frappé par son regard. Un regard à la fois doux et pétillant. Un rayon de soleil dans les ténèbres de ma solitude. Physiquement, il ne donnait guère l'impression d'être malade et son corps laissait même comme une impression de fraîcheur.

- De quoi souffrez-vous ? lui demandai-je.

- De l'inappétence, accompagnée d'une diarrhée jamais profuse mais parfois sanguinolente qui vous mouille de temps en temps la culotte sans que vous ne vous en rendiez compte. Des vomissements aussi, mais plutôt rares. Chaque jour un peu plus, je sens mes forces m'abandonner. Un peu comme une plante qui se meurt en perdant une à une ses feuilles, si elle n'est pas arrosée et soignée. Tout cela sans que je ressente de douleur à proprement parler, expliqua-t-il.

- Cela n'est-il pas plus psychique que physique ? Je ne vous ai pas connu auparavant, mais à vous voir, vous ne semblez pas avoir perdu du poids ou des forces. En parlant de la plante, vous avez dit : « si elle n'est pas soignée ». Les soins, je souhaite que vous en receviez. Puisse votre arrivée dans cette cabine avec moi être celle de votre salut. Les hommes soignent. Mais en définitive, n'est-ce pas

Dieu qui les guérit, disent les médecins eux-mêmes. Veuille-t-il nous sauver !

Tout en parlant, je regardais Samba. Il était beau, merveilleusement beau. En dépit de sa faiblesse, il portait comme une aura de pureté et dégageait une étrange impression de luminosité. L'expression intense de son visage provoquait comme un éblouissement. Plus je le regardais, plus il me fascinait. Lui n'avait pas l'air de se rendre compte de ce que je ressentais. Ses précédents compagnons avaient-ils eu le même sentiment que moi ? Comment ont-ils pu le laisser les quitter ? L'ont-ils bien regardé Samba ? Question peut-être d'intermagnétisme !

L'heure du repas arriva. J'essayai de le faire manger. Les grains de riz ne passaient pas à travers sa gorge. Il avait tendance à les rejeter. Je recueillis alors la sauce de nos deux rations dans le creux de ma main. Je réussis difficilement à lui en faire avaler à peine deux petites gorgées. Puis, je me mis à émietter nos deux minuscules morceaux de viande que j'essayai de lui faire mâcher fibre par fibre. Peine perdue. Les deux gorgées de sauce avaient suffi. Paradoxalement dans son état, Samba n'éprouvait pas la faim. Il me l'expliquait, étonné lui-même.

La nuit fut calme. C'était le genre de malade qui ne suscitait pas beaucoup d'inquiétude dans son entourage. Il ne se plaignait de rien. Son sommeil avait même été doux et calme. Le matin, le rituel reprit. Nous accomplîmes notre première obligation religieuse, la prière de l'aube. Malgré son état, et bien que ce fût lui l'étranger dans notre demeure désormais commune, je lui proposai de conduire notre prière. Il déclina mon offre. Vaguement, quelque chose me disait que même dans son état, il méritait mieux que moi de le faire. Il se dégageait toujours de son être cette étrange impression de pureté et de luminosité. Plus nous conversions, plus nous nous habituions l'un à l'autre Samba et moi, plus cette apparence se muait en certitude.

En homme de la modernité bien de son époque, bien que croyant, j'ai toujours pensé qu'à jamais les temps de la pureté étaient révolus. Mais il me paraissait indéniable que je n'avais pas devant moi un homme ordinaire. La présence de Samba emplissait ma cabine de sérénité. Depuis son arrivée, ma prison ne me pesait plus du même poids ; mais son état nous imposa de réduire le rituel, qui se poursuivait malgré tout, à la prière, au récit et à l'interprétation des rêves.

Après la prière, nous commençâmes à raconter nos rêves.

Ce matin, Samba raconta le sien :

- Un tribunal siégeait. Trois inculpés comparaissaient, moi Samba, celui qui s'occupait de moi dans ma précédente cabine, et une troisième personne dont je n'arrive pas à me rappeler ni le nom ni le visage, expliquait-il intrigué.

Quel était donc ce troisième inculpé ? Le reste de la journée, la nuit, le lendemain, Samba les passa à essayer de s'en souvenir. En vain. Il voulait absolument le savoir avant d'aborder l'interprétation proprement dite de son rêve…

- Pourquoi tiens-tu tant à te rappeler ce nom ? lui demandai-je. Quelle importance, puisque tu t'es vu toi-même ? Il ne m'écoutait presque pas. Absent, perdu dans sa recherche, il enchaîna quelque temps après par un autre rêve. Il l'avait fait celui-là environ trois à quatre mois avant son arrestation :

- La nuit, commença-t-il, quelqu'un frappa à ma porte, pas celle-là, celle de ma maison de Hermakono à Faranah, du côté de la frontière avec la Sierra Leone où j'étais chef de poste des douanes. Une voix me dit :

- Ouvre !

Instinctivement, je me rebiffai et questionnai.

- Qui est-ce ? Qui êtes-vous ?

- Ouvre ! Quand tu ouvriras, tu le sauras !

- Tant que vous ne déclinerez pas votre identité, je n'ouvrirai pas !

- Que tu ouvres ou pas, je peux entrer. Il vaut donc mieux que tu obéisses ! Je veux que ce soit toi qui le fasses.

Tiraillé entre frayeur, inquiétude et curiosité, je me décidai à obtempérer. A mon grand étonnement, je ne vis personne quand j'ouvris la porte, par contre la voix, elle, me parla de nouveau, limpide.

- On m'envoie te chercher, dit-elle.

- Qui vous envoie me chercher, et pourquoi ?

Samba racontait son rêve sans se soucier de savoir si je le suivais ou non. Une sorte de présence absente. Il se parlait plus à lui-même qu'à moi. Délirait-il ? Au fur et à mesure qu'il avançait dans son récit, son visage s'illuminait d'un bonheur indicible, un peu comme s'il revivait son rêve. Sa voix, monocorde au début, commençait à prendre du relief à chaque réplique de l'énigmatique échange.

- Viens ! Quand tu arriveras là où l'on t'appelle, tu sauras de qui il s'agit, rassura la voix.

- A ces mots, je me sentis sur une monture, comme sur le dos d'un cheval. Nous nous mîmes à franchir des nuages, des espaces infinis, à monter toujours dans le ciel. Paradoxalement, je ne ressentais plus la frayeur qui m'avait étreint lorsque la mystérieuse voix s'était adressée à moi pour la première fois. Nous nous élevions constamment dans l'immensité du firmament.

La voix de Samba, semblant provenir de l'au-delà, s'accentuait, s'adoucissait, s'élevait, au fur et à mesure que l'invisible monture franchissait les cieux.

- A un moment donné, je me vis déposé sur une surface parsemée de buis et traversée de multiples sentiers, poursuivit-il. Pas une âme ! Silence. Pas le genre de silence que les humains vivent sur terre. Aucun souffle de brise, aucun bourdonnement d'insectes, aucun battement d'ailes. Le silence. C'est sur la terre que la nature est humaine. Au plus haut du ciel, c'est un autre royaume. Je me sentais comme immergé dans l'univers du surnaturel… C'est encore la voix qui m'arracha à mon extraordinaire fascination.

- Prends ce chemin, dit-elle, va tout droit jusqu'au moment où tu arriveras à une fourche. Tu emprunteras le sentier de droite. Quelque distance plus loin, tu verras une maison, elle t'apparaîtra sous un tel aspect que tu ne pourras pas te tromper.

Je fis comme il m'avait été demandé et je vis effectivement un édifice baignant dans un éblouissement extraordinaire. C'est l'édifice lui-même qui générait la lumière, un sanctuaire. J'y entrai. Un espace oblongue tout de lumière, un être à forme humaine assis au fond, tout seul, tout de blanc vêtu ; par le turban qui ceignait sa tête et la barbe bien taillée qui ornait son menton, il me parut être un Oriental. Comme attiré par un magnétisme irrésistible, j'avançai en sa direction, sans hésiter bien que saisi d'un certain frisson.

Plus j'avançais, plus l'être lui-même semblait être la source de l'auréole qui enveloppait tout autour de moi dans un espace de dense spiritualité. J'avançai encore de quelques pas, jusqu'à me trouver à distance de salutation. Il me tendit la main. Je fis de même. Mais tout juste au moment où je m'attendais à voir ma main étreinte, il retira la sienne et me dit :

- Je t'ai fait venir pour te dire que ta foi en Dieu n'est pas ferme, que tu ne pries pas régulièrement et pour te demander d'accomplir désormais tous tes devoirs religieux. Quand tu viendras la prochaine fois, et si tu as respecté mes recommandations, je te serrerai la main.

Puis, il me fit signe de me retirer. Je retournai sur mes pas, franchis l'entrée du sanctuaire, atteignis la fourche, et enfin le lieu d'où j'étais parti.

- As-tu rencontré celui qui t'a fait venir ? demanda la voix.
- Oui, répondis-je, encore sous le coup de l'émotion.
- Alors nous pouvons redescendre fit-elle.

De nouveau, je me sentis sur le dos de la monture. Nous redescendîmes jusque devant ma maison. La porte en était restée ouverte.

Le matin, encore tout bouleversé par cette nuit extraordinaire, j'en étais à me demander si j'avais effectivement accompli l'ascension nocturne ou s'il s'agissait d'un rêve. Jusqu'au moment où je vous parle, cher compagnon, je ne suis pas parvenu à percer le mystère.

Les interprétations furent multiples, divergentes, mais aucune ne me parut convaincante. Les grands spécialistes en interprétation des rêves, des devins en mal d'inspiration, avaient, par exemple, tout prévu sauf la situation dans laquelle je me trouve. J'étais, selon eux, promis à un bel avenir. La prédiction qui revenait le plus souvent, était une grande promotion administrative, une très grande, affirmaient les plus optimistes d'entre eux. Ils voyaient la terre, moi, je continuais à scruter le ciel.

Je tentai de suivre les recommandations de l'apparition céleste. Au début, en essayant d'abandonner mes habitudes avec tout ce qui leur donnait de la saveur, tout me sembla affadi, vide. Pour un homme de mon âge, bon vivant par-dessus le marché, certains renoncements furent très difficiles. A seulement vingt-neuf ans, la vie ne fait que commencer ; sous ses formes les plus pétillantes, elle n'est pas derrière soi, mais devant, tout juste devant, à portée de main en toute occasion ; et les occasions ne manquent pas. Renonce-t-on jamais sans déchirement extrême aux délices de la vie ? Que de plaisirs à enfouir ! Que de désirs à éteindre. Après une, deux, trois tentatives ayant toutes échoué lamentablement, pourrais-je résister et pour combien de temps, aux innombrables tentations de la vie, de la vie comme elle se présente naturellement à chacun de nous, tous les jours, parfois sous forme d'un simple fruit mûr, ou même vert, une pomme par exemple ? me suis-je souvent demandé au fil de mon évolution, de ma lente et difficile évolution vers le nouveau mode de vie auquel je voulais m'astreindre, les nouvelles limites que je voulais fixer à ma vie. Quand on s'abstient de provoquer la vie ? Elle ne s'empêche jamais elle de vous provoquer, à tout instant. Et moi j'étais justement du genre à céder facilement à la provocation. Parfois un regard, une parole, même allusive ou une simple forme, d'une jambe par exemple, d'un galbe, suffisait à faire surgir en moi tout ce que je voulais m'interdire, à faire étinceler en moi tous les feux que je voulais éteindre. Mais comme l'œil qui regardait Caïn dans la tombe après le meurtre d'Abel, je me remémorerais une main tendue se rapprocher, s'éloigner, puis se rapprocher de nouveau...

Je m'obstinai à vouloir saisir la main... Ah ! que ce fut difficile ! Moi, par exemple bourreau des cœurs, devenir ou devenu ancien bourreau des cœurs ! Difficilement mais progressivement, les choses sont allées dans le sens que je souhaitais... Ma privation de liberté, tout au moins d'une certaine forme de liberté, privation bien volontaire, avait commencé avant que je ne sois dans cette prison. Mais, même si je ne comprends pas cette fin de ma vie qui semble se profiler irrémédiablement, se rapprocher chaque jour un peu plus de cette manière que je ne pouvais m'imaginer, je suis sans regrets ; bien au contraire, ma nouvelle existence commença à sentir la vanité de certaines choses. Je commençai par devenir un mari fidèle. Crois-moi, ce ne fut pas le plus facile. Une mutation ? Puis, tout en continuant à effectuer consciencieusement mon travail de douanier frontalier, sans dogmatisme excessif, surtout sans fanatisme aucun, je me mis à mener avec simplicité une vie de croyant, une vie comblée cependant d'une autre richesse qui lui donnait une autre dimension ; mon abstinence de bien des choses s'était progressivement muée en douce félicité...

En écoutant Samba et en le regardant, je crus qu'il délirait, en tout cas qu'il s'échappait de notre aire, tant l'extrême fluidité et l'étrangeté de sa parole la faisait paraître décalée par rapport à notre contexte où les préoccupations sont certes diverses, mais dont la principale n'est pas de faire une incursion dans l'au-delà, même au paradis, tout au moins pas directement à partir de cette cabine en tout cas pas avant d'avoir fait au moins une escale, une longue escale, la plus longue possible à la maison après la libération, avec son épouse, ses enfants et en revivant certaines formes de vie et de « liberté », quitte à les abandonner progressivement... Samba, lui, était prêt, mais moi pas.

Serein, mais toujours extraordinairement fascinant, cohérent dans la logique issue de son rêve, peut-être tout simplement lointain, loin de la réalité que nous vivions, il ne me paraissait pas déraisonner, Samba ; ...

Puis, presque sans transition, il revint à son rêve de la nuit dernière et à la question restée sans réponse :

- Je n'arrive pas à me souvenir du nom de la troisième personne convoquée devant le tribunal, murmura-t-il.

Le reste de la journée se passa comme la veille, avec cependant une légère fréquence des toilettes intimes. L'infirmier avait donné un comprimé de quelque chose, un antidiarrhéique, « ça va passer » avait-il dit. En plus des gorgées de sauce, Samba put mâcher quelques fibres de viande. Cela me donna de l'espoir, le concernant. Au soir du troisième jour, il s'interrogea encore une fois sur l'identité du troisième inculpé devant le tribunal ; une sorte d'obsession, puis il enchaîna par cette question. Pourquoi ? Pourquoi ? Une question que nous nous posions tous et souvent. Pourquoi ? s'interrogea-t-il avant de compléter sa phrase par ces mots..., mourrais-je dans ce trou ? Dans ces conditions ?

Ensuite, il se mit à marmonner presque de manière imperceptible ces paroles :

- Je vois une demeure toute de lumière, un sanctuaire. Quels faisceaux, quelle douceur, que c'est merveilleux !

Le cordon entre le rêve et la réalité se rétablissait. Un doux ronflement montait de ses narines. Je compris aisément qu'il amorçait une nouvelle ascension. Quelques gouttelettes d'un semblant de sueur scintillaient sur son front, autant d'étoiles dans le ciel de ma cabine. Assis à côté de lui, je tenais sa main droite dans mes deux mains.

Son ronflement était si doux, si léger qu'il s'éteignit dans sa gorge sans que je m'en aperçusse. Samba m'avait quitté. Du moins la vie de ce monde, d'ici-bas, s'était retirée de lui. C'était le crépuscule. C'est donc ainsi que ça se passait. A l'instant où elle survient, la mort ne doit pas être toujours terrifiante comme on se l'imagine souvent, mais seulement le passage d'un état à un autre, d'un monde à l'autre. Samba donnait presque envie de mourir comme lui.

C'était la première fois que je voyais la fin d'une personne. Samba m'avait bien quitté. Un sourire inachevé entrouvrait légèrement ses lèvres délicatement humidifiées par la paix définitivement retrouvée.

Un bonheur infini semblait recouvrir son visage... Tout envahi par cette impression qui emplissait notre habitacle, je me l'imaginais en train de serrer une main dans un faisceau de lumière.

- Le malade est décédé dis-je en direction du chef de poste après l'avoir alerté en frappant deux petits coups à la porte.

Des bruits de pas se rapprochèrent rapidement de ma cabine, puis s'éloignèrent et revinrent ensuite. Le chef était accompagné de deux autres gardiens. En quelques minutes, ils emportèrent le corps. Ils constateront le décès au poste. Pour agir de manière si expéditive, j'étais persuadé qu'ils n'avaient pas ressenti le même effet que le défunt avait eu sur moi durant les trois jours que je venais de passer en sa compagnie.

Tout obnubilé que j'étais par la belle fin de celui-ci et le récit de son ascension, j'eus une nuit de recueillement et une journée sans sommeil.

Trois jours après la disparition de Samba, le chef frappa de nouveau à ma porte.

- Celui qui s'occupait de Samba dans l'autre cabine a besoin d'assistance ; je t'avais dit qu'il était malade lui aussi. Je crois qu'il est atteint de la même maladie. Ses deux compagnons, les mêmes, ne veulent plus s'approcher de lui. Connaissant la position des autres détenus, surtout depuis le décès de Samba, je suis venu directement à toi, expliqua-t-il.

Veuillez le faire venir, dis-je simplement.

Celui-ci s'appelait Féro Massilani. Sa maladie présentait exactement les mêmes symptômes que celle de Samba : inappétence, selles molles. Lui aussi a vomi deux ou trois fois. Au plan physique lui aussi ne paraissait pas avoir perdu du poids.

Les similitudes entre les deux hommes se limitaient à leur maladie. Tout le reste en ce nouveau venu tranchait singulièrement par rapport à Samba. Le physique, les gestes, les attitudes, le mental. Autant les traits du premier suggéraient la douceur et la spiritualité, autant ceux du second dégageaient la force et l'impiété. Mystique, pourtant, Massilani l'était aussi. Un mysticisme d'une autre nature. Doté d'une volonté aveugle, il ne voulait pas laisser le sort lui dicter sa loi, déterminer la suite des événements à sa place. Il semblait ignorer Dieu ; en tout cas il n'en parlait pas. Lui ne croyait ni aux ressources mystérieuses des rêves, ni aux prières interminables. Il trouvait tout cela dérisoire et puéril. Il était persuadé que jetés en l'air, les multiples anneaux, bagues et boucles magiques doués, selon lui, de pouvoirs surnaturels, qu'il portait aux orteils, doigts et même à une oreille en retombant, selon leurs positions, lui indiqueraient la voie à suivre, le sentier qui le mènerait à la liberté, la sienne. Impossible de lui faire entendre autre chose.

Dès son arrivée dans la cabine, un relent de fétichisme chassa la douce pureté dans laquelle elle baignait. J'ai vu des hommes et des femmes porter des bagues à un ou deux doigts de la main, généralement à l'auriculaire, mais aux orteils, je n'en avais encore jamais vu. Il est vrai que dans ma courte existence, je ne pouvais pas avoir tout vu. Massilani, lui, portait prosaïquement des bagues, plutôt des anneaux de différentes confections dans des métaux qui ne brillaient pas spécialement non plus par leur noblesse : cuivre, bronze, aluminium, aux dix orteils de ses deux pieds. L'oreille gauche percée portait elle aussi deux boucles. Il était totalement velu. D'affreux poils, tels des piquants de porc-épic, lui jaillissaient de partout, particulièrement des narines. Il avait des dents horriblement rouges de croqueur perpétuel de colas. Des yeux de feu, dont même la maladie n'avait pas réussi à altérer la rougeur, achevaient de lui donner l'air d'une sorte de diable égaré parmi les humains. Massilani, le genre de personnage qui vous épouvante dans les cauchemars. J'avoue que même dans la réalité, si je l'avais rencontré seul dans la brousse, tel qu'il m'est apparu dans la cabine, j'en aurais tremblé de frayeur. Mais à deux dans un si petit périmètre, comment avoir peur puisqu'il n'y avait pas d'alternative ?

A un de nos compagnons qui, en guise de bonjour, lui souhaitait du courage Mandiana avec son bon sens paysan ne répondait-il pas un matin: « - *Si on n'est pas courageux, qu'est-ce qu'on va faire ?* » En se posant cette question, ne nous la posait-il pas à chacun de nous, Mandiana ? Avions-nous le choix ? Nous étions au milieu d'un torrent, il nous fallait soit nager soit se noyer ? Mandiana lui résolument avait choisi de rester à flot et il nous invitait à faire de même.

Taciturne, on ne pouvait pas l'être plus que Massilani. Il me fut impossible de lui arracher même un soupçon de sourire ou de bonne humeur. Pourtant, malgré son masque de fer, en fin de compte, à bien le regarder, il ne paraissait pourtant pas méchant ; j'étais même persuadé qu'il ne l'était pas. Ce dont la nature ne l'avait tout simplement pas doté, c'était de sympathie, même un tout petit peu, et lui-même ne voulait rien faire pour qu'il en fût autrement. Mais, en dépit de tout, il paraissait atrocement présent et dégageait une forte impression de concentration, de volonté surhumaine. Il est vrai qu'il était malade et qu'il consacrait intensément toutes les forces qui lui restaient à se lancer à la conquête de la vérité, sa vérité à lui qui n'était pas la mienne, même si nos ferveurs convergeaient vers le même objectif : la libération...

Dans notre présent de ce jour, l'essentiel était que nous fussions tous deux là ; certes avec des convictions différentes, mais hommes en situation. La gloire de Massilani était celle d'un ancien combattant. C'est à peine s'il ne prenait pas ce passé pour un sacerdoce. Ce personnage singulier avait passé dix ans dans l'armée coloniale française et onze autres années dans la nôtre après l'indépendance sans y gagner un seul grade. Pourtant à l'entendre parler de sa carrière, il ne paraissait avoir aucune honte, bien au contraire. Il n'a donc jamais arboré, comme ceux qui se réclament fièrement de ce statut d'ancien combattant, de médailles ou de décorations sur la poitrine.

L'histoire de son arrestation, d'après ce que j'en ai recueilli par la suite, ne manquait pas elle non plus de singularité. Un jour, il se trouvait tout à fait par hasard à la gare des voitures de Morigbèdou, un village situé à 40 kilomètres de Kankan, où il résidait depuis sa libération de l'armée, quand un véhicule Gaz stationna. Voyant des gendarmes en descendre, pensant à la fraternité qui lie gens en uniformes, anciens ou en activité, il bondit, retira de sa poche les quelques sous qui lui restaient de la journée, acheta les plus grosses noix de colas qu'il put trouver avec sa bourse et vint les offrir au petit groupe de gendarmes en pause, avant de continuer leur route vers le camp *Soundjata*.

En faisant craquer les colas, signe d'amitié dans les coutumes des quatre régions naturelles de Guinée, la causerie allait bon train. Chacun racontait ses aventures, ses hauts faits d'armes ; tout y passait, et le Vietnam et l'Algérie, même pour ceux qui n'avaient pas combattu sur ces champs de bataille ; et tout cela dans les éclats de rire. Deux « gros poissons » ou « colis » se trouvaient sous les bâches du véhicule.

Quelques jours après cette rencontre, le Sous-comité Révolutionnaire de Kankan, pour justifier la cohérence des dires d'un sujet interrogé, se trouva dans la nécessité d'arrêter un tireur d'élite. Les membres de la commission et les gendarmes, à longueur de minute, se torturaient l'esprit pour dénicher l'oiseau rare, quand, éclair, soudain un gendarme claqua des doigts en s'exclamant :

- Eurêka ! Voilà. Tiens. Et notre ami l'ancien combattant de Morigbèdou ? Celui qui nous a offert de belles noix de colas un jour lors de l'un de nos passages... Il peut bien faire l'affaire le bougre. Il répond à tous les critères : ancien combattant, il a le physique et l'allure du tireur d'élite. Retraité sans renom, il présente en plus le gros avantage de ne pas être connu du grand public. Tout ce qui sera dit de lui sera la vérité. Il paraissait tellement simplet.

C'est peut-être à cause de cette simplicité que son ancienne hiérarchie n'avait pas jugé nécessaire de lui retirer, avant de l'écrouer, son hétéroclite équipement d'anneaux, de bagues et de boucles qu'il portait et retirait à volonté.

Comble de l'ironie, l'homme, après ses 21 années passées sous deux drapeaux, avait été libéré de l'armée en raison d'une baisse d'acuité visuelle ; il ne pouvait donc plus assumer la dernière tâche qui lui était confiée dans l'armée, celle de bouvier. En un clin d'œil, le Sous-comité Révolutionnaire le constitua tireur d'élite et scélérat.

Un malvoyant tireur d'élite ! Des énormités de cette nature, les dépositions extorquées sous la torture en foisonnaient. Les incohérences et les inconséquences ne manquaient pas non plus...

Notre soi-disant tireur d'élite après avoir reconnu sous la torture tout ce que le Sous-comité Révolutionnaire lui avait dicté, se mourait, sans avoir vraiment compris ce qu'est un complot ou une contre-révolution, malgré les explications que je lui fournissais. Il était tellement simple qu'il ne pouvait pas comprendre qu'un homme puisse en détenir un autre sans qu'il n'ait rien fait, gratuitement, comme c'était notre cas. Quand il lui arrivait de répondre, ou de parler, il disait invariablement : « je ne leur ai rien fait ». D'ailleurs m'écoutait-il, me suivait-il, tout intensément absorbé qu'il était par sa magie des anneaux ? Il était si constamment tendu vers ses configurations que j'en avais oublié sa maladie. Des heures d'affilée de cet exercice l'avaient cependant quelque peu épuisé. Il était tout de même sorti de sa consultation avec la ferme conviction qu'il ne resterait pas enfermé entre ces quatre murs, qu'il serait libéré dès le lendemain. Ses anneaux, qui ne se trompaient jamais selon lui, venaient de le lui confirmer.

La nuit fut quelque peu agitée. Les incantations adressées à ses anneaux, bagues et boucles dans de fréquents soubresauts, s'entrecoupaient de spasmes irréguliers.

Au lever du jour, je n'eus pas de peine à me rendre compte qu'avec lui le rituel ne serait jamais le même. Lui c'était des rites ou plutôt un rite. Il ne pria pas. Il n'écouta pas non plus le récit de mon rêve de la nuit. Avait-il rêvé, lui ? Rivé à sa réalité, ses préoccupations l'orientaient ailleurs. Il voulut revenir à ses anneaux, mais je constatai que son regard devenu quelque peu absent ne s'incendiait pas de la flamme qui l'animait la veille. Massif, son poids tendait à l'entraîner vers le sol. Il résistait. Je voulus l'aider à s'adosser au mur. Il refusa. Apparemment, il ne voulait pas de mon assistance. Lui, si fort, l'ancien combattant, si volontaire naguère, comment pourrait-il échouer dans une tentative si dérisoire : s'adosser.

Celui qui dédaigne l'aide de Dieu peut-il accepter celle d'un homme ? A force de volonté, dans un ultime effort, il parvint à s'adosser, seul, au mur. Il essaya d'empoigner son assiette de *kinkéliba* et son morceau de pain du petit-déjeuner. Je tentai à nouveau de l'aider. Encore une fois, il tint à accomplir le geste lui-même, seul. Pauvre Massilani, devenu innocemment tireur d'élite pour les besoins d'une cause incompréhensible, il se mourrait là sans savoir pourquoi, et en refusant toute aide.

Par ses refus répétés, je compris qu'il ne liait pas nos sorts. En fait, il ne vivait pas avec moi ; pour lui, l'autre, les autres n'existaient pas. Le désintérêt pour le sort des autres était permanent chez lui. Lui, et personne d'autre ! Avec lui, c'était plus une cohabitation à gérer qu'une vie commune à partager. Toujours adossé au mur, il commença à râler, la main tendue vers le pain et l'assiette. Il râlait de plus en plus fort, à tel point que les détenus des deux cabines voisines tapèrent sur nos murs. Le chef vint. Ses derniers instants ressemblaient à ceux d'un homme luttant férocement contre une strangulation, à ceux d'un homme attaqué par des fauves tentant de le dévorer. Le chef le regardait hébété, moi impuissant. Il exhala son dernier soupir. Quel contraste entre deux façons d'agoniser en l'espace de quelques jours. A chacun sa fin. Pour moi qui n'en étais qu'à ma deuxième expérience, celle-là était terrifiante.

Les anneaux et boucles de Féro dans leurs prédictions avaient sans doute eu raison de lui dire qu'il allait sortir de prison, mais ils avaient eu tort de ne pas lui indiquer comment, dans quel état.

Le chef qui avait assisté aux derniers instants du malade avec moi referma la porte. Puisqu'il faisait jour, Massilani et moi dûmes nous tenir compagnie jusqu'à la nuit. Là-bas, on n'enlevait pas les cadavres durant la journée. Je n'osais pas le regarder. Mais que vous tourniez le dos, que vous jetiez un œil dans la cabine, que vous feigniez de dormir, la porte étant close, le face-à-face est inévitable. Vous ne pouvez pas battre en retraite mais seulement découvrir vos propres faiblesses, disons-le net vos lâchetés, non pas uniquement face à la mort, mais face au mort, au cadavre, au corps inanimé qui gît là et dont la bouche dégoulinant de bave demeurait béante dans

cette cabine à l'odeur suffocante envahie par le spectre de la mort...
Mais *« si on n'est pas courageux, qu'est-ce qu'on va faire ? »*...

Soudain comme l'éclair, un souvenir s'éveilla en moi. Le premier rêve de Samba. Devant le tribunal, trois personnes avaient été convoquées : Samba, Massilani et un troisième inculpé dont Samba ne s'était pas souvenu du nom. Les deux premiers venaient de mourir. Qui donc serait le troisième « prévenu» à comparaître pour compléter le nombre de victimes ? Samba ne pouvait plus se poser la question, Massilani était mort en l'ignorant, désormais la terrible énigme devenait mon lot à moi seul. Avec le corps de Massilani, la deuxième preuve irréfragable devant moi, je ne pouvais plus me dérober. Il est facile de philosopher sur la mort, de parler de celle des autres. Maintenant que c'était mon tour, je me révélais à moi-même. Ce troisième homme, n'était-ce pas moi ?

Le fait que je commençais à ressentir le symptôme fatal, inappétence, selles molles, renforçait en moi cette funeste idée, sans que j'eusse le courage de me l'avouer. J'inclinais imperceptiblement à penser que c'étaient les deux disparitions successives qui m'avaient ôté l'appétit et rendu las. Rien que de normal. Pourtant, j'étais bien malade. Je me souvins que j'avais fait à tous deux, ne pouvant agir autrement, leur toilette intime, à main nue, sans savon, parfois sans eau ni papier. Deux ou trois fois j'avais recueilli leurs vomissures dans ma main.

La nuit venue, on enleva le corps, mais son image demeura. Le lendemain, je devins d'une lassitude extrême. Au fil des jours, l'inappétence s'installa. Sans souffrir vraiment, je perdais mes forces, comme une plante qui s'étiole. Bien que je ne mangeasse plus grand-chose, je ne ressentais pas la faim. J'engageai la lutte. Pour survivre, je tins à m'alimenter vaille que vaille. Comme le riz ne passait pas, je m'efforçais d'absorber toute ma ration de sauce que le chef, Diallo, avait augmentée pour m'aider.

Au bout de quelques jours, il me fut extrêmement difficile de maintenir correctement l'hygiène de ma cabine, c'est ainsi qu'on disait là-bas, en prison. Par décence, je fis l'essentiel encore quelques jours. Le chef, constatant l'affaiblissement de mon état, voulut me trouver un compagnon pour m'assister. Je refusai. Il insista. Je résistai encore. Maintenant que c'était mon tour de pouvoir refuser, je compris que le refus, l'obstination, n'était pas l'apanage du seul Massilani. Mais à chacun son refus et le sens qu'il lui donne !

Chef Diallo décida de me faire changer de cabine.

-Tu ne peux continuer à rester seul dans cet état ; tu vas aller dans une autre cabine. dit-il.

- Si l'on n'y prend garde, cette maladie risque d'éteindre la population carcérale du camp, si l'on n'évite pas la contagion, expliquai-je au chef pour le dissuader.

- Au moment où Samba déménageait dans ta cabine, tu étais bien plus fataliste. N'est-ce plus la même philosophie à présent, la même foi ? Aurais-tu cessé de croire ? reprit le chef.

- Bien sûr que non… Pas fataliste, je crois en Dieu, répondis-je.

- pourquoi souhaites-tu rester seul ?

- Pour ne pas contaminer un autre.

- Pourquoi avoir accepté Samba, je t'avais prévenu du danger, questionna encore le chef.

- Il s'agissait d'un homme. Je ne le regrette pas.

- Et maintenant ?

- Il s'agit de moi. Que faites-vous du choix de chacun, de la liberté de choisir de chacun ? Ah ! j'oubliais ! ne parlons pas de liberté ici. L'attitude d'un homme envers soi et envers les autres ne peut pas être toujours la même, surtout en ces lieux, en de telles circonstances. Le risque de voir un autre détenu succomber à la même maladie est trop grand. Faire venir quelqu'un ou me faire déménager avec un autre, c'est le condamner à mort.

- C'est Dieu qui donne la vie et c'est lui qui la reprend, t'ai-je entendu dire un jour.

- J'en reste profondément convaincu. Mais, même si quelqu'un d'autre acceptait de venir dans cette cabine avec moi, je le refuserais.

- Le peux-tu si je décide ? Tu parles comme un homme libre.

- Ah ! vous avez la situation en main ! En fait …, je vous en supplie.

Quand la fin devient inéluctable, toute frayeur devant elle disparaît, toute lâcheté ou mauvaise foi finit par s'évanouir, elle aussi. Dans ma situation, je pressentais l'issue fatale pour le troisième inculpé devant le Tribunal. J'en étais à me demander le genre de fin qui allait être la mienne. Aurais-je le choix ? A-t-on jamais le choix ? Ah ! si j'avais le choix entre deux façons de mourir !

- Tu as besoin d'assistance, insista le chef.
- Mon assistance n'a sauvé ni Samba ni Massilani. Je veux rester seul, chef, suppliai-je.

L'image de trois hommes devant le même tribunal ne quittait pas ma cabine. Elle y resta jusqu'au décès d'un détenu, l'occupant de la cabine numéro 1. Etait-ce le troisième prévenu qui venait de se présenter devant le tribunal de Samba ? Certainement, me suis-je dit, sans en être toutefois certain. La maladie continuait à m'affaiblir. A peine quelques jours après ce décès, un autre décès, celui du vieil El Hadj Sory Kaba, le président du Comité Directeur de Batènafadji, puis ce fut Gbéléya Djènet Kouyaté, l'une des deux ex-représentantes générales des femmes de Kankan. Il se révéla par la suite qu'une épidémie de choléra venait d'éclater dans notre prison. Ayant à sa merci des proies faciles, des hommes déjà lessivés par l'avitaminose carentielle, la malaria, le typhus et d'autres maladies, de cabine en cabine, le terrible fléau se mit à décimer la population carcérale au rythme de pratiquement un décès par jour. Samba et Massilani avaient-ils été victimes du choléra ? Ou de quoi d'autre ?

C'est Dieu qui sauve les hommes. Paradoxalement, notre salut vint du choléra qui les tue. En effet, la maladie, en moins d'un mois, avait fait un tel ravage que nous, les survivants, fûmes embarqués à bord d'un camion et transférés...

CHAPITRE XVI

ENTRE BOUE ET CREVASSES

Arrachés peut-être au choléra, ce déplacement ouvrait-il une autre perspective à notre destin. Laquelle ? S'il s'agissait d'une libération, étant tous de Kankan ou y ayant été tous arrêtés, il eût été plus simple de nous diriger vers la ville, vers nos familles. Mais nous n'en prenions pas le chemin... Le voyage fut long et extrêmement fatigant. C'était pendant l'hivernage. Des rivières et des fleuves en crue débordant de leurs lits rendaient impraticables des routes pleines de crevasses et de boue déjà bien mauvaises. Le camion, un vieux « Zil » de marque soviétique, qui tanguait, tanguait, a failli se renverser à deux reprises. Nous étions si affaiblis que la douzaine de militaires ou de gendarmes, qui nous convoyaient, n'avaient pas jugé nécessaire de nous ligoter ou de nous menotter comme il était de « coutume » pour les transfèrements de détenus, - des loques humaines - ; nous risquions de mourir tous avant d'arriver à destination. Nous trouvant par ailleurs répugnants, exécrablement malodorants, mais aussi à cause de nos poux, ils n'étaient pas non plus montés dans le Zil avec nous ; ils savaient surtout que quelques malades du choléra les y avaient devancés. Ils s'étaient fait embarquer à bord d'un Waz et d'un Gaz. Par vigilance, l'un de ces tout-chemin ouvrait la voie et l'autre la fermait. Malgré cette dernière précaution, le voyage ne fut pas sans incidents. Non loin d'un village le camion s'essouffla, s'embourba et faillit rendre l'âme. Il aurait été de bon sens de nous débarquer pour alléger un tant soit peu le poids du véhicule et lui permettre de se libérer de la boue. Mais pas question. Des yeux indiscrets auraient pu nous découvrir ou reconnaître. Vu notre état, nous nous ne pouvions leur être d'aucun secours. Solliciter de l'aide ? Pas question non plus. Compte tenu de notre nature, des « colis », ils ne voulaient être secourus par personne, surtout pas par des passagers ou des chauffeurs des autres véhicules pris au même piège ; même pas par des villageois accourus nombreux pour venir leur prêter main-forte, moyennant... Au bout d'un certain temps, au moment où nous commencions à étouffer sous les bâches qu'ils avaient descendues pour nous cacher le mieux possible, le camion, poussé par nos convoyeurs, finit par être sauvé de la boue, et par se remettre à tanguer de nouveau...

Du très grand nombre de détenus dont avait regorgé le *camp Soundjata*, au début de notre emprisonnement, nous n'étions plus que dix-neuf, dont Mandiana, Moribaya, Lanna, Siriman l'ancien chauffeur-transporteur avec qui j'avais eu à occuper pendant quelques jours une cabine en compagnie de Lanna mon ami et mon oncle, l'ancien commerçant de Kankan, Moustapha Camara. Comment se fait-il ? Les autres ? Où se trouvaient-ils? Tous les autres ? Qu'étaient-ils devenus ? Toujours des questions sans réponse. Nous-mêmes les rescapés, sans savoir où nous allions, rien ne nous ayant été dit de notre destination, nous étions en train de nous découvrir ou de nous redécouvrir, dans une atmosphère où l'angoisse d'un nouveau saut dans l'inconnu écrasait le soulagement diffus de se retrouver, de retrouver des visages connus. Vers où allions-nous donc ?

Malgré l'incertitude et malgré notre état, au cours du voyage quelques informations - naguère des secrets bien gardés de chaque cabine - filtrèrent... Les cas de personnes décédées de maladie, comme Samba et Massilani, furent les premiers évoqués ; ensuite, ce furent, çà et là, d'autres cas bizarres, racontés dans un engluement d'ambiguïtés qui pouvaient les faire ressembler à de possibles libérations mais aussi à quelque chose d'autre... Nous apprîmes surtout que dans la nuit du départ d'Aly l'ex-inspecteur des Affaires administratives, c'était dans la nuit du dimanche 17 au lundi 18 octobre 1971, il y avait eu plusieurs autres départs, pratiquement de toutes les cabines à cette époque où le camp était bondé de détenus. Cette même nuit, auraient été perçus par certains détenus, du côté de Makônon un village situé à une quinzaine de kilomètres de Kankan sur la route de Kissidougou, des crépitements lointains ressemblant à des salves d'armes automatiques. Plus ces informations glaçantes tombaient, plus nos visages se décomposaient.

De recoupement en recoupement, nous finîmes par savoir que cette nuit, en plus d' *Aly,* étaient partis du camp, l'ex-ministre délégué, *Ibrahima Sory Barry,* malgré ses deux jambes brisées après une tentative de suicide ; celui-ci avait en effet tenté de mettre fin à ses jours en sautant menottes aux poignets de l'étage où le Sous-comité révolutionnaire l'interrogeait ; l'ex-secrétaire fédéral du Parti, *Mamadi Sidimé* ; l'ex-gouverneur, *Samba Safé Barry* ; l'ex-procureur de la république, *Kémo Kéïta* ; l'ex-président du tribunal, *Bakary Camara ;* l'autre ex-inspecteur des Affaires administratives de Kankan, *Aboubacar Barry* ; l'ex-inspecteur du travail, *Fila Camara ;* l'ex-trésorier régional, *Doussoumory Condé ;* l'ex-directeur et médecin-chef de l'hôpital régional, l'éminent docteur *Abdoulaye Diallo ;* l'ex-chef d'escadron de la gendarmerie, le commandant *Habib Diallo ;* l'ex- douanier, A*bass Barry* ; de hauts cadres de l'Etat et du Parti tous en service à Kankan au moment de leur arrestation ; *Soboninkoun* aussi, malgré son grand âge, un simple chef de quartier ; beaucoup d'autres détenus ; il y aurait même eu un mendiant, un aveugle et un déréglé mental…

Cette nuit-là, des cabines entières auraient été vidées de tous leurs occupants. Il y aurait eu aussi des départs dont les témoins, parfois uniques, auraient succombé à l'épidémie de choléra.

Malgré notre penchant habituel vers l'optimisme, compte tenu de la qualité des personnes, - toute la haute société de Kankan la capitale provinciale de Haute-Guinée, il nous fut difficile de nous convaincre, que ces départs avaient pu déboucher sur autre chose que des exécutions -, dans le meilleur des cas sur d'hypothétiques transfèrements vers des cachots aux régimes cellulaires beaucoup plus sévères que celui que nous venions de quitter. Toutes ces personnalités importantes ne pouvaient pas avoir été libérées pendant que nous, des détenus censés n'être que leurs comparses, nous nous trouvions toujours là en train d'être ballottés de prison en prison, nous disions-nous. Le deuxième Aly de notre cabine du camp *Soundjata*, l'ex-inspecteur de police, avait peut-être eu raison d'être pessimiste. Son questionnement au sujet de son homonyme, «Celui qui est parti dans la tombe a-t-il besoin de tricot propre ou sale? », prenait-il du sens ? Mais de quelles preuves disposions-nous ? Aura-t-on la chance de revivre la liberté un jour, pour savoir ? Et le mendiant ? Et l'aveugle ? Et le déréglé mental ? Qu'y faisaient-ils, eux ? Auraient-ils été transférés ? Mais pourquoi ? Dans l'autre cas ? Le pire. Auraient-ils été tout simplement des sacrifices, des sacrifices humains ? Pourquoi ? Question de nombre, pair ou impair, peut-être. Et les autres, tous les autres ?

Têtes baissées, dans le camion nous restâmes longtemps songeurs. Puis, les échanges reprirent dans le déchirement en se focalisant cette fois-ci sur les départs d'une autre nuit, celle du 29 au 30 juillet 1971, avec quelquefois des confusions, difficiles à démêler, entre des noms, des jours, des mois, les rescapés que nous étions ayant été arrêtés à des dates différentes...

Malgré ce qui pouvait nous paraître comme une évidence, nous tentions de tirer des certitudes positives de l'infime marge d'ambiguïté qui pouvait subsister sur les destinations... Le camion, qui continuait à tanguer en gémissant dans la boue et les crevasses, poursuivait péniblement sa route vers la nôtre. Ce fut Kindia.

CHAPITRE XVII

L'ARBRE ET LE DIABLE

A la Maison Centrale de Kindia, les conditions carcérales, notamment l'hygiène par des bains et la nourriture, s'améliorèrent quelque peu. Nombre de nos maladies, surtout notre terrible choléra, sans que nous en ayons été réellement soignés disparurent assez vite. Les poux que nous n'avions pas réussi à vaincre à Kankan, avaient eux aussi, à part quelques irréductibles, été vaincus, vaincus par notre nouvelle propreté, simplement par l'eau. Les pots, quand c'était nécessaire, nous pouvions les vider deux fois par jour, alors qu'au camp *Soundjata* c'était une seule fois ; ces séances de vidange, seules sorties autorisées, qui s'effectuaient cellule par cellule, salle par salle, nous les attendions parfois avec fébrilité, nous qui venions de quitter un régime de confinement pendant plus d'un an, de jour comme de nuit, au fond de cabines exiguës et insalubres.

A la différence des garnisons militaires où étaient détenus des prisonniers politiques, les Maisons Centrales étaient tenues par des gardes républicains formés pour les administrer, comme il était d'usage dans le système carcéral hérité de la colonisation. C'est grâce à cette nouvelle administration, que nous reprîmes quelques couleurs.

Véritable forteresse, la Maison Centrale de Kindia dégageait une extraordinaire impression de force. Toute de pierre et de béton, la hauteur et l'épaisseur de la muraille d'enceinte décourageaient toute idée d'évasion. Une fois que vous y êtes logés, vous êtes chez vous. De manière tout autant dissuasive, surmontaient cette muraille trois rangées de barbelés aux dents longues et crochues, que le détenu, à tort ou à raison, croyait reliées à un système d'électrocution.

Chef-d'œuvre d'efficacité, le poste de garde était constitué d'un tout petit demi-cercle d'environ cinq mètres de rayon, nous l'avions baptisé « *Fer à Cheval* ». Les geôliers pouvaient d'un seul regard embrasser toutes les portes malgré leur nombre et y accéder en quelques enjambées.

De ce «*Fer à Cheval*» partaient en branches d'étoiles, les violons réservés aux prisonniers punis, les cellules et les salles dont on ne pouvait imaginer ni la taille ni la profondeur, sauf quand on s'y trouvait. C'était aussi seulement une fois bien sous les verrous, le séjour pénitentiaire entamé, que l'on se rendait compte que certaines des portes ne donnaient ni sur une cellule, ni sur un violon, ni sur une salle, mais sur des arrière-cours plus ou moins grandes de vidanges, initialement prévues comme lieux de récréation ou de détente, où l'on pouvait, selon l'humeur des gardiens de service, bénéficier de l'espace pour se dégourdir les membres et du soleil pour se réchauffer les os.

Une superstition bien répandue en Afrique de l'Ouest dit que celui qui conçoit et construit une prison y finit ses jours. Selon une anecdote, l'ingénieur français qui avait si ingénieusement conçu les plans de cette Maison Centrale n'aurait pas échappé à la règle. Du temps de la colonisation, elle était classée et réputée en tant que prison fédérale, ce qui signifiait qu'elle pouvait à l'époque recevoir des prisonniers d'autres colonies.

Outre ces caractéristiques sortant de l'ordinaire pour les détenus venus des autres lieux de détention, notamment les camps *Boiro* et *Soundjata*, elle avait la particularité d'être la plus grande du pays. En temps de complot, elle pouvait accueillir jusqu'à une population de plusieurs centaines de personnes ; ce qui a souvent nécessité l'établissement de chefs de chambre dans les salles et certaines cellules, des chefs, soit choisis par les prisonniers eux-mêmes ou désignés par le poste de garde. Leur désignation par les geôliers nous paraissait toujours suspecte.

A la Maison Centrale de Kindia le chef de chambre était parfois une véritable institution, surtout quand il s'agissait d'une personne dotée d'un caractère fort. Le numéro 1, dans sa salle, il était un peu le Président de la République dans un régime présidentiel. Il exerçait un certain pouvoir, pouvait jouir de faveurs ou être nuisible. Ce pouvoir sans être illimité existait dans le réel et pouvait bel et bien se manifester. C'est lui qui était chargé de procéder à la répartition quand les quantités ne suffisaient pas pour un rationnement. C'est lui seul qui était autorisé à taper à la porte pour établir le contact avec les gardiens, demander des médicaments, signaler à temps ou pas le cas d'un malade en train de trépasser, annoncer un décès, etc. La mauvaise volonté mise pour signaler le cas d'un malade ou pour demander un médicament pour lui, pouvait coûter la vie à un prisonnier. En un mot il était le trait d'union entre les détenus et le poste de garde. Il pouvait représenter un danger pour notre survie, par exemple en devenant le complice de l'administration pénitentiaire, un mouchard ou carrément un infiltré pour obtenir des faveurs. Pour jouir du privilège d'être chef de chambre, les candidats devaient non seulement montrer « patte blanche », mais aussi livrer bataille, parfois rudement. Les arguments de campagne d'un candidat portaient autant sur son passé en liberté, que sur son comportement en détention. Il ne fallait surtout pas qu'il ait assumé certaines responsabilités au niveau national ou dans la ville où il servait. Il ne fallait surtout pas qu'il ait été milicien de quelque grade que ce soit, sinon... Son pouvoir ne pouvait être contrebalancé que par les anciens quand il y en avait et quand ce n'était pas lui le doyen. Cependant en cas d'impopularité insupportable surtout de soupçon de trahison, ses compagnons pouvaient aussi organiser sa disgrâce et même obtenir son départ de la salle, par exemple en lui rendant la vie impossible...Tout cela était bien sûr assez relatif. Dans tous les cas non seulement ils n'avaient aucune possibilité de jouer aux petits caïds en notre sein, mais si peu d'entre eux se sont illustrés qu'ils m'ont semblé ne pas mériter de m'attarder sur leurs cas outre mesure...

Une seconde particularité de la Maison Centrale de Kindia, c'était l'extrême fréquence des changements de cellules ou de salles, parfois de simples interversions, allez savoir pourquoi ; on se sédentarisait difficilement, presque jamais, même si parfois, mais très rarement, on vous donnait l'impression de vous avoir oublié là où l'on vous avait mis. Sans que nous ne sachions jamais trop pourquoi et quand, mais toujours inopinément, nous allions, de salle en cellule ou de cellule en salle, ce qui n'excluait pas pour autant des départs, toujours énigmatiques, même s'il nous devenait plus difficile de chercher à les décoder, vu l'architecture de la Maison Centrale et l'organisation de son administration. Par périodes variables, il y avait toujours quelqu'un à déplacer.

La Maison Centrale de Kindia avait une troisième particularité, fort intéressante celle-là, celle de recevoir à la fois des détenus politiques et des prisonniers de droit commun, en deux « Républiques » aux traitements et aux mœurs bien différents. La nôtre, une zone dépourvue de tout, la leur riche de tout ce qui nous manquait. En principe, en temps normal, ce sont seulement les bandits de grand chemin, des voleurs à main armée, des criminels de tout acabit ou de simples auteurs de larcins, mais aussi peut-être des gens honnêtes victimes d'injustice, tous condamnés à des peines infamantes, qui étaient les maîtres de céans, puisque ce n'était pas en tout temps que la Révolution honorait cette «Maison» de la présence de ses détenus politiques.

Grâce à cette mixité, notre rituel s'était enrichi d'un nouvel élément, même s'il était assez aléatoire: la fouille des ordures des « droit commun ». A chaque sortie, c'était la ruée vers les tas d'immondice. Chacun de nous recherchait selon ses besoins. Pour les intellectuels, ou plutôt « les gens instruits » comme les autres nous appelaient, prioritairement, des bouts de journaux pour s'informer. Même si l'information datait de plusieurs mois ou de plusieurs années, elle présentait toujours de l'intérêt ; une, deux ou plusieurs pages d'un livre, n'importe lequel, des prospectus de médicaments, enfin tout ce qui pouvait étancher notre soif de lire quelque chose, n'importe quoi ; pour les mêmes, les intellectuels, des paquets vides de sucre, de cigarettes, des cartons n'importe quels cartons, un crayon, même un tout petit bout ; pour les autres, disons pour nous tous, des morceaux de peignes, des miroirs cassés, de vieilles chaussures éventuellement dépareillées ; une boîte vide en métal (trouvaille précieuse quand elle était en aluminium et pouvait servir à conserver de l'eau et à la rafraîchir un peu, en quelque sorte servir de réfrigérateur), des morceaux de tissus, un fragment de bois dont il fallait inventer l'utilisation, enfin tout ce qu'on pouvait y trouver et qui pouvait occuper et nous être utile.

Aussi paradoxalement que le choléra nous avait sauvé de la mort, curieusement, par la magie des ordures et à l'image d'un système idéographique dont on venait de découvrir les clefs, c'est dans cette lamentable situation que notre monde moisissant d'improductivité, d'inactivité, renaquit à la vie. Au hasard des trouvailles et dans les limites circonscrites par la nature et le volume des ordures, des vocations endormies s'éveillèrent. La possibilité de nous occuper, de réexercer nos facultés et le sentiment de pouvoir nous être utiles à nous-mêmes, nous relevèrent de la décrépitude qui nous gangrenait.

Moribaya, le technicien agricole, fut l'une des premières illustrations de cette « métamorphose ». Il retrouva en la situation la possibilité d'exercer son métier. Technicien agricole, il avait ramassé au cours d'une de nos sorties pour la vidange des pots une noix d'avocat, l'avait enfouie bien soigneusement dans l'humus spongieux de l'arrière-cour aux ordures. Un arbre avait poussé ! Fragile, il nous avait causé bien des soucis. Dans sa tendre enfance, au moment où il débutait dans la vie, environ une semaine après sa germination, l'un d'entre nous l'avait piétiné par mégarde. Comme l'arbre, nous avions été jetés au travers du chemin d'une Révolution aux pattes de pachyderme. La plantule naissante, bien délicate à cet âge, avait été endommagée. Il en avait beaucoup souffert, l'avocatier.

C'est notre technicien agricole qui le sauva. Serons-nous sauvés un jour des pattes de l'éléphant ? Il l'avait déterré avec une infinie précaution, l'avait soigné en réunissant ses cotylédons, puis remis en terre en lui choisissant un emplacement mieux approprié et l'avait protégé en disposant autour de lui une petite haie de pierre.

Durant sa convalescence, longue et difficile, émaillée de nombreuses rechutes, un autre incident, très grave celui-là, se produisit. Par un excès d'arrosage à chaque vidange, chacun de nous voulant le sauver par l'eau en montrant son ardeur malgré les conseils avisés de notre passionné paysan de Moribaya, nous avons failli le perdre en le noyant sous les eaux. Nous étions très inquiets pour lui. Il tardait à reprendre. Survivra-t-il ? En le voyant s'étioler tous les jours un peu plus, se mourir lentement, comme des détenus au destin incertain, nous en avions des insomnies. Notre technicien agricole, lui, ne désespéra jamais. Il commença par mieux gérer l'arrosage. Véritable homme de la terre, à force de persévérance et d'attention, de nouveau il réussit à lui faire mordre à pleines dents à ses racines dans le sol.

L'avocatier, nous avons fini par le baptiser « Moribaya », tant la vie de l'arbre se confondait avec celle de son sauveur chaque fois que nous nous trouvions dans la cour aux ordures.

Au fil des mois et des ans qui passaient sans paraître aucunement se soucier de la durée de notre captivité, et sans que, à vrai dire, nous-mêmes nous ne nous préoccupions de les décompter quotidiennement comme aux tous premiers jours de l'épreuve, l'arbre grandissait, grandissait. Ses feuillages devenaient touffus, de plus en plus beaux, surtout quand le soleil resplendissant de certains matins évocateurs de liberté nous souriait lors de notre sortie pour la vidange des pots. Mais plus il grandissait, plus notre technicien agricole semblait être préoccupé bizarrement de quelque chose, quelque chose de probablement mystérieux. Nous le sentions anxieux. C'est seulement à l'approche de la période de la première floraison qu'il nous révéla son secret.

- L'avocatier, cet arbre au fruit noble, expliqua-t-il, appartient à la famille des plantes allogames. Sa fécondation n'est pas protégée par la nature. Il y a des mâles, des femelles et des mixtes. Les mâles et les femelles demeurent inféconds durant toute leur existence.

Ce qui signifiait en clair pour nous que cet arbre que nous avions élevé avec une affection maternelle, qui avait grandi, atteint pratiquement sa maturité dans nos mains, pouvait, s'il était mâle ou femelle, ne jamais donner de fruits. A quelle catégorie appartenait-il ? Quel était son sexe ? L'anxiété de Moribaya devenait progressivement la nôtre. A chaque vidange c'était la recherche d'un signe, le moindre suffirait à notre joie. Un matin, miracle ! Comme par enchantement, nous vîmes, Dieu soit loué, quelques fleurs bourgeonner sur l'arbre, puis éclore et se développer rapidement les jours suivants. Mais c'étaient ses toutes premières fleurs, certes porteuses d'espoir comme celles de tout arbre, mais pas assez fortes et nombreuses pour résister aux intempéries. En deux ou trois semaines à peine, au souffle des vents saisonniers, elles étaient tombées laissant notre arbre glabre, à l'aspect bien mâle et même célibataire. Quel arbre ! Ces fleurs n'apaisèrent donc pas notre anxiété.

Mais d'autres fleurs poussèrent, fécondes celles-là.

- Moribaya, pourquoi avoir choisi un arbre à la production si aléatoire ? Ce ne sont pourtant pas les graines et les noix d'autres plantes qui manquent dans les tas d'immondices que nous « disséquons » à chaque sortie ? lui demandai-je.

- En fait, c'est parce que j'ai toujours été fasciné par cet arbre que j'ai étudié, que j'ai toujours aimé, pas seulement à cause de la saveur de ses fruits, mais justement pour cette incertitude de destin. Nombre d'agronomes de pays tropicaux se sont cassé les dents dans leur recherche sur le mystère de l'allogamie de l'avocatier. Je n'ai nullement la prétention d'être un spécialiste, mais il n'est interdit à personne de chercher à comprendre la nature. En liberté, j'ai essayé de décrypter le phénomène et de me l'expliquer. Mes chances n'étaient pas bien grandes, l'avocatier n'étant pas un arbre de ma région naturelle, la Haute-Guinée, même s'il y pousse assez bien. Ici à Kindia, région fruitière par excellence, on est sur une terre où il est roi. Depuis que j'ai mis la noix en terre il y a je crois maintenant environ quatre ans et demi ou cinq ans, ce qui est long, au gré de nos changements parfois intempestifs de cellule et de salle, j'ai poursuivi mon observation du comportement de la plante, avec plaisir et le bonheur simple de l'aimer. A un moment donné, t'en souviens-tu, il y a eu une certaine agitation dans la prison ; heureusement qu'elle a semblé se limiter au « Fer à Cheval » et qu'elle fut courte et sans conséquence apparente pour nous. J'ai fortement craint à ce moment-là d'être transféré ailleurs avant cette période de fructification que nous vivons. Durant cet enfermement qui ne finit pas de s'éterniser, où l'on parle de plus en plus rarement de libération, à travers l'arbre j'ai essayé de me créer une forme de relation avec le temps, le temps toujours indomptable ici - puisqu'il nous est impossible de le gérer -, tout en poursuivant mon rêve et en me réjouissant de l'intérêt que cela a pu susciter chez nombre d'entre nous, pour ne pas dire de pratiquement tous les prisonniers qui ont connu l'arbre.

- Moribaya, normalement combien d'années faut-il à un avocatier pour qu'il produise ses premiers fruits ? demandai-je.

-Comme je viens de l'expliquer cela dépend de la terre et de plusieurs autres facteurs. Environ quatre ans, disons dès sa quatrième année, si toutes les conditions sont réunies. C'est à peu près le cas à Kindia. Il peut en être de même dans le sud du pays en forêt où la nature est très généreuse aussi ; ailleurs dans le pays, au Fouta-Djalon et en haute-Guinée par contre, ce temps peut être plus long. Le nôtre a bien souffert, cela a pu le retarder. C'est seulement maintenant qu'il donne des fruits que nous allons avoir le bonheur de déguster.

L'avocatier avait mangé et digéré notre temps en le grignotant comme la Révolution était en train de nous voler des années de notre vie. Sans qu'on s'en rende compte, l'arbre avait grandi imperceptiblement devant nous, tous les jours, tous les mois, un peu comme devant ses parents, un enfant qui naît, tête le sein de sa mère, prend au fil des jours et des mois du poids et de la force, commence à marcher à quatre pattes, essaie de se lever, hésite comme les éphémères fleurs d'un arbre qui s'évanouissent au gré du vent, tombe, tente de se relever, fait quelques pas en titubant ; tombe malade, entre en convalescence, guérit à force d'amour et de soins dispensés à profusion autour de lui par la famille, réapprend à marcher, fait du chemin sur les sentiers sinueux et escarpés de la vie, s'y initie, rencontre ou affronte chemin faisant son destin qu'il a parfois du mal à identifier, destin qu'il tente par sa volonté et son intelligence, de construire, de maîtriser, de redresser en essayant de s'arracher à différentes attractions et pesanteurs. Entré de plain-pied dans la vie par la grande ou par la petite porte, tout en continuant à s'y initier, à connaître et à se reconnaître, on devient véritablement l'arbre qui fleurit, qui étend l'ombre bienfaisante de ses branches et feuillages et offre des fruits qui nourrissent les hommes.

Cet avocatier fut pour nous une bouée dans cette houle qui démolissait en nous les dimensions même de l'humain. En ces lieux où nous nous sentions rarement utiles, où à longueur de journée nous étions inutilement assis, inutilement debout, consumant stérilement nos forces, parfois les plus belles années de notre jeunesse pour certains d'entre nous, à attendre, tels des rats pris au piège, que le destin dessine ou impose à notre avenir une autre trajectoire…

Ce matin-là, nous étions à la salle TF, autrement dit des Travaux Forcés pour les prisonniers de droit commun. Communément nous l'appelions TF, comme nous désignions les autres salles ou cellules par leurs numéros. En durée cumulée, cette salle fut celle où je suis resté le plus longtemps détenu. Comme ce fut le cas d'autres prisonniers, je la quittais durant environ deux mois, parfois trois, parfois six ou sept pour y revenir ensuite…

Il est délicieux l'avocat mûr quand il éclate dans la bouche et fond sur la langue du prisonnier qui a faim. Un fruit pour chacun de nous - ce qui ne nous était jamais arrivé - un avocat tout entier, …

Un certain bonheur traversait le visage de tous ces hommes qui vieillissaient de faim. Un bonheur noyé dans un nuage d'angoisse: nous demeurions prisonniers… Mais l'avocatier avait changé notre séjour en ces lieux…

Cependant, « nos joies » ne duraient jamais longtemps ; il y avait toujours comme quelque chose d'irrésistible pour venir les perturber. Par la réalité, la dure réalité de la prison, elles s'évanouissaient toujours, et très souvent au moment où nous nous y attendions le moins. Du rêve à la réalité le chemin n'est jamais long. Il vous suffit de vous réveiller et de revenir à chaque fois d'un rêve à une réalité, la même, la prison.

Ainsi, même pas le temps de digérer nos avocats, comme pour nous ramener sur terre, et nous ré-immerger dans l'univers carcéral, un nouveau garde qui nous était venu, semblait-il, du camp *Boiro*, un certain chef Djina Oulén, ouvrit la porte de la salle TF avec fracas, fit irruption et, hors de lui, se mit aussitôt à pester, crier, hurler. Dans une colère volcanique, il était au bord de l'implosion. Impossible de le calmer ! Plus nous essayions de lui parler, plus il vociférait et plus il continuait à se vider de sa bile, à la déverser sur nous, nous qui étions les souffre-douleur de tous ces garde-chiourmes quand ils n'en trouvaient pas d'autres parmi les porte-clefs, les prisonniers de droit commun, dans leurs familles ou dans la ville ; puis, baissant légèrement le ton, il se mit à parler plus calmement comme s'il avait absolument besoin d'être écouté par quelqu'un d'autre que sa hiérarchie.

- Je suis menacé d'enfermement, dit-il, pour un voleur, un bandit, un vulgaire malandrin qui s'est évadé avec moi ! En 25 ans de carrière dans les dépôts les plus aléatoires aux ergastules les plus caverneux et les plus sombres, en passant par les maisons d'arrêt, de force, figurez-vous, je n'ai jamais été pris, personne, je dis bien personne ne m'a jamais, je dis jamais, pris à défaut ! C'est la première, la toute première fois, qu'un prisonnier s'évade pendant mon tour de garde. Le malfrat, qui plus est sans réputation aucune, un sans grade, il a profité d'une corvée chez le gouverneur de la région pour se volatiliser ! Mais ne vous en faites pas, je l'aurai, je ne peux pas ne pas le ramener !

Grand, mince, osseux même avec des traits fortement anguleux, Chef Djina Oulén avait de longs bras, comme conçus pour attraper tout ce qu'il voulait, des bras longs au point d'atteindre presque ses genoux, et qui lui pendaient comme ceux d'un chimpanzé ; ses yeux étaient rouges, du rouge semblable aux yeux de Féro Massilani. Une sorte de Lucifer gardien de l'enfer dont la simple vue terrifiait. ! Un diable celui-là. Avant qu'il ne commence à sévir dans notre « *Fer à Cheval* », ceux d'entre nous qui avaient été transférés du camp *Boiro* avaient déjà eu à être frappés de ses foudres ; chez ceux-ci, sa réputation de cruauté et de malice extrêmes était toute faite. On le disait si malin qu'on lui prêtait l'extraordinaire faculté de savoir l'instant exact où il passait de la veille au sommeil.

Ce qui le mettait tant hors de lui ce matin, c'était une éventuelle remise en cause de ses supposées extraordinaires qualités de garde pénitentiaire jamais pris en défaut. Sérieusement écornée par cette évasion, sa réputation risquait d'être compromise à jamais, s'il ne retrouvait pas le fugitif, et très rapidement. Pour lui, il était absolument inconcevable, qu'un prisonnier ait pu avoir raison de son infaillible vigilance.

- C'est toujours là où c'est dur qu'on m'envoie moi, se vanta-t-il, là où ne sont casernés que des criminels endurcis, plusieurs fois récidivistes. C'est cette inconcevable mixité de la Maison Centrale de Kindia, entre bandits, voleurs de grand chemin, criminels et des traîtres à la Nation comme vous, qui me met dans ce pétrin. La logique doit être : les prisonniers de droit commun dans leurs prisons, et les apatrides comme vous dans les leurs, dans des cachots, des cachots uniquement réservés à des gens de votre espèce, vous qui n'avez pas hésité à vendre votre pays à des étrangers, à des Portugais, à l'impérialisme pour des dollars ! Puis, il s'arrêta tout essoufflé.

Cette dernière partie de la diatribe de Djina Oulén fit ressurgir en moi de tristes et violents souvenirs : toute l'indignation qui m'avait bouleversé le jour de ma dénonciation en public par le Suprême, une plaie profonde qui ne se refermait pas. En effet comme un phonographe, genre « *Voix De Son Maître* », elle reprenait presque mot pour mot les slogans qui enflammaient les meetings de la

Révolution au moment du déclenchement des vagues d'arrestations de la *Cinquième colonne.*

Profitant de ce que nous avons pris pour une accalmie, un de nos camarades, pas du tout mécontent de voir un geôlier, surtout celui-là, en grande difficulté murmura :

- « A geôlier malin, emmuré beaucoup plus malin. »-

Puis, à voix plus audible et sur un ton volontairement naïf lui demanda:

- Chef, de quel secours pouvons-nous vous être ? Nous n'avons pas l'habitude d'être dans vos confidences, ou pensez-vous peut-être que l'évadé a trouvé refuge parmi nous ?

Cette remarque réenflamma son courroux.

- Si tu crois que c'est le moment de montrer que tu sais faire de l'esprit et de sottes espiègleries, tu vas brûler du bois dont je calcine les prisonniers ; tu vas récolter le salaire de ton insolence ! lança-t-il. Pour avoir posé de si idiotes questions, un jour et une nuit de diète te seront infligés dans le violon le plus étroit, le plus sale, réservé habituellement aux grands criminels avant leur départ pour la potence. Ton violon sera sans pot. Ne t'en fais pas, si tu n'y as jamais goûté, tu vas le faire aujourd'hui, en goûtant aux délices d'un vrai violon. Moi je suis connu, je ne pardonne jamais une faute, même quand son auteur l'avoue en se couchant par terre, et en attrapant mes pieds pour me supplier !

Jetant un regard circulaire autour de lui, il nous lança :

- Vous qui êtes en train de me fixer comme si je venais d'un autre monde, vous allez le sentir tous sans exception ! Toute la journée, j'étais à la recherche de ce prisonnier de droit commun, affrontant dans la brousse les serpents les plus venimeux ; j'ai même escaladé le Mont Gangan, la montagne qui domine Kindia ; tout ça pour retrouver ce maudit, mais en vain. Un bandit, un vulgaire voleur. Si c'était au moins un d'entre vous, ajouta-t-il, je me serais purement et simplement suicidé, pour ne pas avoir à connaître le sort qui vous attend, vous les traîtres à la patrie ! Nous avons été prévenus, nous avons été tous prévenus que si jamais cela arrive, le Comité Révolutionnaire National nous placera en détention avec vous à la place de celui qui aura le malheur de s'échapper, ou nous fera fusiller. Si l'idée d'évasion, suicidaire vous tente malgré tout, sachez que celui d'entre vous qui veut s'évader peut tenter de le faire ! S'il y parvient, dès qu'il franchira les frontières guinéennes, il n'a qu'à chercher à écouter la *Voix de la Révolution*, il apprendra que, et sa mère, et son père, s'il en a encore, et son épouse, et ses enfants et ses amis sont tous arrêtés, occupent sa cellule et l'occuperont tant qu'il ne reviendra pas de lui-même se livrer. Celui qui veut s'évader, à ce prix, peut s'y risquer ! conclut-il.

Chef Djina Oulén ne croyait pas si bien dire en nous faisant comprendre l'abîme qui nous séparait d'une évasion, en nous rappelant surtout la gravité, l'extrême gravité de notre cas qui n'avait pas cessé de l'être, malgré les années et les années de prison déjà purgées, malgré notre innocence. Il nous laissait entendre ce qui pourrait nous attendre encore...

Il nous est cependant arrivé d'avoir écho de tentatives d'évasion de détenus politiques de la Révolution ; elles se sont toujours très mal passées, nous a-t-on rapporté. En plus de celle de l'ex-ministre délégué de Haute-Guinée Ibrahima Sory Barry, d'autres tentatives de suicide, au su de certains détenus, auraient aussi eu lieu, même si le suicide, sous quelque forme que ce soit, n'appartient ni à notre culture traditionnelle, ni à notre culture religieuse...

CHAPITRE XVIII

VIVRE EN Y PENSANT

Dans cette transformation de notre vie durant ces années, Moribaya ne fut pas le seul à se régénérer à travers l'avocatier. Parallèlement à l'homme et à son arbre, de nombreuses autres activités firent leur apparition dans notre univers. Tout ce qu'on pouvait faire avec la tête et la main.

Tout d'abord, ce furent les exercices physiques de maintien qui reprirent leurs droits, tout au moins pour les moins affaiblis d'entre nous, « les valides », même si c'était assez timidement. Moi je repris la marche. Chaque fois que mes forces me le permettaient, dans mon imaginaire je me fixais un point de mire à atteindre à Dabola ou à Kankan les deux villes que je connaissais le mieux dans le pays, que j'aimais aussi le plus, qui m'étaient, et de loin, les plus chères. Quand c'était Dabola, j'aimais me rendre dans les faubourgs, vers Kambaya ou Foundén-Kôkô, un peu comme pour m'offrir une petite promenade, de quoi me dégourdir les jambes tout en me regardant en train de humer le doux et frais air de Sincéry qui me manquait tant. Quand c'était Kankan, je choisissais bien volontiers Bèrèkéna, le célèbre hameau aux « Jolis Graviers », l'un des plus beaux sites de toute la contrée ; pour s'y trouver, admirer ses graviers avec leurs jaunes purs aux rayures d'ocre uniques au monde, et les entendre craquer sous les pieds, il suffit de traverser le majestueux pont, merveille d'architecture, qui enjambe le fleuve Milo, le plus grand affluent du Niger, et qui vous fait sortir de la ville pour vous inviter au voyage vers la Guinée forestière. Toujours autour de Kankan, avec plaisir je me rendais parfois à Karfamoriah, un quartier périphérique paisible réputé pour être le plus accueillant de toute la ville ; ou encore à Camarala là, dans la grande famille, où la population et les étrangers de lointaine provenance viennent chercher la baraka auprès des grands érudits. En aller et retour, cela me faisait chaque fois un bon petit bout de chemin de parcouru, et un peu de sueur bonne pour ma santé.

Dans mon imaginaire de reclus, hormis le camp *Boiro*, symbole de malheur, je ne voyais pratiquement jamais Conakry ni une autre ville du pays, sauf parfois Kérouané « la Cité du bonheur », la ville de ma mère, ma mère dont j'étais orphelin depuis l'âge de sept ans. Kérouané est située à mi-chemin entre la Haute Guinée et la Forêt. Par contre, régulièrement, je voyais et revoyais Kankan et Dabola. J'étais constamment écartelé entre deux sentiments : mon attachement tout naturel à l'un, par ma naissance, et mon nouvel enracinement dans l'autre par mon adoption.

L'une ne valait-elle pas l'autre ? Après tout, Dabola ne valait-elle pas Kankan avec tous ses trésors ? Après tout, les berges verdoyantes de sa rivière, le Tinkisso, ne valaient-elles pas les plages de sable doré de la rivière Milo dont Kankan est si fière ? me disais-je souvent. De nature différente, mais d'intensité quasi égale au moment de mon arrestation, mes liens avec Dabola n'étaient pas, ne seront peut-être jamais les mêmes que les fibres charnelles qui me rattachent, comme par un cordon ombilical, à Kankan, Kankan qui m'a tant donné, mais qui m'a aussi tant outrageusement affligé parfois en m'arrachant beaucoup de ce dont elle m'a comblé. Cependant ma ville d'adoption, avait eu sur moi un tel pouvoir d'attraction que je ne peux résister à son charme même aujourd'hui. En prison, irrésistiblement, mon cœur balançait, n'a jamais cessé de balancer entre les deux. La lutte qu'elles se sont menée en moi durant toute ma captivité se poursuit jusqu'à l'instant où je vous livre ces sentiments. L'une et l'autre tentent toujours de se supplanter. En fait, en moi, dans le pays, Dabola, la toujours souriante, devient tantôt ma première ville lorsque Kankan se laisse ravir sa place en faisant émerger les pénibles souvenirs d'une carrière souvent perturbée par la politique et ses effets pervers ou collatéraux, tantôt ma seconde quand Kankan rappelle des souvenirs impérissables d'une enfance heureuse et d'une jeunesse épanouie ...

Soudain un gardien ouvre la porte et me sort brusquement de mes rêveries entrées en rébellion contre les exigences dans la Maison Centrale de Kindia et m'y ramène; il lit deux noms inscrits sur un bout de papier et repart avec les deux détenus appelés...

En même temps que les exercices physiques, ce furent des jeux. Tout naturellement, il nous fallait prioritairement prendre notre revanche sur le temps, le tuer, lui qui cherchait à nous tuer à petit feu, le tuer en essayant de le rendre le plus agréable possible, le plus rempli aussi !

En matière d'activités et de gestion du temps entre les murs d'une prison, la situation où nous nous trouvions plongés, était différente de toutes celles que nous avons vécues en liberté. Normalement, un prisonnier décompte les jours jusqu'au terme de sa condamnation quand sa peine est fixée de manière conventionnelle et connue de lui. Dans notre cas nous ne pouvions rien compter puisque nous n'avions jamais été présentés à l'audience d'aucun tribunal et que nous ne savions pas à quelle peine nous étions condamnés. Sans calendrier, sans montre, sans radio, sans télévision, ni journal, ni téléphone, sauf celui que nous avons confectionné pour nous adresser au Très-Haut, nos repères les meilleurs, les plus fiables, étaient le jour et la nuit. Plus notre détention se prolongeait moins nous nous sentions obsédés par rapport au temps qui s'écoulait, continuait à s'écouler sans paraître tenir aucun compte de notre existence...

Sans bouleverser cet ordre des choses cependant, notre nouvelle situation allait progressivement changer notre manière de gérer le temps en le soumettant au plus d'activités possibles. Progressivement, des jeux de dames grossièrement dessinés sur le sol avec des petits cailloux comme pions, nous passâmes à des damiers plus élaborés confectionnés à main nue en bois, ensuite à des jeux de cartes avec du carton colorié de chlorophylle grâce à des feuilles vertes, au trictrac un jeu proposé par Elie Hayeck, un Libanais, au jeu de cartes à boules que j'avais appris avec des hommes de mon quartier à Kankan, et à d'autres jeux encore, chacun y allant de ses souvenirs ou de son invention.

Suivirent la confection de couvertures, d'habits, de sacs à partir des morceaux de tissus de différentes dimensions et de différentes couleurs à rapiécer patiemment jusqu'à en faire une chemisette, un petit sac - avec fermeture s'il vous plaît -, ou une couverture (parfois de véritables dessins animés qui finissaient par devenir des patchworks faits main), de peignes et d'autres objets du genre, avec utilisation d'outils rudimentaires, souvent de notre fabrication, après avoir récupéré dans les ordures ce qui pouvait nous être utile et ne pas paraître dangereux aux geôliers. Très souvent, c'est en dissimulant le plus astucieusement possible, nos trouvailles, nos « butins » que nous pouvions nous donner une chance de les garder. Dans cette nouvelle vie, d'autres activités sollicitant l'intelligence et l'imagination, suscitèrent notre intérêt. Ce furent tout d'abord des contes un peu comme au village lors des veillées. Assis en rond, nous écoutions religieusement les conteurs débiter leurs récits. Dans cet art, Mandiana et Moribaya, nos deux hommes du terroir, avec la richesse de leur répertoire et de leur talent, s'imposèrent comme conteurs émérites.

Mandiana était un homme de grande taille, un géant, je dirais même un colosse. Il mesurait environ deux mètres. Il avait un ventre proéminent qu'on sentait dur quand, de bonne humeur, en bon « grand-père », il permettait d'y toucher. Il avait au cou un énorme goitre. Il louchait de l'œil gauche. Il disait toujours avec une certaine fierté avoir ses soixante-dix ans bien sonnés ; mais il ne les paraissait pas du tout malgré la réalité carcérale qui avait une irrésistible et tenace tendance à nous vieillir tous plus que de raison. Homme habitué au dur labeur dans son village, la détention ne semblait pas avoir provoqué chez lui la chute qui a fait s'affaisser bon nombre d'entre nous, parfois de manière assez rapide, et physiquement et mentalement.

Quant à Moribaya, il était plus petit et plus jeune, environ la quarantaine. Son visage émacié était fortement marqué par des cicatrices, des stigmates laissés par la variole contractée dans son enfance lors d'une des fréquentes épidémies de cette maladie dans les zones rurales du pays. En héritage de ce mal, ses yeux avaient gardé deux taches blanches. Mais qui ne lui avaient pas ôté son air malicieux, surtout quand il parlait de plantes, de racines, de feuilles, de fleurs, de fruits, ses sujets favoris.

Les deux hommes qui avaient exercé les mêmes fonctions politiques - celles de présidents de Comités de base, puis de secrétaires généraux de Comités directeurs - se connaissaient fort bien avant la prison. Ils s'étaient souvent rencontrés dans des congrès, des conférences et autres réunions de leurs instances. De ce fait ils s'entendaient bien, et à la Maison Centrale de Kindia, comme deux paysans emmurés ensemble pouvaient s'entendre. Ils manifestaient souvent une intime complicité quand ils habitaient la même cellule ou la même salle. Sur le chapitre des contes, leur répertoire, à quelques détails près, étant pratiquement le même parce qu'ils s'étaient abreuvés à la même source, la tradition mandingue, ils se consultaient pour accorder leurs violons. Mais malgré toute leur disponibilité, ce n'étaient pas eux qui avaient eu le privilège d'ouvrir nos veillées…

En effet en prélude, la première histoire qui nous fut racontée arrivait d'un tout autre horizon. En ce moment-là je me trouvais une nouvelle fois à la salle TF. Ce n'était pas tout à fait un conte, mais son auteur m'a semblé peser de manière intrinsèque d'un tel poids dans notre existence et les suites auxquelles elle a donné lieu se sont montrées si révélatrices des aléas de notre captivité qu'il m'a paru utile de vous la raconter. Elle nous est venue de Siriman Condé l'ancien chauffeur-transporteur de Kankan, dans notre bon français de Guinée, cela signifie un chauffeur propriétaire du véhicule de transport qu'il conduit. Le monsieur portait le sobriquet de « *Berliet Koron* » en langue mandingue, autrement dit *Vieux Berliet* du nom d'une ancienne marque française très connue à laquelle il était toujours resté fidèle dans l'achat de ses camions. Son sobriquet l'avait poursuivi jusque parmi nous. Même les Gardiens s'étaient mis de la partie en l'appelant, comme nous, *Vieux Berliet*.

Siriman avait la soixantaine, disons qu'il courait vers la soixantaine et s'apprêtait à la rattraper. Court sur patte, les jambes arquées, il avait une plaie au pied gauche, une très vieille plaie nous a-t-il dit, le genre de plaies supposées inguérissables. Son visage légèrement prognathe, semblait toujours, malgré lui, esquisser un petit sourire que l'on peut considérer comme moqueur si on ne l'a pas pratiqué pendant un certain temps. Un faux sourire qui, m'a-t-il dit un jour, a failli lui jouer un vilain tour lors de son passage dans les mains des tortionnaires. Malgré notre sombre univers, lui, avait réussi le tour de force de rester souvent enjoué. Etait-ce sa nature ? Il lui arrivait même d'être jovial, une jovialité parfois contagieuse quand dans notre situation les circonstances nous autorisaient à le suivre. A chaque nouvelle rencontre, il se présentait comme un homme devenu chauffeur-transporteur à force de courage et de persévérance, pour avoir passé de longues et dures années comme apprenti auprès de plusieurs maîtres. Il ne perdait aucune occasion de déclarer, non sans fierté, avoir parcouru l'Afrique de l'Ouest d'un bout à l'autre, du nord au sud, de l'est à l'ouest. En parlant de ses camions, il le faisait avec une infinie affection, avec une telle affection, en donnant un nom et presque un caractère à chacun d'eux, qu'il paraissait plus parler d'hommes, même d'amis, que de véhicules ; il disait qu'il les exploitait jusqu'à ce qu'ils ne soient plus bons qu'à être cannibalisés, et c'est lui-même qui les cannibalisait en se transformant en mécanicien.

L'histoire qu'il s'apprêtait à nous faire vivre, et ce ne fut pas, loin s'en faut, la seule qu'il nous ait racontée, il disait l'avoir rapportée du Sénégal où il avait effectué plusieurs séjours. En parlant, il semblait prendre autant de plaisir que nous qui l'écoutions.

Dans un village, commença-t-il, un jour, trois adultes et un jeune éphèbe, s'entendirent pour voler un bouc et aller s'en répartir la viande en brousse. Une fois les rôles répartis, chacun joua le sien à la perfection, de sorte qu'ils n'attirèrent ni l'attention du propriétaire ni celle de personne d'autre. Après que nos quatre compères une fois en lieu sûr eurent égorgé et dépecé l'animal, l'un des trois adultes se chargea de procéder au partage. Considérant le droit d'aînesse comme un vrai droit, celui-ci fit trois tas égaux composés de bonne viande et un quatrième constitué rien que de tripes, de pattes, de peau et de carne, en un mot de tout ce qu'il pouvait y avoir de mauvais dans un bouc. Devinant ce qui allait arriver, l'éphèbe lança :

- Notre affaire là sera sue au village !

- Comment peut-elle être sue ? Personne ne nous a vus ni au départ, ni en cours de chemin, ni à l'arrivée, rétorqua l'un des adultes.

- Je ne sais pas encore à qui est destiné ce tas de barbaque, mais c'est celui qui le recevra qui ira dévoiler toute l'affaire.

Et nos trois adultes de se regarder en hochant la tête et de s'exclamer d'une seule voix :

- En fait, tu as raison, mon petit !

Et ils reprirent l'opération, cette fois-ci, de manière équitable en faisant quatre tas parfaitement égaux. »

Cette histoire eut une histoire ! Depuis que *Vieux Berliet* nous l'avait racontée, chaque fois qu'il y avait une mauvaise répartition ou qu'une affaire paraissait louche ou mal engagée, pour nous en amuser, nous nous lancions sous forme de mise en garde, cette boutade : « ce sera su au village ! », et nous en riions. Nous en avons ri jusqu'au jour où elle tomba dans les oreilles d'un geôlier. Celui-ci crut indispensable d'en faire rapport à sa hiérarchie qui, elle aussi, la jugea suffisamment suspecte pour décider de nous interroger individuellement afin d'en connaître l'origine et surtout de savoir ce qui allait être su au village, village que eux prenaient pour la ville ou le pays. Nous avons eu beau le leur expliquer et ré-expliquer en long et en large dans sa plus pure simplicité et innocence, peine perdue, eux ne voulaient pas en rire et persistaient surtout à croire qu'il y avait bien anguille sous roche, que notre toute petite phrase était loin d'être innocente et qu'elle constituait un code secret cachant quelque intention malveillante à l'égard de la Révolution ou de son Chef. Malgré la pression et les menaces, nous n'avons pas dénoncé son auteur, comme l'exigeaient les gardiens, mais la petite phrase, demeurée suspecte, nous valut une fouille générale dans toute la Maison Centrale, et quelques punitions, dont 48 heures passées dans deux violons pour de supposés « commanditaires » et une diète pour le chef de chambre. Devant le scepticisme ou la mauvaise foi des gardiens, nous dûmes prendre la décision de l'interdire formellement à TF... Ah ! voyez-vous maintenant ! ce n'est plus seulement au village que la fameuse « affaire » est sue, mais dans le monde entier, de vous tous, chers lecteurs, et sans que vous n'en ayez strictement ni rien à craindre ou à risquer...

Malgré cet incident, nos veillées s'animèrent de plus belle ; les contes s'enrichirent de récits de faits vécus. La condition était qu'ils sortent de l'ordinaire. Nous étions disposés à écouter toute ouïe quiconque trouvait ou inventait un récit du genre : « Un jour, quand j'étais en liberté, j'ai été mordu par un serpent au venin instantanément mortel, et j'ai été soigné par un remède miracle », en l'assaisonnant du plus d'ingrédients possibles.

Après les contes et récits, ce fut « la projection » de films. Par soirée, on programmait un ou deux films à raconter par celui ou ceux qui les avaient vus en liberté. Face à un écran imaginaire, matérialisé par le raconteur qui tournait sur lui-même pour nous faire mieux participer à son spectacle, nous nous régalions avec l'illusion de nous trouver dans une vraie salle de cinéma.

Une fois le programme du film « affiché » ou plutôt annoncé, le raconteur désigné, pour rendre ses séquences les plus captivantes possibles, passait généralement, avant de se présenter à l'écran, deux à trois jours à rassembler ses souvenirs, à se préparer en se faisant aider parfois de codétenus, de cinéastes en particulier, car il lui fallait jouer le rôle de plusieurs personnages du film. Or des cinéastes, à Kindia, il y en avait quelques-uns parmi nous, dont Costadès Diagne, un métis grec que nous nous plaisions à appeler parfois Zorba à cause d'un film que plusieurs d'entre nous avaient vu et où un grec portait ce nom, et Mamadou Alpha Baldé dit Marlon que nous avions surnommé Bon Cœur à cause de sa grande bonté, deux de nos brillants cinéastes de la génération formée après l'indépendance. Le premier était sorti de l'école moscovite et le second était de formation hollywoodienne ayant fait ses études à Los Angeles. Tous deux débordaient de talents. S'ajoutait à ces deux, Mouctar Bah Tinka, un technicien de laboratoire de cinéma formé comme Costadès en Europe de l'est, mais en Tchécoslovaquie où il s'était marié avec une femme de ce pays. Il y avait aussi Louis Akin, un béninois qui avait été leur patron pour avoir dirigé l'Office National de Cinéma Guinéen. Tous arrêtés à Conakry où ils avaient subi leurs interrogatoires et passé leurs premiers mois de détention, ils avaient été transférés à la Maison Centrale de Kindia. Au passage, disons que le jeune cinéma guinéen, qui faisait figure de pionnier en Afrique postindépendance, avait été complètement décapité, d'autant que « Sergent Bakary Oulén », Moussa Diakité, un metteur en scène et un acteur talentueux, et Sékoumar Barry, un autre cinéaste, étaient arrêtés eux aussi et détenus au *Camp Boiro*.

En même temps que les contes, récits de tous genres et des films, petit à petit s'instaurèrent des cours en bonne et due forme, non plus seulement pour nous distraire ou nous occuper, mais pour élargir notre horizon. Pour les besoins de la cause, on utilisait des dictionnaires « humains », chacun dans son domaine. Ainsi, des littéraires comme Mamadou Bowé Barry ou moi-même, étions feuilletés à volonté jusqu'à la bonne page pour trouver la bonne signification, l'orthographe d'un mot, le meilleur synonyme ou le mot juste. Transféré lui aussi du *Camp Boiro* après son interrogatoire et plus connu sous le pseudonyme de « Petit Barry » surnom que lui avaient donné ses camarades du collège moderne de

Donka à Conakry, Mamadou Bowé Barry était un quinquagénaire brillant littéraire et juriste ; formé en France et en Suisse, il était l'un des plus grands, sinon le plus grand journaliste, que la Guinée ait jamais connu.

S'agissant toujours de recherches dans le dictionnaire, pour le langage technique, on s'adressait chaque fois que cela était possible à des techniciens de différents métiers, fort nombreux à ronger leur frein parmi nous. Moribaya par exemple, quand les mots et expressions appartenaient au domaine agricole. Certains d'entre nous mirent cette période à profit pour apprendre une nouvelle langue, avec une prime spéciale aux langues du cru. Moi j'en profitai pour consolider mes connaissances en pular, la très belle et riche langue du Fouta-Djalon en prenant pour premier maître Petit Barry avant que Tinka ne prenne la relève. La langue sosso très apparentée au mandingue, ma langue maternelle, du point de vue de sa syntaxe, de sa grammaire et de son orthographe, je la parlais déjà assez bien et pouvais même l'enseigner à de nouveaux apprenants.

Notre habitat refléta lui aussi ces changements. Les murs de nos salles et cellules, lugubres sans doute comme ceux de toutes les prisons, se recouvrirent de tableaux peints au charbon noir, évoquant généralement les scènes et activités du temps de notre liberté, mais aussi de calendriers, de dates et de fragments de phrases mystérieuses, clefs des songes.

Pendant cette période, l'activité la plus florissante, dans notre situation cela va de soi, fut la confection de chapelets, plutôt de « téléphones ». En triturant et en modelant de la mie de pain, chacun avec plus ou moins de dextérité s'y essaya. De fabrication artisanale au départ, le chapelet devint assez vite une œuvre d'art sous les doigts experts de certains de nos compagnons qui y laissèrent éclater tout leur génie. Marlon, notre bon cœur, à défaut de faire des films, s'y illustra comme l'un des plus grands artistes. L'art en la matière devint si florissant que le chapelet fit même l'objet d'un commerce relativement prospère. Elie Hayeck fut l'initiateur de ce commerce, disons plutôt de ce troc. Il faisait régulièrement le tour de la salle où il se trouvait, allant de codétenu en codétenu en proposant son offre, échangeant une partie de sa ration de pain du jour contre la pièce qu'il trouvait du plus beau choix et qu'il gardait soigneusement pour la troquer un autre jour contre un morceau de pain plus gros. Il lui arrivait même de lancer commande. A chacun son métier ! Lui, il avait toujours été commerçant.

Malgré la soixantaine largement dépassée, Elie Hayeck restait un solide gaillard. Trapu, costaud, bien râblé, solide comme un roc, incroyablement résistant, il se vantait de n'être jamais tombé malade, ni en cette prison ni en liberté. A peine amaigri, un peu comme immunisé, il n'a jamais été attaqué, en tout cas pas de manière visible, par la moindre maladie, même pas un rhume passager, contagieux ou non, durant tout le temps que j'ai eu à passer avec lui, même pas par l'avitaminose, notre terrible et quasi commune maladie. Aucune trace sur lui de séquelle que cette carence alimentaire laisse généralement sur ses proies. De quelle potion avait-il bénéficié avant son arrestation ? Ou de quelle baraka ou de quel don de la nature à sa naissance ? Sa barbe bien fournie colonisait entièrement son menton. Par ailleurs, sa moustache était si abondante que sa bouche se perdait sous son épaisseur ; même pour manger il était obligé de l'écarter : elle recouvrait presque entièrement et sa lèvre supérieure et sa lèvre inférieure qu'on avait de la peine à voir quand il parlait ; cela lui donnait l'air de marmonner plus que de parler ; le fait de ne pas voir ses lèvres nous rendait la tâche difficile pour le comprendre ; il fallait parfois carrément imaginer ce qu'il voulait dire. Et personne parmi nous n'avait réussi à le convaincre de diminuer la taille de sa barbe et de sa moustache, à défaut de pouvoir les faire disparaître complètement.

Il était maniaque Hayeck, et l'une des choses qu'il abhorrait par-dessus tout, c'était de marcher pieds nus ou tout simplement d'être sans chaussures. Il en avait toujours une paire, même si elle n'était que posée à côté de lui ; il fallait qu'elle soit à portée de main quand il ne la portait pas, quand il ne marchait pas. Contrairement à beaucoup d'entre nous qui étaient restés longtemps traumatisés par leur passage à « la cabine technique », curieusement lui, le moment le plus pénible, le plus terrible qu'il retenait de sa présence parmi nous, c'était le retrait de ses chaussures au moment de son arrestation. Dans notre quotidienne course effrénée aux ordures, sa priorité à lui, c'était la recherche de vieilles chaussures, n'importe lesquelles. Et il en a toujours trouvé.

Hayeck avait une autre manie : chaque matin, il tenait à saluer chacun des détenus de sa salle ou de sa cellule en lui serrant la main

; ce qui n'était pas du tout indispensable dans nos conditions ; généralement un petit signe de la tête, de la main, un sourire même forcé qu'on pouvait s'arracher, même moins rien que tout cela nous suffisait. Et quand il vous serrait la main Hayeck, il le faisait si fortement, en vous fixant en plus dans les yeux qu'il vous donnait le sentiment de l'avoir fait avec l'intention délibérée de vous briser les os des doigts. Nos multiples reproches n'ont pas pu le guérir de cette habitude. C'était plus fort que lui. Chaque matin quand vous étiez avec lui, on dirait qu'il revenait d'un nouveau voyage. Et on ne pouvait pas refuser sa main franchement tendue. C'était peut-être sa façon à lui de nous encourager, de nous rappeler la part de civilité qu'il voulait transmettre et faire revivre en nous, ou tout simplement peut-être de compenser sa quasi-aphonie due à sa moustache et à sa barbe.

Ah ! la prison ! Quand un homme comme Mandiana trouvait qu'il était totalement inutile de se souhaiter chaque matin du courage, parce que, selon lui, il ne restait pas au détenu politique d'alternative que celle d'être courageux, Hayeck, lui se croyait obligé de vous serrer la main chaque matin pour vous insuffler coûte que coûte le même courage.

D'humeur indéterminable, chaque jour, Hayeck promenait sa silhouette, massive tantôt saluant à tour de rôle, tantôt exhibant sa « marchandise », à nous ses potentiels clients.

Curieux personnage, cet Elie Hayeck ! A deux ou trois reprises, il changea de religion. Entré chrétien à la Maison Centrale de Kindia, il s'y convertit à l'Islam. Du point de vue linguistique, le passage ne lui fut pas difficile ; l'arabe, la langue du Coran, étant sa langue ; il maîtrisa rapidement les versets, se mit à implorer le Seigneur en musulman. Un jour cependant, il changea subitement pour revenir à sa foi d'origine et tout cela par chapelet interposé ; puis, sans que nous ne sachions plus trop où le situer, il sembla avoir adopté les deux religions à la fois. Trouvant de ce fait un chapelet insuffisant, il avait décidé d'en utiliser alternativement deux, son rosaire d'origine de chrétien maronite et ses quatre- vingt-dix-neuf grains de musulman néophyte. Tout en tirant sur l'un ou l'autre, il faisait son commerce. A ceux qui lui demandaient le pourquoi d'une telle attitude, il répondait, concentré : « Le Ciel est le même, ce sont les hommes qui sont différents, nos sollicitations, et celles des uns et celles des autres, convergent toutes vers Lui ; dans les deux cas, c'est à Lui que nous nous adressons, c'est Lui dont nous implorons la grâce pour qu'Il nous libère. Et vous verrez, Il nous entendra ! »

De période en période, c'était soit la découverte de tels personnages singuliers, soit la rencontre avec de nouveaux visages, soit des retrouvailles avec de vieilles connaissances ou avec des anciens codétenus. A la longue, nous finîmes par nous rendre compte que c'étaient des détenus politiques en provenance de pratiquement tous les autres lieux de détention du pays qui se retrouvaient à la Maison Centrale de Kindia durant ces années. En plus de nous les anciens pensionnaires du *camp Soundjata*, il y avait ceux transférés du camp *Boiro*, le plus gros contingent, ceux venus du camp Kèmè Bouréma Touré, la garnison de la ville de Kindia ou d'autres camps militaires comme celui de Labé, et ceux venus de prisons connues ou inconnues du public. Il est donc souvent arrivé que des détenus de différentes prisons se retrouvent. Au fil des mois et des années, cela donna souvent lieu à de très nombreuses, mais douloureuses révélations. A chaque changement de cellule ou de salle, à chaque arrivée de nouveaux détenus transférés, les secrets livrés dans le camion qui nous avait transportés de Kankan à Kindia, s'étoffaient de nouvelles révélations. Mais, pour nous qui avions quitté le *Camp Soundjata*, hormis les dix-huit personnes débarquées du camion à la Maison Centrale, aucune trace des prisonniers qui le remplissaient quand nous venions d'y arriver, Mme Kourouma Djédoua Diabaté, l'une des deux ex-représentante des femmes de Kankan, ayant été la seule à poursuivre sa route vers Conakry.

De nouveaux recoupements nous permirent d'élargir les listes de la nuit du 17 au 18 octobre 1971 et de tenter d'en établir une d'une autre nuit qui avait précédé la première, celle du 29 au 30 juillet. Sans que des certitudes aient pu s'établir clairement, des doutes cependant avaient été levés. Il nous était surtout apparu à nous qui étions venus du *Camp Soundjata,* que nos anciens compagnons ne semblaient se trouver ni dans un camp, ni dans une maison centrale, ni dans aucun autre lieu de détention connu. Hormis ceux-là, seraient partis ces mêmes nuits beaucoup d'autres personnalités importantes, un membre même du Bureau politique ; de nombreux ministres, des Secrétaires fédéraux, des gouverneurs de région, des ambassadeurs, de nombreux autres hauts cadres du Parti et de l'Etat, des officiers supérieurs, des sous-officiers, et de très nombreux soldats...

Des détenus transférés, ayant déjà purgé de longues années de prison au camp *Boiro* avaient eu à rappeler des cas de fin de parcours par diète noire...

L'ombre de ces départs nocturnes et de ces morts par diète noire a toujours rôdé autour de nous, hanté nos esprits ; comme si elle ne voulait pas se séparer de nous, et durant nos nuits et durant nos jours, elle nous suivait à la trace. Chaque fois un peu plus, l'évocation de la possible mort de compagnons d'hier ayant parfois partagé notre cellule, d'hommes avec lesquels nous avons parfois frayé quand nous étions en liberté - en revenant sans cesse dans nos conversations sans que nous puissions nous en empêcher - entamait notre espoir de ne pas les suivre dans leurs voyages, dans les mêmes conditions, pour une destination inconnue. Pour éloigner de nous le spectre de la mort, nous nous efforcions de nous rabattre sur notre rituel et de nous y accrocher le plus solidement possible...

Ce qui nous fait revenir à la salle TF où la plupart de ces recoupements avaient eu lieu... De même que cette salle a été, en temps de détention cumulés, celle où j'ai séjourné le plus longtemps à différents moments, de même, Petit Barry, Marlon, Tinka, Costadès, Lanna, Moribaya, Vieux Berliet et Mandiana, ces trois derniers surtout, des rescapés du *Camp Soundjata*, ont été les compagnons que j'ai eu à « côtoyer » le plus souvent dans les cellules ou les salles. Mais cette fois, je venais de quitter TF pour une autre salle...

Malgré les douloureux sillons que les évocations des recoupements laissaient forcément sur notre moral - les contes, récits, « projections de films », confection de chapelets, etc. se poursuivaient, avec même un certain bouillonnement.

CHAPITRE XIX

PAR LE TROU DE LA SERRURE

Depuis le début de ce bouillonnement d'activités qui se développait chez les prisonniers de la Maison Centrale de Kindia en sa salle TF, sans doute ailleurs dans d'autres salles et cellules, une idée me trottait dans la tête. Ecrire, écrire un roman. Certains d'entre nous avaient certes déjà audacieusement effectué quelques essais d'écriture, en poésie Petit Barry notamment, mais personne à ma connaissance n'était allé jusqu'à un roman. Pour moi, le sujet était tout trouvé. Le titre aussi, « *Safrin ou Le Duel au Fouet* ». Depuis que Moribaya nous l'avait contée lors de l'une de nos veillées, l'histoire de Safrin ou d'un duel au fouet, une aventure vécue, bien connue en pays mandingue, parce que devenue pratiquement une légende épique, me subjuguait. Elle ressemblait étrangement à la célèbre saga de Sankaran-Bouréma Condé et de Sôma-Sandji immortalisée par Mamadi Condé, l'émérite conteur aveugle de Dabola.

En substance, voici ce que disait Moribaya: « Safrin le plus beau garçon de Diomabana, un village situé dans la région administrative de Siguiri en Haute Guinée, avait eu la bizarre idée de décider unilatéralement de ne célébrer son mariage avec sa fiancée Nyalén la plus belle fille de toute la contrée, que lorsqu'il aurait affronté et vaincu sept anciens ou nouveaux prétendants aux mains de celle-ci durant sept combats singuliers sur la place publique, au Wouroukoutou. Le Wouroukoutou est un combat traditionnel à la cravache très populaire dans la savane mandingue, mais excessivement violent, violent à tel point qu'il s'achève souvent par la mort d'un des deux combattants dans l'arène. Pour Safrin, ce ne sera qu'une formalité, une simple formalité à remplir, puisqu'il se sait invincible. Mais ses anciens rivaux éconduits et de nombreux autres jeunes de Diomabana et d'ailleurs futurs combattants pour l'honneur ou candidats au suicide, qui ne l'entendaient pas de cette oreille, voyaient dans ce pari insensé, un défi lancé à leur âge par un de leurs camarades, défi que chacun d'eux tenait à relever, quitte à y laisser sa vie… ; ils y voyaient surtout une nouvelle chance, celle de conquérir la belle Nyalén, enjeu des combats, cette fois par la force du poignet, au prix du sang, puisqu'il avait été entendu que le vainqueur aurait l'immense bonheur de l'épouser. »

Mais placé dans des conditions de nudité intellectuelle où je ne pouvais disposer d'aucun des outils traditionnels de l'écrivain, moi qui n'en étais qu'à mes tous premiers pas, j'eus un moment de réelle hésitation, moment bien court il faut l'avouer. Le désir d'écrire l'emporta rapidement : écrire à main levée !

Avec ferveur et dans une anxiété quelque peu diffuse, je commençai par réunir patiemment les matériaux. A chaque sortie pour les vidanges, je ramassais dans les ordures des paquets vides de sucre, de cigarettes, des morceaux de carton. Je les soumettais à un traitement initial en les mouillant dans de l'eau, puis je séparais les couches fines, superposées et collées les unes aux autres, qui constituent un paquet ou un carton, de manière à obtenir plusieurs feuillets à partir de chaque matériau. Pour n'aboutir qu'à des pages vierges, je me servais ensuite de riz comme pâte pour coller entre eux face à face les côtés imprimés.

Dans une seconde phase, je transformais ces feuillets en papier réglé d'écolier en y traçant des traits serrés. Ainsi traité, chacun d'eux devait accueillir approximativement l'équivalent de trois pages standards dactylographiées. C'est grâce ce travail de scribe ancien que je réussis à grand-peine à confectionner un carnet, mon premier carnet de détenus.

Dès le début de mes écritures, Safrin se montra gourmand, insatiable. Il avalait goulûment feuillet sur feuillet. En moins de rien, il épuisa un bout de crayon de bois ramassé lui aussi dans les ordures. J'avais l'impression que, comme nous, il avait faim et soif, que comme nous, il avait été mis à la diète, lui sans doute depuis plus longtemps, et qu'il en sortait par mon manuscrit. Pour assouvir son appétit et étancher sa soif, il fallut recourir à d'autres expédients.

Au bout d'environ trois mois, à la suite d'efforts obstinés, en écrivant chaque fois que cela était possible comme un forcené du point du jour jusqu'à la tombée de la nuit, j'arrivai au but. Il fallait impérativement faire vite pour ne pas être découvert par les gardiens. Si cela arrivait, les conséquences seraient désastreuses, peut-être fatales pour moi.

Une fois le manuscrit achevé, dissimulé dans une vieille boîte vide de lait en aluminium, mon « réfrigérateur », je le regardai comme un joyau, sans cependant trop savoir ce que je pouvais en faire désormais, un peu comme une femme qui, ayant intensément désiré un bijou, le tient enfin entre les mains après qu'on le lui eut offert, mais qui, pour une raison plus ou moins obscure, ne pourrait le porter, peut-être parce que donné par un amant. Le problème n'était pas tellement son contenu qui, à mon avis, était tout à fait inoffensif : une histoire parfois amusante, parfois tragique, comme tant d'autres qui parsèment la littérature orale ou écrite de *Guiné*e et d'ailleurs, mais je m'étonnais moi-même de l'avoir écrit. Penser que des détenus politiques, voués à être complètement abêtis, abrutis, déshumanisés, dont tous les ressorts étaient censés être brisés après des années d'enfermement, étaient capables de trouver en eux des ressources physiques et intellectuelles pour produire quelque chose de cohérent, de lisible, et pour écrire un roman tout entier était tout simplement inconcevable pour la Révolution qui nous a privés de liberté.

Le manuscrit devint un problème quand un matin, nous fûmes alertés par un détenu qui, regardant par le trou de la serrure, nous avertit qu'une perquisition venait de débuter.

Remue-ménage. Que faire de Safrin ? Où le cacher ? En un éclair, je me souvins d'une crevasse dans le plancher au fond de la salle. J'y courus, enlevai de la terre, l'y enfouis précipitamment, le recouvris de terre et d'un morceau de béton cassé.

- Le dos au mur et la main sur la tête ! Vite, vite !

A l'extrême sévérité du ton, nous avons tout de suite reconnu celui qui conduisait l'opération. Le terrible Djina Oulén, celui qui ne pardonne jamais, même quand le fautif se met à genoux pour le supplier.

A la fin de l'opération, sans qu'on ait réellement su ce qu'ils cherchaient, on sentait de la déception dans leurs regards. Mais les damiers, cartes à jouer, trictrac, boules à cartes et autres objets futiles de prisonniers furent saisis et brûlés au milieu du « *Fer à Cheval* ». Les gardiens n'étaient pas sans se douter qu'on en refabriquerait.

De la salle Préau où je me trouvais au moment de cette fouille avec de nouveaux codétenus, le préau, à l'ordinaire parloir pour les accusés dans les prisons, mais ici entièrement muré et transformé en salle close pour la détention des prisonniers, on nous ventila immédiatement dans toutes les directions. Moi je fus transféré à la cellule 3. J'étais à peine installé depuis quelques mois, même pas le temps de m'habituer à mes nouveaux compagnons, qu'une mouche piqua encore les geôliers. Nouvelle perquisition générale suivie de déplacements de prisonniers ! Surprise ! Par bonheur, je fus ramené là d'où l'on m'avait extrait, soit la salle Préau où je trouvai des inconnus venus de je ne sais où. Impatient, mais craignant la probable présence d'un mouchard infiltré, j'observai quelques jours d'attente avant de me risquer à aller vers ma cachette avec la joie secrète de pouvoir déterrer mon trésor. La boîte était bien là à sa place, un peu humide certes, mais intacte. En l'ouvrant, stupéfaction ! A l'intérieur une pâte molle, nauséabonde et informe, couverte de moisissures, qui pouvait tenir dans le creux d'une main. Par le même principe d'attraction de l'humidité de l'air dont est doué l'aluminium et qui faisait refroidir notre eau, le papier s'était humidifié et décomposé. Tout mon travail réduit en pâte !

Je n'eus même pas le temps de me remettre de cette émotion, qu'on me transféra de nouveau dans une autre cellule, la 5 cette fois, une toute petite celle-là, où je trouvai deux personnes : Marlon, le cinéaste faiseur de beaux chapelets, Bon Cœur, qui avait déjà été mon compagnon de cellule deux ou trois fois, et un sous-lieutenant de l'armée. Aussitôt, je me mis à inspecter les lieux à la recherche d'une possibilité de cachette. Peine perdue, il n'y avait aucun endroit où dissimuler quoi que ce soit.

Réécrire ? Pourquoi, si l'incertitude devait constamment peser sur mes feuillets ? Par périodes indéterminables d'un, de deux, trois, six, sept mois ou parfois d'une semaine seulement, les fouilles succédaient aux fouilles. Je voulus malgré tout reprendre le travail. Mais le cœur n'y était franchement pas, la motivation ne suivait pas. La flamme qui me faisait suer sang et eau ne brûlait plus en moi. En outre, du point de vue purement technique, un autre facteur semblait me bloquer. L'extrême difficulté de réécrire un récit déjà entièrement rédigé, le même ou presque. L'inclination irrésistible à se rappeler les mêmes mots, à reproduire les mêmes phrases, figures de style et autres tournures accouchées parfois dans la douleur par un auteur subjugué par sa matière, « sa pâte à modeler », interrompait en moi parfois de manière intempestive, tantôt la douce fluidité des mots dans leur succession, tantôt leur déferlement comme des eaux d'un torrent en furie.

Je me souvins qu'un de mes maîtres de l'école primaire, vieil instituteur, monsieur Dreyfus Condé Charles, le dos voûté par l'usure de la vie, m'avait dit un jour : « Mon fils les grands desseins, les grandes idées comme les grands écrits ne naissent que dans la douleur, par le feu de la passion de penser ou d'écrire, avec toujours une obsession qui les sous-tend. Il brûle ardemment en vous jusqu'à vous empêcher de dormir. » Moi, je ne sentais plus palpiter en moi cette passion, ni brûler ce feu dont parlait le vieil homme.

Il fallait cependant décider ou plutôt se décider : Ecrire ou ne pas écrire ? Réécrire Safrin oui, mais plus exactement le même, ce qui était difficile à concevoir pour moi tant le souvenir de la version originale qui avait emporté l'admiration de mes compagnons, mes premiers lecteurs et critiques, demeurait vivace en moi. Plus par nécessité de m'occuper que par réelle passion, je me résolus à me remettre à « table », bien péniblement je l'avoue, en reprenant le même processus : traitement des cartons, confection d'un carnet, recherche d'une écritoire... C'est au fil de mon évolution, de ma lente et difficile évolution dans le travail que peu à peu le goût revint, puis la passion. Dans une rivalité effrénée, de nouvelles formulations commencèrent à se télescoper avec les anciennes, à les bousculer et à triompher parfois d'elles, en se révélant soit plus belles soit plus incisives, ou plus adéquates.

A peu de choses près dans le même délai, le nouveau texte fut prêt. De crainte qu'il ne soit découvert, je décidai de le garder sur moi à tout moment entre corps et chemisette, il n'était pas bien volumineux, de jour comme de nuit, à l'intérieur de notre « demeure » comme lors des vidanges dans l'arrière-cour.

Ma crainte se révéla justifiée. Une fouille ! Par le trou de la serrure, on se rendit compte qu'elle était corporelle cette fois-ci et que c'était encore le terrible Djina Oulén qui la conduisait. Déjà une salle et deux cellules de visitées. Le cœur meurtri, je saisis le manuscrit, le déchirai en deux, en quatre, puis en tous petits morceaux qui formèrent un tas insignifiant à terre. Comme avertis de quelque chose, les gardiens sautèrent l'avant-dernière cellule avant la nôtre pour venir directement ouvrir notre porte. Mon cœur battait la chamade. A la recherche de je ne sais quoi d'important, ils piétinèrent Safrin qui s'éparpilla en morceaux à leurs pieds. Mon bout de crayon, qui pouvait me compromettre, avait trouvé refuge là où personne ne pouvait imaginer sa présence, dans ma tignasse de plusieurs mois. L'orage passa, mais ses conséquences désastreuses, en ce qui me concerne, me fendaient le cœur.

Quelque temps après cette triste et douloureuse épreuve, un calme, toujours précaire en ces lieux, régna sur la Maison Centrale. Aucun mouvement significatif durant quelques semaines. Puis un matin, par leur maligne habitude de nous voir naviguer entre salles et cellules, l'on me fit revenir de nouveau à TF, la salle de l'arbre de Moribaya où les repères ne me manquaient pas. Fallait-il tenter d'écrire à nouveau ? A quoi bon, si le résultat devait être le même. Après avoir échoué deux fois, ne risquais-je pas d'être pris la main dans le sac ou plutôt manuscrit en main? Je craignais aussi la présence d'un mouchard parmi de nouveaux arrivants. Mais n'est-ce pas le risque qui donne sa saveur à la vie, à l'aventure ? Ne dit-on pas : qui ne tente rien n'a rien ; ou encore, jamais deux sans trois. Peut-être que la providence me sourirait cette fois-ci.

Face à toutes ces supputations dont aucune ne menait à la moindre certitude, j'eus l'idée d'attendre ma libération pour réécrire ; mais plus que sur le destin de Safrin, une grande incertitude planait sur cette libération. Dans les geôles de la Révolution, est-on jamais sûr de recouvrer la liberté ? Et si jamais je m'en sortais, dans quel état serais-je ? Infortunes et maladies vous guettent chaque jour : la porte reste grandement ouverte à toutes sortes de maladies handicapantes. Des personnes qui avaient eu la chance d'être libérées lors des précédents complots, demeuraient impotentes le reste de leur existence. Attendre la libération ? Le roman ne verrait peut-être jamais le jour. Résiste-t-on jamais cependant à la tentation d'écrire quand elle brûle en vous?

Par mes feuillets, j'avais compris aussi qu'il n'existait rien de tel que la vertu créatrice de l'écriture pour vaincre l'ennui, et aussi pour fuir l'angoisse. La « débauche » d'activités que nous imprimions à nos jours me paraissait bien factice aussitôt que me revenaient l'idée et les images de la liberté, la vraie. La sempiternelle résurrection du passé de liberté et les inévitables projections sur l'avenir, un avenir bien incertain, ne quittaient pas mon esprit. Chaque jour qui passait, chaque nuit qui passait, je me rongeais en dedans, de l'ennui de ne pas être libre, d'être toujours là...

Je remis l'ouvrage sur le métier, un peu à contrecœur, il faut le dire. Mais en situation Safrin se montra un inséparable compagnon. Il brisait l'ennui, mon ennui. Ses personnages, surtout l'héroïne, la belle Nyalén que j'ai créée belle de la beauté de plusieurs femmes fondues en une seule, celle de mon épouse qui me manquait tant, mais aussi, les péripéties des combats titanesques livrés par des protagonistes prêts à mourir pour l'honneur, pour une femme, ne pouvaient pas tenir, ne tenaient pas entre les quatre murs d'une cellule, d'une salle, d'une prison, ne pouvaient pas me laisser à la Maison Centrale de Kindia, fût-elle une forteresse. Les personnages m'emportaient avec eux, loin, très loin de la prison. Costadès, en usant bien du langage cinématographique, me disait un jour : « le film comme l'écriture, comme toute œuvre d'art est un révélateur, un révélateur de soi, un révélateur de l'artiste ». « J'écris pour que mes amis m'aiment davantage » répondait un jour Garcia Marquez le célèbre écrivain colombien à la question de savoir « Pourquoi écrivez-vous ? ». Tout en fondant ma réponse dans la sienne, moi je dis : « pour qu'ils me connaissent mieux ; pour que je sois plus utile.» Je savais, ou plutôt je me disais que mes amis et même ceux qui ne me connaissent pas, en me lisant, à défaut de m'aimer ou de me détester viscéralement, me connaîtront davantage, et en cela je pourrais être utile, même si je mourais avant la publication du roman... En créant les personnages et en les faisant vivre, je vivais en eux, à travers eux tantôt dans la douce ambiance d'un village calme et paisible sur les berges du Niger non loin de Siguiri, tantôt dans l'ambiance féerique, endiablée d'un spectacle sur une place publique de Haute-Guinée, Kankan ou Dabola par exemple, au clair de lune. Image d'une enfance heureuse. Safrin plus qu'un simple compagnon était devenu au fil de l'écriture, de sa croissance quasi humaine, mon fidèle ami, mon confident à qui je livrais plusieurs secrets que vous y découvrirez quand vous le lirez. En m'absorbant dans ce dialogue entre lui et moi-même, j'en oubliais ma captivité ;

mon ennui s'évanouissait ; il m'était parfois difficile de revenir de mon évasion, de la liberté que je créais...

Le manuscrit cette fois, après avoir échappé miraculeusement à deux fouilles parce que jeté comme par négligence dans les ordures et récupéré après moult péripéties, fut, suite à de patientes négociations quasi diplomatiques, accepté par un de nos gardiens, le chef Sylla, un Sanankoun, un bon, un excellent Sylla, qui lui sauva la vie en risquant la sienne. Il le remit à un ami, Sékou Kaba, appelé encore Dègnô Gnouma représentant à l'époque la Société Nationale d'Assurances à Kindia, qui, lui aussi au risque de sa vie, le fit parvenir discrètement à mon épouse.

Après les multiples incidents et rebondissements de Safrin, et surtout après son évacuation, je voulus m'enhardir pour tenter, de mettre en chantier un autre livre, je ne le pus. Même si je l'avais voulu, je ne l'aurais pas pu. Mais, ce fut tout de même en ce temps que débuta la gestation, la longue gestation de «La Guinée, Sous les Verrous de la Révolution» et de l'essai « Les Racines de l'Avenir, Réflexions sur la première République de Guinée ». Cette gestation aura en fait duré une quarantaine d'années.

CHAPITRE XX

DU PAIN

Nous étions au début de l'année 1977. Pratiquement six années de prison, et nous ne voyions toujours pas le portail du « *Fer à Cheval* » s'ouvrir, même s'entrebâiller pour nous laisser partir, définitivement. Les conditions de détention, de manière inexpliquée changèrent brutalement et radicalement. Nos rations alimentaires déjà bien maigres, furent réduites au strict minimum : quelques poignées de riz, une sauce aqueuse légèrement salée et pimentée parfois, du pain, un petit bout chaque matin avec du *kinkéliba*, notre éternel breuvage amer qui nous suivait de prison en prison comme si lui aussi avait revêtu des habits de détenus. J'en sentais l'amertume sur la langue et l'odeur à plusieurs portes de distance avant l'ouverture de la nôtre. Toute utilisation de la mie de pain comme matière première de confection de chapelets fut, bien évidemment, exclue dans notre société. Marlon l'artiste et d'autres spécialistes durent se reconvertir dans d'autres « métiers ». Hayeck aussi. De manière beaucoup plus aiguë, la terrible avitaminose carentielle, toujours bien présente, se généralisa à tous les détenus, avec ses effets désastreux et même catastrophiques : en série, des paralysies des membres inférieurs et supérieurs pour certains, des pertes de la vue temporaires ou définitives pour d'autres, des décès aussi. Nous étions devenus si vulnérables que la moindre maladie, même la plus bénigne, pouvait nous emporter. Manifestation curieuse chez les malades frappés de paralysie des membres supérieurs ou des membres inférieurs, dès que la nuit tombait et qu'il faisait noir, ils croyaient ne plus avoir de mains ou de jambes ; ne les voyant pas, ne les sentant surtout pas, il était difficile de les convaincre qu'il leur restait bien encore des mains, des bras, des jambes et des pieds.

Au début de cette période, j'ai failli moi-même perdre la vue ; un jour, conséquence de l'avitaminose, de manière subite j'avais été atteint d'une forte baisse de l'acuité visuelle ; je ne pouvais ni lire, ni écrire, ni même distinguer à une certaine distance des visages ; craignant une cécité ou une irréversibilité de mon handicap, certains de mes compagnons - surtout ceux dont je massais les membres paralysés - pour sauver mes yeux, se privèrent en ma faveur de quelques capsules d'une multivitamine est-allemande, - elle s'appelait *« Summavit »* je ne l'oublierai jamais - que le poste de garde avait donné aux plus affaiblis d'entre nous pour les remonter un peu . Au bout de quarante jours bien comptés, comme une image qui jaillit sur un écran noir au début d'une projection quand toutes les lumières s'éteignent dans une salle de cinéma, l'écriture, claire, nette m'était réapparue sur un morceau de carton vide de sucre qui me servait d'échelle pour contrôler tous les matins l'état de mon mal…

Vu notre extrême affaiblissement, il n'avait été plus question pour nous de faire des exercices physiques de maintien ; seul le massage des malades paralysés, et encore, uniquement dans les cas les plus graves, continua à se pratiquer.

Cependant, malgré cet état de déficience générale, notre rituel déjà bien établi s'enrichit d'un nouvel élément. Nous avions trouvé le moyen de nous fixer des jours où nous nous donnions une illusion de réjouissance : le vendredi pour les musulmans, le samedi pour les protestants et le dimanche pour les catholiques. Hayeck, lui, avait l'embarras du choix. A ces jours bien spéciaux vinrent s'ajouter progressivement des événements à commémorer, un anniversaire, celui d'une épouse, d'un enfant, d'un ami et d'autres souvenirs à faire revivre. Puisque nous ne pouvions pas manger à satiété à chaque repas, en prévision de ces jours, nous mettions de côté à chaque petit-déjeuner une petite portion de pain. En mangeant bien une fois par semaine nous nous donnions l'illusion d'avoir bien mangé tous les jours.

Ces jours « de réjouissance », catholiques, protestants, musulmans, nous nous invitions fraternellement « à table », plutôt à manger ensemble puisque chacun venait avec sa provision.

Un matin ce semblant d'harmonie trompeuse fut brusquement interrompu par un incident. Je me réveillai en constatant que mon petit morceau de pain réservé pour le vendredi avait disparu. Je voulus le rechercher discrètement sans attirer l'attention de mes compagnons. Mais je me rendis rapidement compte que chacun à TF recherchait son bout de pain. En fait, c'étaient tous nos pains qui avaient disparu. De pain, aucune trace nulle part dans la salle ! Ce ne pouvait pas être le fait de plaisantins. Ici on ne plaisante pas avec le bien d'autrui, surtout le pain ! Qui oserait ? Une discussion animée s'engagea.

« Qui a pris mon pain ? » « Qui a pris mon pain ? » Ce fut la seule question du jour. Des soupçons s'éveillèrent. Mais comment voler ? Où cacher un butin ? Vers la mi-journée, on en vint à chercher parmi nous des personnes susceptibles de commettre de telles indélicatesses.

En des années de pénitence commune, la promiscuité nous avait appris à nous connaître, un peu trop peut-être. Le menteur finit par se révéler à force de versions différentes de la même histoire, d'exploits et de malheurs contés chaque fois avec des couleurs différentes. Le faux généreux peut un matin se priver de sa ration d'aliment et vous l'offrir, et dès le lendemain s'employer à vous chercher querelle dans le but de conserver sa nourriture pour la consommer entièrement. L'homme bon peut par contre donner, continuer à donner malgré le dénuement général dans lequel nous vivions. En situation, chacun de nous se révélait aux autres et à lui-même. En fait, il nous était impossible de nous cacher les uns aux autres nos caractères, comme le font les hommes en liberté qui enduisent leurs défauts et tares de couches plus ou moins épaisses et brillantes de vernis de courtoisie, de politesse ou d'hypocrisie.

En ce qui concerne nos pains, les accusations crépitaient de tous côtés. Notre dignité, déjà mise à mal, donnait un spectacle assez piteux. Le pain de la vie, de la survie ! La nourriture, notre existence !

La nuit arriva sans que les preuves pussent être réunies contre de possibles suspects qu'on aurait identifiés dans le déchirement et la honte. Des pères de famille, autrefois bien situés dans la société, traînés dans la boue devant le peuple d'une salle de Maison Centrale, prêts à être mis au banc de la « société » pour de tout petits bouts de pain.

Nous nous l'étions fermement promis : si par malheur, le phénomène venait à se reproduire la nuit, dès le lever du jour le ou les coupables seraient jugés devant le tribunal des doyens d'âge, coutume africaine oblige.

Pour sauver son pain, la nuit, chacun prit ses précautions. On rivalisa d'ingéniosité en confectionnant des emballages de tous genres : du carton à la cellophane en passant par les morceaux de chiffons tous ramassés dans les ordures et lavés tant bien que mal, tout était bon. Au moment de se coucher, certains attachèrent ces curieux ouvrages à leurs bras, d'autres à leurs pieds, d'autres encore pour être plus sûrs de pas être volés, s'en servirent comme oreillers.

Le lendemain, même mésaventure : le matin, du pain aucune trace ! L'affaire prit alors une tournure franchement dramatique. Des soupçons de la veille, l'on passa carrément à des accusations précises. Chacun pointa du doigt le voisin supposé douteux.

Craignant que l'affaire ne dégénérât et ne provoquât l'intervention, aux conséquences toujours imprévisibles, du poste de garde, le chef de chambre convoqua une réunion, une « assemblée générale de crise ». Tous les habitants de la salle furent rassemblés sous la présidence du doyen d'âge.

Sitôt la séance ouverte, les autres doyens établis « officiellement » dans les fonctions de juge, on commença à aller d'accusation en contre-accusation.

Seuls Mandiana et Moribaya, gardèrent leur calme. En nous regardant nous empêtrer sans solution dans l'affaire de pains disparus avec un sourire quelque peu narquois, le premier demanda la parole.

- A ce rythme, dit-il, nous risquons de commettre beaucoup de fautes, ce qui n'est jamais bien, et de détruire la belle solidarité que nous avons patiemment bâtie ici entre nous, les belles amitiés que nous avons nouées et qui nous aident tant à tenir, surtout en ce temps pénible de faim. Moi, il me semble avoir entendu des bruits de pas de rats la nuit, des rats balais. Le mal commis a dû l'être par ces muridés, expliqua-t-il.

- Pourquoi veux-tu mêler soudainement des rongeurs à cette affaire ? s'étonna un affamé en colère en le rabrouant.

- Entend-on jamais le bruit des pas de rats ? railla un autre ex-citadin venu d'Europe, sur le ton de la raillerie.

-Des bruits de pas de rats ? Des bruits de pas de rats ? se demandait-on de toutes parts.

- Vous les gens des villes, surtout les « gens instruits » comme Petit Barry, vous ne connaissez peut-être pas ce genre de chose ; nous à la campagne, nous partageons une bonne partie de notre temps avec les animaux domestiques ou sauvages, reprit l'homme sûr de son fait, n'est-ce pas Moribaya ? ajouta-t-il pour ce dernier qui l'approuva.

Nous laissant mi-curieux, mi-sceptiques, la probabilité de l'intervention des rats par son caractère insolite, détendit quelque peu l'atmosphère, mais sans éteindre totalement le courroux de certains, allumé la veille. Nous orientâmes tout de même nos analyses vers ces bruits de rats, tout en restant fort sceptiques et vigilants envers certains de nos camarades.

- Mandiana, si ce sont bien des rats comme tu le prétends, par où peuvent-ils passer ? Et pourquoi commenceraient-ils à ne nous rendre visite, à ne nous voler que maintenant, alors qu'on ne les a jamais vus auparavant dans cette salle depuis notre arrivée? demandai-je.

- Qu'à cela ne tienne, allons-y pour tes rats ! ajouta un autre.

- N'en doutez pas, ces petits animaux n'échappent guère aux lois de la nature. La famine doit certainement sévir chez les humains dans le pays. Nous, nous le sentons par notre régime alimentaire. Ne trouvant plus rien à manger dans les ordures des quartiers comme d'habitude, les rats pour survivre cherchent pitance ailleurs, partout. Il n'est donc pas étonnant qu'ils se soient rabattus sur nous. C'est en ces temps de grande famine, de disette que les chiens, même quand ils ne sont pas enragés, s'attaquent dans nos villages aux moutons, aux chèvres et même parfois aux hommes, expliqua notre paysan avisé, un peu comme s'il nous donnait une leçon de vie.

-Mandiana, es-tu vraiment certain que ce sont bien des rats qui ont pris nos pains ? lui-demandai-je tout à fait incrédule.

- Ne l'avez-vous pas senti ? répondit Mandiana avant de poursuivre pour tenter de nous convaincre - Nos gardiens eux-mêmes semblent avoir pris un coup de ce dur temps que nous vivons. Même si je ne peux pas le dire avec certitude, ce qui est en train de les frapper ne doit pas être éloigné de quelque chose s'apparentant à ce qui nous meurtrit, la faim. Ils n'ont jamais ouvert la bouche un seul jour pour nous le dire. Ils ne le peuvent pas. Mais leurs tempes qui s'aplatissent chaque jour un peu plus et leurs pantalons dans lesquels certains d'entre eux commencent à flotter, parlent à leur place. La faim, c'est comme la maladie, on ne peut pas continuer à les cacher. Nous, nous ne mangeons presque pas, mais eux aussi ressemblent de moins en moins à des gens repus. Un indice ! Vous en souvenez-vous ? Il n'y a pas si longtemps, nous les avons vus par le trou de la serrure autour d'un énorme phacochère déposé au beau milieu du « *Fer à Cheval* ». Cela aussi n'était pas habituel en cette Maison. Et il conclut par cette affirmation : Il y a des signes qui ne trompent pas.

- Il a raison, confirma son compère Moribaya.

-ça suffit, trêve de discours ! Soit ! Allons donc pour vos rats, à tous les deux, puisque vous avez l'air d'avoir conclu une alliance dans l'affaire, lança un autre, sceptique.

- N'allons pas si vite, ils ne sont pas encore à nous; c'est quand nous les attraperons qu'ils le seront. Ils ne viendront que la nuit car ce sont des rongeurs d'obscurité, ils sont comme les agoutis, ils ne voient pratiquement pas le jour, la lumière semble les aveugler, enseigna Mandiana.

- A t'écouter on croirait que tu leur as donné rendez-vous cette nuit contre nos pains, tu ne laisses aucune place au doute, mais gare à eux, si tant est que ce sont bien eux nos voleurs, dit un autre, moqueur.

- Vos discussions passionnées de ce matin m'inspirent deux certitudes : la première, des rats seront faits prisonniers cette nuit. Décidés tels que je les vois, Mandiana et Moribaya ne peuvent pas échouer dans leur entreprise ; la seconde, je ne connais pas encore les intentions des uns et des autres, mais quel que soit le sort qui sera réservé à ces pauvres animaux quand ils seront pris, ne comptez pas sur moi pour manger de leur viande. Malgré toute la pression que je suis en train d'effectuer sur moi, je ne m'imagine pas mangeant du rat. Au cours de mes multiples voyages, j'ai mangé toutes sortes de choses, mais jamais de rats, lança Siriman autrement dit « *Vieux Berliet* » sur un ton ironique.

A peine «*Vieux Berliet*» finissait avec ses certitudes que la porte de notre salle s'ouvrit avec fracas.

Vieux Berliet, viens, sors et suis-moi.

C'est chef Djina Oulén qui venait chercher notre compagnon.

La sortie de celui-ci que nous avons vu partir avec regret, laissa un répit à nos accusés, mais réveilla notre angoisse. L'atmosphère changea ; ce n'était jamais bon signe quand c'était chef Djina Oulén qui était commis à ce genre de tâche. Fixement chacun de nous se mit à regarder vers la porte. Pour quelle destination part-il, «*Vieux Berliet*» ? nous interrogions-nous dans le silence qui s'était instantanément abattu sur TF.

Mandiana fut le premier à nous faire revenir à nos muridés. Tout en pensant comme nous à «*Vieux Berliet*», il se remit à scruter des yeux la salle, s'orienta vers un caniveau d'évacuation qui, en raison de la taille de la salle TF, y avait été aménagé pour l'évacuation des eaux sales.

C'est l'orifice par lequel ce caniveau débouche sur l'extérieur que notre connaisseur émérite des rats toujours appuyé par son allié Moribaya, désigna en premier lors de notre identification des lieux probables de passage des rats. Suivi de tous les habitants, il se dirigea ensuite tout droit vers la porte. La porte de TF donnait l'impression d'être née d'un seul bloc avec les murs de l'établissement. Bloc désespérément massif. Son armature de fer et son blindage étaient si épais que les volontés unies de cent forçats révoltés et armés de béliers auraient été vaines pour la défoncer. Seul le trou de la serrure offrait pour nous des ressources exploitables.

Même le temps qui finit par avoir raison de tout, n'avait pas pu encore, à force d'années et de rouille, vaincre le fer. Sous le battant toutefois une petite crevasse apparaissait, laissée par une fêlure dans le plancher. Une main, un poing bien serré pouvait y passer. Mandiana la pointa du doigt. C'est le genre de détail qui ne saute pas aux yeux, sauf quand le pain est en jeu pour des hommes dont les ventres sont creusés et aplatis par la faim.

En dehors de ces deux issues et des hublots d'aération trop hauts et lisses pour que des rats si braves, si affamés soient-ils, puissent tenter de s'y aventurer, tout le reste de la salle, à l'image de la forteresse, n'était que pierre et béton.

Au cours de «l'assemblée générale de crise», qui reprit quand Mandiana eut fini son travail d'expert, un plan fut arrêté. Les rôles furent rapidement distribués. A tout seigneur tout honneur, la nuit, Mandiana, qui était doté de la singulière faculté d'entendre des bruits de pas de rats fut chargé de surveiller leur arrivée ; les oreilles aux aguets il ne dormira pas. Il fut décidé que Moribaya, son compère, bouche les deux orifices dès qu'il en donnera le signal ; les juges, eux, établis en même temps dans les rôles de gendarmes et de policiers continueront tout de même à surveiller les suspects dans le secret espoir de les prendre pain volé en main. Ensuite nous n'aurons qu'à attendre pour savoir qui des suspects ou des rats allaient être pris en flagrant délit.

Vers deux heures du matin, au moment où pratiquement tous nos compagnons dormaient, l'alerte sonna :

- Ils sont là, vas-y Moribaya ! avertit Mandiana.

Sitôt dit, sitôt fait, une fois les deux trous bouchés il ne restait qu'à attendre le lever du jour pour constater le résultat de la stratégie.

Surprise pour nous, confirmation triomphante pour Mandiana et Moribaya ! A notre réveil, une bonne douzaine de rats, gros et gras, cherchaient vainement le long des murs à se trouver une sortie vers l'extérieur.

En d'autres circonstances, le spectacle qu'ils offraient aurait dû inspirer une pitié générale. Mais le sentiment de pitié qui commençait à naître chez certains d'entre nous fut vite étouffé. Ici ils étaient des voleurs, ils étaient plus de la viande que des êtres vivants désespérément pris au piège. Pourtant, notre situation entre les quatre murs ressemblait étrangement à la leur.

Bien que nous n'eussions plus de raison de nous presser pour les attraper – puisqu'ils n'avaient aucune chance de s'échapper - une nervosité perceptible faisait piaffer d'impatience certains d'entre nous qui commençaient déjà à les dévorer des yeux.

Pour les manger, ces rats, sans avoir rien à se reprocher, disons en ayant la conscience bien tranquille, il convenait de les accuser de faits graves, de crimes ! Pourquoi pas de complot une bonne fois. De complot contre le pain. Il fallait faire peser sur eux les charges les plus lourdes comme celles dont la Révolution nous avait accablés en nous enfermant ici.

- Tiens, tiens, les voici donc pris ! Le Plan Mandiana était parfait ! reconnut un de nos codétenus en savourant ce qui devenait notre victoire commune.

- Espèce de voleurs, lança un autre en les insultant.

- Par vos actes ignobles, vous avez failli semer la discorde entre des malheureux, croyez-moi, nous vous le ferons payer cher, menaça un autre d'un ton vengeur.

- Mon chapelet ! mon beau chapelet ! Ces maudites petites bêtes l'ont emporté, mangé. Que chacun vérifie ! Même mon précieux « téléphone » pour appeler Dieu, parce que fait avec de la mie de pain, n'a pas été épargné par ces dangereux prédateurs ! lança un autre en s'apitoyant sur notre sort d'hommes en péril sans son outil de prière sacré.

- Ajoute impies ! Sacrilège ! Raison de plus, pour les condamner. De l'ultime manière ! renchérit un autre qui n'avait pourtant pas perdu son chapelet.

- Une véritable aubaine : de la viande fraîche ! entendait-on murmurer çà et là parallèlement aux menaces, injures et accusations.

- Les voilà tout à fait condamnés ! Regardez-les donc sautillant et bondissant effrontément ! renchérissait un autre affamé.

Dans les fers, quand de surcroît la famine sévit, nous priver de nos portions de pain conservé pour les jours sacrés ne pouvait rester impuni. Ces animaux avaient en outre le tort d'être gros et gras. Tout semblait militer pour une justice expéditive et des sentences implacables prononcées sans autre forme de procédure.

Mais, c'était sans compter avec les différences de traditions et de cultures. Ils étaient certes gros et gras, mais pour des hommes civilisés, manger des rats ne paraissait pas à première vue une perspective alléchante. Certains crurent devoir chercher coûte que coûte une ou des raisons bien fondées pour ne pas y toucher. « Plutôt mourir de faim que de consommer du rat ! » se juraient-ils indignés et stoïques…D'hésitation en tergiversation pour décider de leur sort, l'affaire se transforma en procès. Des avocats défenseurs montèrent à la barre, non pas pour les défendre, mais pour se défendre d'en manger…

La période ne nous a pas causé que des désagréments. La faim, le fléau qui frappait communément et les prisonniers et les rats et éventuellement nos gardiens avait changé le comportement de ces derniers à notre égard. Leurs consignes s'étaient assouplies. Ils semblaient se préoccuper plus d'eux-mêmes -peut-être pour la recherche du pain quotidien- que de nous. Tout en demeurant des affamés enfermés, nous nous sentions un peu plus libres à l'intérieur de nos cellules et salles, particulièrement à TF où les gardiens avaient même commencé à nous permettre de faire la cuisine de temps en temps en nous donnant « le nécessaire », même si c'était à chaque fois le strict minimum. Tinka notre technicien de laboratoire de cinéma après avoir rappelé sa vie d'étudiant en Tchécoslovaquie, avait été élevé au rang de cuisinier en chef de TF.

Pour aller jusqu'au bout de l'affaire des rats, Mandiana profita de cette atmosphère. Avec l'appui intéressé du chef de chambre, qui savait qu'à leurs dossiers les chefs d'accusation ne manquaient pas pour que les rats soient irrémédiablement condamnés, il négocia diplomatiquement avec le poste de garde, l'obtention du sel et du piment pour la préparation de la grillade de rat. Pendant ce temps la salle se divisa en deux camps, avec des groupes et des sous-groupes. Les mangeurs de rat d'un côté, les non-mangeurs de l'autre, et entre les deux les mangeurs non officiels, les mangeurs par nécessité qui affirmaient que leur viande était un médicament contre plusieurs des maladies dont nous souffrions et dont nous risquions de mourir. Vivants, ces rats avaient failli nous opposer les uns aux autres, sans vie, ils nous divisaient.

A coups de citations, la religion s'en mêla. Les marabouts tentèrent de venir au secours des non-mangeurs. Ils se mirent à catégoriser tous les animaux de la terre en animaux à griffes, en animaux à sabots, en se donnant un mal à la fois incompréhensible et inutile, vu les circonstances, pour nous expliquer ce qui se mange et ce qui ne doit pas se consommer au risque de s'égarer sur le chemin du Paradis etc. etc. Mais malgré leurs savantes explications, surtout devant la furie et l'avalanche d'arguments des mangeurs, les non-mangeurs, qui perdaient du terrain au fil des plaidoiries, finirent par « plier ».

Face aux rats déjà égorgés et dépecés par Mandiana, Moribaya et quelques autres codétenus depuis un bon moment, devant la chair rouge qui provoquait arrogamment la vue et les palais, les mangeurs qui voyaient leurs rangs grossir à vue d'œil au fur et à mesure que Tinka découpait la viande en essayant d'obtenir des morceaux les plus égaux possibles, finirent par l'emporter. Les rats doivent être mangés ! Décision en est prise ! Ne pouvant exhiber aucun texte sacré pour étayer leurs thèses, les marabouts abdiquèrent. Certains même se rallièrent secrètement en soutenant toujours avec force citations que c'était un péché pour un croyant de se laisser mourir de faim devant la bonne chair. Nécessité fait loi !

Le dernier mot revint à Mandiana qui depuis le début de l'affaire ne se posait pas de question quant à leur sort.

- Venez, venez donc vers nos rats, il vaut mieux qu'ils soient morts utilement dit-il. Plus il y aura de gens pour les déguster, mieux nous les honorerons.

Qu'il est délicieux le rat bien grillé et saupoudré d'un peu de sel et de piment !

Depuis les débats animés avant même la première capture, jusqu'à la fin de l'épisode, un homme était resté étranger à toutes ces scènes (pourtant à l'heure du partage, il aurait eu comme tous les affamés sa portion de rat), mais il s'était discrètement tenu à distance dans la salle. C'était Costadès, notre cinéaste de l'Ecole moscovite.

En véritable champion de l'autodérision et de l'humour, de nos péripéties, il avait, avec « des yeux attentifs » en observant une vie commune dans le dénuement et la faim, tiré mentalement un film en y mettant tout son cœur. A la fois producteur, scénariste, metteur en scène, cameraman, acteur, il avait bien campé ses personnages, distribué les rôles, les premiers pour des compagnons très en vue comme Mandiana, des moins importants, des rôles de seconds couteaux pour quelques autres apparus sans éclat dans leurs prises de position au moment de faire pencher la balance dans un sens ou dans l'autre ; il avait retouché à plusieurs reprises ses montages, en introduisant astucieusement des « effets spéciaux », en cherchant à mettre en valeur les aspects les plus croustillants. Le décor lui, il était tout planté : TF avec son vaste espace, son aménagement spécial et ses pots alignés au fond.

Journellement en nous observant, puisque chaque matin de plus belle et sans relâche les prises se poursuivaient et devenaient de plus en plus « juteuses », il enrichissait sa production, améliorait ses images en n'oubliant aucun détail même les plus menus. Il tenait à ce que le film soit parfait avant de le projeter.

Après chaque capture, avec raffinement la façon de manger les rats avait elle aussi évolué. Au cours du tournage, un événement apparemment inattendu, mais prévisible dans notre situation, se produisit. En effet avec le traitement spécial qu'on commençait à aménager à leur viande, ils ne pouvaient pas ne pas réagir, les rats. La conservation de leur viande, faisandée parfois deux jours durant avant de la consommer, leur offrait, même mangés et digérés, des conditions idéales pour se venger de nous.

La diarrhée, une diarrhée profuse parfois accompagnée de vomissements, éclata. Une aubaine pour le couronnement de l'œuvre de notre cinéaste. Cela porta son scénario à son sommet et lui permit de mettre la dernière main à son œuvre tout en l'enrichissant… En effet, s'étendant sans aucun répit à toute la salle, et offrant à chaque épisode une nouvelle aubaine, à Costadès, du « pain béni », la diarrhée, comme la Révolution, devint globale et multiforme, chacun la sienne et à son rythme. Même Mandiana et Moribaya, nos deux ruraux qui avaient dû en voir d'autres et de toutes les couleurs dans leur vie à la campagne, avaient rendu les armes ; le mal avait fini par les terrasser.

- « Si on n'est pas courageux, qu'est-ce qu'on va faire ? » continuait à soutenir malgré tout Mandiana. Mais en la circonstance, le rire devait accompagner le courage et la douleur. Ne vous avais-je pas prévenu, chers lecteurs, qu'il peut vous arriver de rire de nous ? Dans le vivre, le rire côtoie les larmes, la douleur, l'angoisse, même si pour ce qui nous concernait, le rire s'était parfois éteint dans la gorge ou sur les lèvres, même s'il était plus souvent un sourire derrière un halo de détresse qu'un rire franc et clair qui détend la gorge et les poumons. Est-il en effet possible de passer une année entière, deux années, sept ou dix années dans l'angoisse, rien que dans l'angoisse ?

A la surprise générale, à la seule exception de Petit Barry qu'il avait mis dans le secret, et qui avait été l'un des rares à n'avoir pas été un mangeur de rat, c'est cette période de grande animation et de fébrilité en allées et venues incessantes des malades de la diarrhée vers le caniveau du fond de la salle où étaient alignés les pots que

Costadès choisit pour nous servir la première de son film : lui seul dans tous les rôles, nos rôles à chacun, le sien avec un art merveilleusement maîtrisé du mime.

Pour donner un titre à son film, il eut l'embarras du choix. « La Rato-protestation » et « la Rato-contestation » après que Petit Barry les eut génialement trouvés, retinrent son attention. C'était selon ! En définitive le nom de baptême qui s'imposa fut *la Rato-protestation*.

Les images défilaient devant nous. Dans les différentes séquences, sans aucune parole, sans commentaire, chacun de nous instantanément se reconnaissait, les autres aussi : les mangeurs de rats d'office, les mangeurs de rats par nécessité, les non-mangeurs par la culture, les non-mangeurs par foi religieuse, ceux qui avaient, à plusieurs reprises, changé de camp, enfin toutes les catégories et gammes intermédiaires que je vous ai présentées.

L'attention du public médusé n'était distraite de temps à autre que par les contestations ou les protestations des rats, des rats décidés à ne pas nous laisser, à leurs dépens, savourer ce délicieux spectacle et même carrément à l'interrompre quand ils s'attaquaient, par diarrhée interposée, à notre projectionniste de cinéaste lui-même en contestant sa version en images.

Notre champ s'était de nouveau élargi. Après les couvertures patchworks, les tableaux sur les murs, les chapelets œuvres d'art, les contes, les projections de films, l'écriture, nous venions, grâce à un travail de *réalisation cinématographique* de faire un pas supplémentaire dans l'univers de la créativité, malgré notre dénuement. Habituellement, nos soirées de cinéma se passaient autour de films qui nous étaient contés. Cette fois-ci, à partir de scènes vécues, c'est nous-mêmes qui en étions les personnages, grâce à un acteur de génie, Costadès.

La mise en scène était éblouissante, un chef d'œuvre du genre, digne des plus grands artistes couverts de lauriers çà et là à travers le monde dans les festivals. L'art que Costadès avait appris, il l'avait fort bien maîtrisé. Mais ce qu'il ne savait pas et que nous ignorions aussi, c'est que c'était son dernier film.

Après sa libération, (paix à son âme puisque nous l'avons hélas perdu), diminué aussi bien physiquement que moralement, matériellement démuni, il finit ses jours dans la misère et pratiquement dans la mendicité. A la fin de sa vie, ce qui le faisait souffrir par-dessus tout, c'était sa vue, parce que l'empêchant de continuer à exercer son métier et à en vivre dignement à la sueur de son front. Sa vue étant complètement détériorée (conséquence de l'avitaminose carentielle qui a voulu lui arracher les yeux), il lui fallait user d'un instrument d'optique pour déchiffrer les lettres et les chiffres ; il ne pouvait en effet ni lire, ni écrire sans se munir d'une loupe très grossissante d'horloger. Sans ses yeux, il se serait senti perdu pour le cinéma et pour la vie de tous les jours... A TF, au moment où se déroulait l'épisode des rats, il avait des yeux qui fonctionnaient tant bien que mal, des yeux initiés de cinéaste distingué.

Encore une fois, à chacun son métier. En exerçant le sien dans une salle de prison, par le rire, parfois jusqu'aux larmes, Costadès nous avait aidés à tenir debout. Pour survivre en prison les ressources étaient nombreuses. Le rire en faisait partie. S'occuper à tout moment, aussi. C'était à ce prix que nous gardions l'espoir de nous en sortir un jour, de vous revoir, et de pouvoir témoigner de cela en vous le racontant...

Malgré les protestations et contestations des rats, nous répétâmes à plusieurs reprises l'opération avec un certain succès. Mais au bout de quelques semaines, bien qu'ils continuaient à fréquenter toujours nuitamment d'autres cellules et salles, plus aucun rat ne s'aventura à TF. S'étaient-ils passé la consigne en déclarant notre salle dangereuse, suicidaire. L'instinct de conservation avait pleinement triomphé, d'un côté comme de l'autre.

Ironie de l'histoire, au moment de l'effervescence autour des rats, aucun d'entre nous n'évoqua la peste, cette terrible maladie, ce fléau dévastateur que la consommation de leur viande pouvait provoquer. Peut-être valait-il mieux mourir de peste en mangeant du rat que de mourir de faim en n'en mangeant pas. C'est seulement plusieurs mois après que la question fut mise sur le tapis par certains compagnons qui s'étaient « souvenus », bien après coup, du danger que nous courions.

Décidément, la Révolution guinéenne ne manquait pas de ressources ! « Brave » Révolution, elle avait réussi à transformer tout ce beau monde, les hauts cadres de l'administration et du Parti, en chasseurs et mangeurs de rats…

CHAPITRE XXI

DE L'ISSUE D'UNE CONFRONTATION

L'avocatier qui n'était plus ni l'arbre du seul Moribaya ni celui de la seule TF, mais de toute la Maison Centrale, fleurissait pour sa deuxième saison ; des fruits n'allaient pas tarder à remplacer les fleurs, par grappes entières, espérions-nous ; des fruits certainement plus gros que les premiers, c'est tout au moins ce que nous avaient fermement annoncé des compagnons qui se voulaient ou se faisaient de plus en plus connaisseurs des arbres fruitiers...

Par le trou de la serrure je voyais le soleil décliner ; la nuit commençait chez nous, dans les salles et cellules, toujours plus tôt qu'au « *Fer à Cheval* » ; elle durait aussi plus longtemps ; en fait, pour nous, elle durait depuis environ sept années. En effet, nous voguions vers la fin de la septième année...

Vers 16 h, branle-bas de combat. Des gardiens, fusil au poing, sont sur le toit ou la dalle de notre forteresse. D'autres braquent leurs armes sur les portes de nos cellules à partir du poste de garde. Nous occupons l'un des lieux stratégiques du pays. Torpeur ? C'était le dimanche 18 décembre 1977.

Dès le début de notre incarcération, après les interrogatoires, nous avions été prévenus par cette formule : « En cas de troubles graves dans le pays, d'un essai d'agression, d'une tentative de coup d'Etat, de tout événement susceptible de mettre en péril l'existence de la Révolution, vous serez les premières victimes, et tous sans exception liquidés. Les consignes sont formelles ! Ce sera panpan !

Ce soir, nous n'entendons pour le moment aucun coup de feu. De la ville, ne nous vient que le silence ; même pas ces bruits sourds, indécodables qui montent confusément parfois des marchés, des lieux publics, des quartiers populaires. Peut-être le calme qui précède la tempête. Chacun de nous, craignant le pire, s'est recroquevillé dans un coin à l'intérieur des salles et cellules, chapelet au poing, prière à la bouche : « Dieu sauve-nous ».

Puis, tout à coup, une clameur énorme, comme d'une seule voix, s'élève, de toute la ville semble-t-il ; puis le silence retombe, comme un souffle qu'on retient. Seuls, les bruits de pas des gardes nous parviennent sourdement du toit. Soudain une deuxième clameur, tout aussi sonore que la précédente, comme unanime. Silence, une nouvelle fois. Une trentaine de minutes après, un bruit plus étouffé que les clameurs arrive à nos oreilles attentives au moindre indice. A mon sens, il y a eu trois clameurs, la troisième plus forte et plus prolongée, et deux bruits sourds. Vers dix-neuf heures, les gardes-vigiles descendent du toit sans toutefois rien laisser percevoir de leur mission, ni de ses raisons, ni de son issue.

Selon ce que nous nous imaginions, des troubles auraient éclaté en ville, peut-être dans les autres villes du pays, maîtrisés éventuellement, mais pour combien de temps ? Dans le « Fer à Cheval », les allées et venues de nos cerbères d'une porte à l'autre, semblaient avoir repris comme si de rien n'était. Le lendemain même train-train. Mais dans les salles et cellules silence total. Silence lourd. Le lendemain, le lundi 19 décembre, dès la nuit tombée, des portes s'ouvrent, comme plusieurs à la fois, au moins quatre avant la nôtre. Est-ce le résultat des événements du soir ? Tragiques peut-être ? Si l'heure de la fin allait sonner pour nous, nous l'aurions peut-être pressenti. Nos cœurs battent, battent fort, de plus en plus fort.

L'administration pénitentiaire commence à appeler des détenus. Elle donne l'impression d'avoir une liste. Longue ? Beaucoup de détenus se trouvent déjà réunis dans le « Fer à Cheval ». Vers quelle destination s'en vont-ils ? Le souvenir de la nuit où Aly Camara, l'ex-inspecteur des Affaires Administratives nous avait quittés et celui de son tricot oublié, s'éveillèrent en moi, celui de nos échanges d'informations aussi sur les détenus sortis lors des nuits des mois de juillet et d'octobre 1971. Les gardes ouvrent notre porte. Rien que de notre salle, la TF, il y avait eu cinq partants. Apparemment, je ne figurais pas sur la liste. Au moment où ils s'apprêtent à refermer la porte en demandant au dernier appelé de se dépêcher, je tente de parler à celui-là. Les gardes me bousculent violemment et manquent de me faire tomber !

- Ote-toi de là et vite ! N'obstrue pas le passage devant ceux que nous sommes venus chercher. Dégage donc, crie un peu excité celui qui tient la liste.

Longue, très longue est la nuit, pour tous les détenus restants. A TF, personne ne dort. Aucune causerie comme d'habitude. Nous évitons de commenter les clameurs de la soirée, les nombreux départs, toujours, pour des destinations inconnues. L'angoisse, toujours l'angoisse. Elle s'intensifie en chassant la tristesse qui avait commencé à assombrir nos visages.

Lanna mon ami avait été du groupe des partants. Moribaya était sans doute mort. Il y a quelques jours, nous avions aperçu par le trou de la serrure, sur une civière un corps inanimé qui ne paraissait plus donner aucun signe de vie, sortir du violon où il avait été placé à l'isolement peut-être à cause d'une maladie ou à la suite d'une « faute ».

Pauvre Moribaya ! Il s'en était allé en emportant avec lui sa passion pour les plantes et avec tous les secrets qu'il n'avait pas pu nous livrer à leur sujet. Il pouvait, sans se lasser et sans nous lasser, parler de plantes, de racines et de leurs vertus, de fruits et de leurs saveurs, de fleurs et de leurs parfums, de saisons et de leurs caractéristiques ou même de leurs caprices. Lorsqu'il m'avait lancé après son interrogatoire, « j'ai compris. », je n'avais pas saisi sur le coup le sens de son propos. C'est après son tour dans la salle de torture que j'ai su que c'était sa résolution qu'il prenait là. Convaincu par mes propos que la vérité n'aurait strictement servi à rien, il avait décidé de ne pas se laisser démolir au point de ne plus pouvoir être utile ni à lui-même, ni aux plantes, ni à la société s'il sortait vivant de prison ; il avait assuré le Sous-comité Révolutionnaire de reconnaître tout ce qu'il mettrait sur sa tête quel qu'en soit le poids. Ainsi, il était ressorti des mains des tortionnaires sans le moindre coup de griffes ; il n'avait été meurtri ni par les électrodes, ni par les cordes, ni par quoi que ce soit d'autre de malfaisant. Son passage fut court. Malgré toute leur expertise, malgré leur volonté de le voir crier et gémir, les hommes de la cabine technique avaient eu du mal à s'acharner sur un homme résolu à leur faciliter la tâche au-delà de leur attente. Déroutante, son attitude avait constitué pour eux un cas. A ceux d'entre nous qui s'étaient étonnés, parfois montré indignés, de le voir indemne, sans même une égratignure après son interrogatoire et qui avaient jugé son comportement défaitiste, il avait répondu, sans plus jamais accepter de rediscuter du sujet, : « Le courage c'est celui qui se vit au quotidien en faisant tous les jours ce qu'on croit bon de faire; dans la vie, il faut se munir de suffisamment de courage pour ne jamais accepter de mourir définitivement et s'armer suffisamment de ce même courage pour survivre utilement.» Et il avait conclu par ces dictons : « Lorsque le tam-tam de la mort résonne, seuls les vivants l'écoutent », « les premières tombes que l'on voit à l'entrée d'un village, ce sont celles des braves ; celles des couards se trouvent au cimetière commun ; ce sont les couards qui deviennent centenaires auprès de leurs épouses et parmi leurs enfants et petits-enfants. » De quelle utilité vous a été votre courage ? Dites-le moi ! Pourquoi vouliez-vous que je me laisse détruire inutilement par des gens qui ne recherchent pas la vérité ? finissait-il. Pauvre Moribaya ! Sa prévenance et sa philosophie ne l'ont pas sauvé. En refusant de se laisser torturer, il espérait sortir un jour libre de prison en conservant son intégrité physique et son aplomb intellectuel…

Dès le lever du jour, le mardi 20 décembre, je demandai et obtins de déménager à la salle 2 auprès de Mandiana qui y avait été transféré à la suite d'une paralysie de la jambe droite. J'avais pensé que ceux qui s'occupaient de lui étaient peut-être parmi les partants de la nuit. A mon arrivée, il s'étonna de me voir à ses côtés pour lui proposer mon assistance. Bonhomme, toujours philosophe, il m'accueillit avec ces mots :

- Tu n'aurais pas dû trop t'inquiéter à mon endroit, ici il y a de bonnes personnes qui s'occupent bien de moi. J'espère que je guérirai de ma paralysie ; et si elle ne passait pas et que je sorte de cette galère un jour avec ce handicap ou que j'y finisse mes jours, ce sera mon destin. Ni toi, ni personne d'autre n'y pourra rien. dit-il. C'est pour des jeunes gens comme vous, enchaîne-t-il, que nous les plus âgés nous nous inquiétons. Toi, tu es un coq qui n'a pas encore chanté. Il faut que vous les plus jeunes, vous vous en tiriez sains et saufs.

Mandiana ! Plus j'apprenais à le connaître à la fortune de nos différents séjours communs dans les salles et cellules, plus son surnom de paysan-philosophe me semblait parfaitement lui convenir. Stoïque à sa façon tout en restant naturel, il ne se plaignait, ne se lamentait, ni ne se morfondait jamais. Quand Tinka lui avait demandé un jour pourquoi il ne s'épanchait jamais sur ses sentiments, il avait répondu : « à quoi bon », et avait ajouté, « parler tout le temps de sa femme, de ses enfants, de sa mère, de son père pour ceux qui en ont encore, comme certains d'entre nous aiment à le faire si souvent, cela nous ramène-t-il auprès d'eux ? Bien sûr que chacun de nous pense aux siens, mais à quoi sert-il de pleurnicher sans cesse là-dessus ? Parler aussi tout le temps de ce qui va ou ne pas advenir quand on se trouvera hors de ce cachot à quoi bon aussi ? Cela peut-il servir à quelque chose aussi ? En attendant que nous soyons libérés, si jamais nous le sommes un jour, occupons-nous jour après jour de ce qui se passe entre ces murs ». Louchant au propre comme au figuré, Mandiana ne sembla jamais regarder dans la même direction que nous.

Homme de brousse n'ayant fréquenté aucune école formelle, n'ayant pas eu de ce fait la possibilité de s'abreuver comme beaucoup d'entre nous aux sources classiques de la connaissance livresque en étudiant des œuvres de penseurs de renom, on ne le voyait jamais plongé dans des réflexions interminables. N'ayant sans doute pas eu non plus le temps d'apprendre et de réciter de nombreux versets à cause des dures exigences de la vie champêtre, il ne se livrait jamais non plus comme la quasi-totalité d'entre nous à des méditations infinies. En fait de prière, pour lui, c'était à chaque fois le service minimum. Sans paraître expéditif en rien cependant, dans une journée quelques minutes lui suffisaient largement, pour accomplir ses devoirs. Pour moi qui étais de ceux qui avaient tiré le chapelet jusqu'à en avoir des cals aux doigts, sa simplicité m'apparaissait étrange… Quand ce qu'il faisait de sa journée lui avait paru suffisant et qu'il se sentait fatigué, il s'endormait ; et, comme s'il ne se trouvait pas parmi nous il dormait parfois si profondément que nous étions souvent obligés de le secouer fort pour le tirer du sommeil, de crainte de l'y voir rester une fois pour toutes. S'agissant de la partie onirique de notre rituel, en particulier des interprétations multiples et parfois contradictoires qu'on faisait de nos rêves, il ne s'en préoccupait vraiment jamais outre mesure. Genre de Saint Thomas d'Aquin à sa façon, et d'homme surtout à ne pas s'y laisser prendre à deux fois, il ne perdait pas de temps à écouter les nombreux spécialistes, d'autant qu'à force de vouloir y découvrir à tout prix la libération, certaines tentatives de donner une explication claire à des symboles souvent obscurs par ceux-ci s'étaient souvent révélées très aléatoires. Bien que complètement différent d'un homme comme Féro Massilani qui ne croyait en rien, ni à rien d'autre qu'à lui-même et à ses anneaux et bagues, lui a toujours pris un rêve pour un rêve, guère plus ; la réalité pour la réalité. Quand il rêva une nuit qu'il se voyait en train de creuser sa propre tombe, rêve qui aurait donné l'insomnie à tout autre que lui parmi nous, et qui sembla dépasser son entendement, il le qualifia simplement de bizarre, sans plus et passa son chemin. Son unique préoccupation quotidienne durant toute notre détention était de résoudre au jour le jour, un peu comme son compère Moribaya, sa part des problèmes qui nous tombaient dessus, et cela, généralement il le faisait avec efficacité ; le rôle de premier plan qu'il a joué dans l'épisode des rats n'en était-il pas une magistrale illustration ? ...

N'étant nullement familier de papiers vierges ou portant des inscriptions, ne sachant ni lire, ni écrire, et n'ayant jamais eu rien à signer dans sa vie avant la prison, il avait catégoriquement refusé de porter une quelconque marque sur la déposition que le Sous-comité Révolutionnaire de Kankan lui avait présentée après la lui avoir lue, même pas une simple croix, au triple motif qu'il était innocent, qu'il ne savait pas faire ce qu'on lui demandait, et surtout parce qu' y figurait comme chef principal d'accusation la mention fausse et combien dangereuse de tentative d'assassinat du Suprême en personne que lui, notre bon paysan, aurait été chargé d'exécuter en abattant un arbre destiné à écraser celui-ci dans l'une de ses voitures. Contrairement à Moribaya, lui s'était laissé affreusement torturé. « Plutôt mourir que de reconnaître cela » a-t-il soutenu jusqu'au bout. Après plusieurs séances infructueuses, devant son obstination, le sous-comité Révolutionnaire avait fini par abdiquer. Il n'a rien signé, mais il a mis longtemps à se remettre des « signatures » que les tortionnaires avaient laissées sur son corps. « Si on n'est pas courageux, qu'est-ce qu'on va faire ? » telle était l'essence de sa philosophie à lui...

Alors qu'il me parle avec générosité et fatalisme, Mandiana, ce mardi 20 décembre, un autre détenu commence à pester dans un soliloque à haute voix pour que Dieu et les hommes puissent bien l'entendre : « Dieu, proteste-t-il, moi je ne te demande plus rien ; je ne t'adresserai désormais plus aucune prière. Si tu le veux, libère-moi, si tu ne le veux pas garde-moi ici jusqu'à la fin de mes jours! » Paradoxalement l'homme est un El Hadj, pèlerin de la Mecque. Avant les nombreux départs de la nuit précédente, il portait très fièrement parmi nous ce prestigieux titre, signe extérieur ostensible de ferveur religieuse.

- « Vous ne devez pas tenir de tels propos, quel que soit le degré de votre désespoir. lui reprochai-je. Lui, croyait que les partants de la nuit étaient libérés. Pour lui, c'était plus qu'un pressentiment, il en était fermement convaincu, d'où sa révolte contre ce qu'il considérait comme la plus grande injustice. Il ne comprenait pas pourquoi toutes ces libérations et pas la sienne. Selon lui Dieu s'était montré injuste à son égard puisqu'il était innocent comme tous ceux qui nous avaient quittés la nuit. Lui, ne se posait pas de question sur les destinations. Ils étaient libres, les partants de la nuit ! Aveuglé par sa déception et sa colère, il me menaça : « Lamine, tu sais, nous avons déjà séjourné dans une même cellule. Ça ne s'était déjà pas bien passé à cause de ta fâcheuse tendance à avoir toujours raison dans les discussions, souviens-t'en ! Si tu recommences, si tu recommences, gare à toi ! »

Avant son arrestation, l'homme était garde du corps du Suprême en personne. Il se vantait souvent d'avoir pesé alors 117 kilos et, malgré son incarcération, il lui en restait bien au moins 90, alors que moi, mince de nature, j'étais devenu encore plus frêle. Il apparaissait donc clairement que si la situation venait à dégénérer, devant lui je ne ferais pas le poids.

- N'as-tu jamais entendu un jour Mandiana, ton voisin, répéter sa phrase préférée : « Si on n'est pas courageux, qu'est-ce qu'on va faire ? » lui demandai-je calmement. Pour apaiser ta colère, laisse-moi te citer les recommandations que l'on fait aux jeunes éphèbes chez nous en pays mandingue avant leur entrée dans le « Fafa » autrement dit « La Maison de Feu » pour les épreuves d'initiation. Aussitôt, j'entonnai « Ni i Töröda » (Si tu souffres), ou « La Chanson des Futurs Hommes »:

« Si tu t'énerves et que tu en perds la tête, sache que la colère est une courte folie : elle rend vulnérable et égare les hommes.

« Si tu souffres et que tu ne peux plus endurer la douleur, sache que tu ne dois plus compter parmi les hommes.

« Si au bout de la détresse, tu ne peux plus supporter le fardeau de la vie et que tu te donnes la mort, l'homme qui se suicide ne peut savoir de quoi demain sera fait.

« Ah ! Sois courageux et patient ! l'homme ne doit jamais perdre espoir... »

« Quand les braves finissent de manger leur dernier repas avant de franchir le seuil de la Maison de Feu, la seule chose qui leur reste à faire, c'est d'affronter l'épreuve avec courage.»

Avant même que je ne finisse ce cinquième couplet des « Futurs Hommes », des cris m'interrompent, des cris qui s'élèvent de TF : « Capi ! Capi ! » Et aussitôt notre porte, celle de la salle 2, de s'ouvrir avec fracas. Des détenus, avec la tolérante complicité du chef du jour, ont pour la première fois « bravé » l'interdiction de quitter leur salle, même quand elle est ouverte, et de se rendre dans une autre. Dans un élan de belle unanimité, ont jailli de TF, comme stupéfaits, des détenus de toutes extractions, guinéens comme étrangers.

- Le garde de jour nous a laissés venir, même si dans notre enthousiasme nous l'avons un peu débordé, dit Petit Barry, avant d'ajouter, - après plusieurs années passées avec les gardiens, nos rapports, sans s'être complètement humanisés, se sont tout de même quelque peu adoucis. Il nous a annoncé que tu es appelé dans la Capitale, qu'un message a été reçu te concernant.

- Tu vas être libéré, affirma à son tour Tinka, joyeux, Tinka devenu presqu'un ami à force de manger avec moi le même plat par la mise en commun de nos deux repas durant de longs mois. Cette nuit, et la nuit dernière, poursuivit-il, comme tu le sais, aucun de nous n'a dormi. Chacun espérait secrètement une libération sans trop oser y croire. Nous pensions à nos épouses, à nos enfants, à nos amis, à la liberté. Mais nous pensions à toi aussi. Pratiquement tous ceux qui sont venus du camp *Soundjata* comme toi et qui ont survécu, tous tes compagnons de la jeunesse de Kankan, surtout Lanna ton ami, sont partis, même si nous ne connaissons pas, comme toujours, leur destination réelle. Ismaël Nabé, l'ancien Secrétaire général, lui, nous l'avons malheureusement perdu suite à une cirrhose du foie ; Moribaya est mort aussi ; tu sais Capi, en cette pénitence nous sommes un peu comme des camarades de promotion..., de sorte que quand le message de Conakry, demandant de t'y conduire nous a été annoncé à TF, nous avons tous été très heureux pour toi. Le garde qui est venu te chercher n'avait apparemment pas reçu la consigne qu'on t'a déplacé. Depuis hier, il s'est passé tellement de choses ! Bien qu'il ait parlé de convocation, nous souhaitons vivement que ton voyage te ramène dans ta famille ; d'ailleurs tu vas être libéré.

A ces mots, mes larmes se mettent à couler.

- Vous êtes tous heureux de ma libération, même si elle n'est que probable, y a-t-il un message venu de Conakry pour vous aussi ? leur demandai-je dans une difficile articulation de mots entrecoupés de sanglots.

- Non ! Ta libération, si elle se confirme comme je le crois moi, comme nous le croyons, n'est-elle pas la nôtre ? Arrête donc de pleurer ! Savourons ton bonheur ensemble avant que tu ne nous quittes. D'une manière ou d'une autre, nous partirons de ces lieux nous aussi quand l'heure de notre libération sonnera, dit Petit Barry.

- Qu'elle sonne vite, cette heure pour vous tous ! répondis-je tout ému.

C'était le mardi 20 décembre 1977.

Que s'était-il donc passé ? Je l'apprendrai après ma libération intervenue ce jour-là. Depuis la radicalisation en 1975, de la politique nationale de socialisation de tous les secteurs essentiels de l'économie proclamée par le Suprême le 8 novembre 1964 par une loi-cadre, au fil des ans, la situation politique, économique et sociale était devenue de plus en plus intenable et pour la population et pour lui. Le régime avait déclenché contre les commerçants qualifiés tous de trafiquants, un grand mouvement de répression. Pour lutter, selon lui, contre la fraude, il avait tout simplement décidé, rien de moins, de fermer toutes les entreprises, toutes les sociétés privées, de supprimer le commerce privé et d'instituer intégralement le commerce d'Etat. L'Etat et le Parti, plutôt le Parti-Etat, la Révolution devait tout faire : tout produire, importer lui-même tout ce qu'il ne pouvait pas produire, tout vendre, tout acheter, en gros et au détail, de l'aiguille à coudre jusqu'au bulldozer.

L'opération baptisée ironiquement par le peuple « Cheytane 75 » (Satan75), autre nom attribué aux commerçants par le Suprême, se solda par un fiasco. Tout manqua..., particulièrement les denrées de première nécessité : le riz, le manioc, le fonio, le pain, l'huile, le sucre, la tomate etc. La pénurie déjà rampante depuis des années devint totale. La famine la plus atroce s'installa d'un bout à l'autre du pays.

Les vendredis, à chaque assemblée générale ordinaire, les responsables du Parti-Etat promettaient au peuple l'arrivée de bateaux chargés de marchandises de toutes sortes. Ne voyant pas ces navires de salut se présenter à quai au port de Conakry, le peuple pour rivaliser d'ironie avec les responsables politiques et nourrir sa patience avait lancé cette expression : « En attendant l'arrivée du bateau ». Tous les magasins d'Etat étant complètement vides, en ce temps-là, toute nouvelle trouvaille miraculeuse, finit par s'appeler par dérision « *En attendant l'arrivée du bateau* », supposé de La Révolution. Cela commença par des sabots pour s'étendre par la suite à toute sorte d'articles d'usage courant. Ne trouvant plus aucune paire de chaussures à acheter, pour ne pas marcher pieds nus, de nombreuses personnes s'improvisèrent cordonniers et s'ingénièrent à fabriquer des sabots et qu'ils portèrent... *en attendant...*

En parlant de famine quand il se montrait expert en identification des bruits de pas de rats, Mandiana, dans son analyse de l'état du pays, avait vu ou plutôt imaginé juste. Au moment où nous nous nourrissions de rats, la famine sévissait effectivement aux quatre coins du pays. Et elle y sévissait toujours.

Devant les énormes difficultés qu'il rencontrait du fait de cette politique, depuis surtout le lancement du « Cheytane75 », le Suprême était devenu très impopulaire. A tel point qu'il n'osait pratiquement plus sortir de son Palais pour s'offrir les bains de foule qu'il adorait. Le contrat moral tacite qui le liait au peuple s'était rompu.

Les femmes de toute la Basse Guinée, celles de Conakry en tête manifestèrent fermement leur ras-le-bol par un cortège de protestation, en faisant ce que nous, les hommes, depuis plus de vingt ans, n'avions pas osé faire. L'exaspération générale provoquée par les actes d'une Police dite économique instituée par le Suprême pour appliquer les mesures draconiennes édictées après la suppression totale du commerce privé, leur avait servi de détonateur. Cette police, fortement appuyée par la milice populaire, chargée de traquer les commerçants, les marchands et marchandes de toutes catégories, tous traités de trafiquants, saisissait impitoyablement tout, du demi-kilo de viande acquis au prix d'une prouesse inimaginable, à l'unique morceau de savonnette vendu en cachette par les femmes sous leur pagne.

Les outrances de la police économique, accompagnées des humiliations quotidiennes de la milice populaire, portaient à leur paroxysme tous les autres excès du Parti-Etat avec, par-dessus tout, les interminables et exaspérantes réunions hebdomadaires obligatoires des organes du Parti : le lundi pour tous les travailleurs, femmes et hommes, le mardi pour les femmes, le mercredi pour les jeunes, filles et garçons, et le vendredi de vingt heures à minuit pour tous les habitants, « militants » malgré eux, de chaque village, de chaque quartier, de chaque ville. Pendant toute la durée des assemblées générales des vendredis, toutes les autres activités et réjouissances étaient totalement interdites, même écouter de la musique chez soi. Ces assemblées - toujours puissamment encadrées de miliciens surexcités qui arrachaient les citoyens à leur quiétude, parfois manu militari, fouet en main, des fouets généralement découpés en lanières dans de vieux pneus de véhicule, en pourchassant impitoyablement tous ceux qui ne voulaient ou ne pouvaient pas y assister - tuaient la joie de vivre, tuaient la liberté individuelle…

Le 27 août 1977, jour mémorable, fut le point d'orgue du mécontentement général. Les femmes à bout de nerfs, s'insurgèrent et dans un mouvement d'une ampleur sans précédent prirent d'assaut le Palais présidentiel pour en finir une fois pour toutes avec son locataire. Le Chef, le Responsable Suprême de la Révolution, ne leur échappa que par miracle. Pour sauver sa tête, dans « un réflexe révolutionnaire », il avait par une pirouette, le genre de pirouette qui ne fait pas honneur aux politiciens de métier comme lui, préféré sacrifier la police en s'écriant devant la marée de femmes en furie : « A bas la police économique ! » Une police qu'il avait pourtant créée lui-même. Ce qui avait détourné momentanément les femmes de leur objectif et les avait orientées vers les commissariats de la police économique qu'elles détruisirent. Cette éclatante victoire des femmes notamment celles de Conakry sur le régime, fut une grande première dans l'histoire tourmentée, mais toujours maîtrisée de la Révolution. Elle desserra l'étau qui étranglait le peuple ! Ce jour des femmes en Guinée, ce 27 août 1977, marqua le crépuscule du règne du Suprême ; le commencement de la fin.

Le mouvement, parti du marché Madina de la banlieue de Conakry, avait en fait débuté à l'intérieur du pays, où il couvait depuis le mois de juin. Les femmes, le soutien le plus fort du Suprême, venaient de le lâcher...

Depuis ce jour, déstabilisé, il chercha par tous les moyens à redorer son blason auprès des femmes en priorité, paradoxalement sans changer fondamentalement de politique. Il cherchait une occasion. Curieusement, c'est le sport qui la lui offrit : une aubaine inespérée, une aubaine à première vue seulement, car il avait fait du sport, du football tout spécialement, un des nombreux instruments de son combat politique. L'équipe plusieurs fois championne de Guinée, le célébrissime « *Hafia Football Club de Conakry* » - après avoir conquis à deux reprises la Coupe d'Afrique des Clubs Champions*, la Coupe Kwamé N'Krumah*, et échoué sur le fil l'année d'avant, en 1976, en perdant contre *le Mouloudia d'Alger* - était après une épopée fantastique en passe de réussir un formidable exploit : remporter le trophée continental une troisième fois et le garder définitivement en Guinée.

Pour le Suprême qui voyait en ce match une chance inespérée à saisir, la victoire du Hafia était impérative. Dans ce but, malgré l'extrême pauvreté du pays, des moyens conséquents avaient été mobilisés et d'énormes sacrifices consentis. La population se tenait debout derrière son équipe. L'équipe championne du Ghana, finaliste à cette occasion, *le « Hearts of Oak »* d'Accra, son rival, ne l'entendait naturellement pas de cette oreille. Cet énorme défi, il ne voulait pas laisser le *Hafia* le relever. Il désirait lui aussi brandir le prestigieux trophée une première fois, le conquérir à deux autres reprises pour se l'approprier définitivement et honorer ainsi la mémoire du père, du héros de l'indépendance ghanéenne, le Président Kwame N'Krumah. C'était un des sommets du Football politique sur le continent. Le *« Hearts of Oak »* récemment créé sur des bases réellement professionnelles, ce qui était une première en Afrique de l'ouest, avec d'énormes ressources, avec des joueurs pétris de talents, avait les moyens de son ambition. Pour atteindre cette ultime phase de la compétition, il avait éliminé de très grands clubs, des clubs de valeur semblable à celle du Hafia.

Dans cette confrontation, *le Hafia* partait cependant à la bataille avec des avantages considérables : non seulement, il avait remporté le match aller dans la capitale ghanéenne à Accra, par le score d'un but à zéro, mais il jouait le match retour, la finale en réalité, à domicile devant son public, sur son terrain, le mythique stade du 28 Septembre. *Le Hafia* avait en outre pour lui non seulement le prestige et l'expérience de la haute compétition, mais il bénéficiait aussi d'un autre atout majeur, son encadrement technique hors pair, le premier du genre sur le continent. Il était entraîné par une triplette de techniciens du plus haut niveau prêtés à la Guinée par la Hongrie dans le cadre de la coopération entre pays frères. Il s'agissait de Lazlo Budaï, un fin stratège, assisté de Sofaldine et de Zakaria. Tous trois vétérans de la grande équipe de Hongrie, la meilleure équipe du monde à l'époque, qui faillit remporter la finale de la coupe du monde de 1954 face à l'Allemagne.

La suite vous la connaissez. Trois clameurs énormes ! Deux bruits sourds. Les trois clameurs avaient salué les trois buts du *Hafia*, et les deux bruits sourds avaient accueilli les deux buts ghanéens. Tous les fans et les journalistes du continent et du reste du monde s'étaient donné rendez-vous au Stade du 28 Septembre pour suivre cet événement. Le pays lui-même, toute la Guinée, était en ébullition. Seuls nous, les détenus politiques, n'en savions rien. Recroquevillé chacun dans un coin à l'intérieur des cellules et des salles, dans l'incertitude, nous craignions pour nos jours. Nous priions! Nous ignorions que notre sort se décidait ce jour sur l'issue d'un jeu. Par le score d'un match ou par un simple *goal average*.

Que craignait donc le Pouvoir ce jour-là pour avoir fait monter ses gardes sur le toit de notre forteresse ? Peut-être les conséquences d'une éventuelle défaite avec la réaction imprévisible du public ou incontrôlable de tout un peuple à bout de souffle qui aurait pu s'inspirer de l'exemple des femmes en cas d'échec de notre équipe.

Devant la liesse populaire générale provoquée par le succès du Hafia, le Président Sékou Touré saisit la balle au bond. Quelques minutes après le coup de sifflet final, il fit irruption au stade et reçut un accueil au-delà de ses espérances. Selon les témoins, sa voiture, décapotée pour la circonstance, aurait été soulevée par la foule débordant de joie.

Le Hafia Football Club l'avait sauvé et en le faisant, nous avait sauvés.

Curieux destin que celui des hommes ! Il peut dépendre des aléas d'un jeu. Il aurait en effet suffi à l'équipe adverse de marquer deux autres buts, pour que notre destin bascule dans l'autre sens et que nous sombrions collectivement et définitivement ce jour.

Ah ! le sport ! Moi qui ne le pratiquais que pour le plaisir, je ne m'étais jamais imaginé que ses ressources étaient inépuisables à un tel point. Je ne savais surtout pas qu'il pouvait me sauver la vie un jour, qu'il pouvait sauver des vies.

Toute la nuit, le peuple, oubliant ses soucis, fêta la victoire. Le lendemain, le 19 décembre, fut déclaré jour férié, chômé et payé. Le Président, en profita pour lâcher du lest. Dans la foulée, il décida de desserrer l'étau autour de son peuple, d'où les libérations de la nuit du lundi 19 décembre 1977, comme l'avait pensé notre El Hadj révolté mais intuitif, et la mienne, un jour plus tard le 20 décembre …

Le capitaine Kassiya Mandjougou, devenu depuis commandant, qui était censé conduire mon interrogatoire au *camp Soundjata* les premiers temps de mon arrestation et qui n'y était pas venu, avait tenu parole. Après l'enregistrement de ma déposition, il m'avait en effet confié discrètement dans une cellule où il m'avait fait isoler : « Lamine, c'est volontairement que je n'ai pas voulu venir procéder à ton interrogatoire ; malgré le caractère spécial de ma mission à la tête du Sous-comité *Révolution*naire de Kankan, je ne pouvais pas supporter cela. Je t'ai vu grandir, aller à l'école, commencer à travailler ici à Kankan, notre ville commune. Je sais que tu comptes sur moi, mais je te l'avoue, je ne peux rien, strictement rien faire pour toi. Seul le Suprême peut prendre la décision de libérer ou non un détenu. Lui et personne d'autre ! Sois sûr que le jour où je pourrai t'aider, je le ferai. Crois-moi, ce n'est nullement de gaieté de cœur que je fais ce boulot ; mais mon propre sort à moi-même en dépend, » m'avait-il dit. D'après les informations que j'ai recueillies par la suite sur le décalage entre ma libération et celles qui l'avaient précédée la veille, et sur les circonstances de cette libération, c'est lui qui, profitant des festivités organisées dans chaque fédération du Parti pour saluer la victoire du Hafia Football Club, aurait dit au Suprême que je n'ai pas figuré sur la liste des jeunes libérés à cette occasion, après qu'une de mes petites sœurs, Djènet Camara hôtesse de l'air à l'époque, eut attiré son attention sur mon cas en pleurant. Celui-ci lui aurait alors donné l'ordre de m'élargir…

Ce 20 décembre, devant la formidable générosité de mes compagnons, leur grandeur d'âme, leur humanité, la chaleur de leur partage de mon bonheur, avant de traverser pour la dernière fois le « *Fer à Cheval* », je ressentis instantanément une extraordinaire irradiation dans tout mon esprit et mon corps. Par les larmes, une douceur infinie effaça en mon cœur tout ce qui pouvait en subsister de trace d'amertume.

En ces tout premiers instants de cette liberté retrouvée par la providence, je ne pus m'empêcher de penser à la logique de Mandiana.

« Si on n'est pas courageux, qu'est-ce qu'on va faire ? » ne cessait-il de nous répéter en prison. Par sa phrase, il nous avait, d'une certaine manière, aidés à rester debout. Un peu comme lui, moi je me suis dit à l'instant même où je franchissais le portail blindé du cachot pour en sortir : - si nous les rescapés et les familles des innombrables victimes qui ont perdu la vie dans ce drame vécu par tout un peuple nous ne pardonnons pas, rien de ce que nous pouvons penser ou vouloir, dire ou faire d'autre que de pardonner n'aura la noblesse et la grandeur du Pardon - … Ce qui ne nous empêche de défendre nos libertés, toutes les libertés ; mais aussi et surtout d'être vigilant, de continuer à l'être encore plus aujourd'hui qu'hier et avant-hier, pour que ce qui s'est produit en Guinée ne se reproduise plus jamais. Ce qui ne nous empêche pas de débattre des années de plomb de notre pays en en crevant les abcès, de dire la vérité, mais tout en ayant toujours, et toujours, en point de mire la tolérance, une tolérance devant nous conduire infailliblement au Pardon.

Depuis le jour de générosité d'autrui à mon égard et cette réflexion, j'ai pardonné à tous ceux qui m'ont injustement fait du mal, détenu en prison en me volant sept années de ma vie, à tous ceux qui m'ont dénoncé, à tous ceux qui m'ont torturé, et mis à la diète, au Président Sékou Touré lui-même…

Depuis, je pardonne tout, je pardonne à tous ceux qui me font du mal, même quand je ne les connais pas, même si j'ignore leurs actes quelle qu'en soit l'ampleur, la dangerosité et les conséquences, même si le but et l'issue de leurs actes risquent de mettre fin à mon existence. Je pardonne...

CHAPITRE XXII
LIBRES ?...

Libre, je m'apprêtais à affronter l'avenir avec un enthousiasme sans bornes, en mordant dans la liberté retrouvée avec un appétit vorace...

Mais les martèlements du temps reprirent ; cette fois de manière plus effrénée que les jours qui avaient suivi ma dénonciation par le Suprême...

Le jour même de ma libération, premières heures d'intense émotion ! Par camions entiers des centaines de jeunes gens, filles et garçons, de Dabola, dès qu'ils apprirent la nouvelle, débarquèrent et remplirent la concession de ma sœur où j'avais été accueilli. Certains pleuraient de joie, d'autres m'invitaient à retourner aussitôt avec eux à Dabola pour aller fêter ce qui était devenu pour eux un événement venant couronner à la victoire du *Hafia*. C'étaient les convois des jeunes de la ville descendus par vagues à Conakry pour encourager l'équipe guinéenne lors du match de notre sauvetage. Eux n'avaient jamais cessé de croire que je leur reviendrai un jour. L'accueil fut triomphal.

Au lendemain de ce premier jour d'euphorie, alors que je n'avais même pas fini de savourer l'acte combien chaleureux et réconfortant des jeunes de Dabola, à ma grande stupéfaction, dès l'aube, des membres de ma famille résidant à Conakry, vinrent me réveiller pour m'apprendre la nouvelle règle établie par la Révolution : chaque détenu libéré doit aller solennellement remercier le Suprême. Quand mortifié je leur demandai le pourquoi d'une telle pratique, ils m'expliquèrent que cette étape obligatoire était la dernière à franchir par un prisonnier pour se considérer effectivement libre. C'est la mort dans l'âme que j'ai dû m'astreindre à ce supplice : un innocent ayant perdu sept années de sa vie aller remercier celui qui les lui avait fait perdre. Lors de cet extraordinaire rituel, étroitement encadré par un cousin et une sœur qui ne voulaient pas me voir commettre d'erreur, assis en face du Suprême dans son bureau, en le regardant bien fixement, les yeux dans les yeux, sans sourciller je lui dis : ─« C'est moi Lamine KAMARA, ex-directeur régional de l'éducation, ex-Secrétaire général de la jeunesse de Dabola qui a été arrêté à Conakry le... ». Sans doute impatient d'entendre le mot remerciement qui pour lui tardait à venir, il m'interrompit aussitôt et mit fin à l'insupportable séance en nous congédiant rapidement avec un air d'agacement.

Le ressenti de cette profonde humiliation m'accompagna jusque dans l'avion, un Antonov cargo, qui me ramena à Kankan avec les autres détenus libérés de la ville...

Je me souviens, comme si c'est aujourd'hui, souvenir ineffaçable ; c'était un vendredi, le jour de notre retour à Kankan ; la population était venue massivement dans l'allégresse nous accueillir à l'aéroport. Chacun voulait nous voir puisque nous étions généralement donnés pour mort. Ce vendredi, c'est à l'aéroport que la population dans sa quasi-totalité l'avait passé. Mais mon père lui n'était pas là.

Où est mon père ? demandai-je à un oncle dans la foule.

Ton père est mort. répondit-il, depuis 1974 ajouta-t-il.

Libre, je n'ai pas revu mon père, mon père qui avait tellement confiance en moi, mon père que j' aimais tant et que j'aurais tellement voulu revoir pour lui redire encore une fois que j'étais innocent, même si je savais qu'il est parti en ne l'ignorant pas... Il n'a pas survécu à un certain vendredi... Vous en souvenez-vous, un certain vendredi, il avait été traîné de force à l'assemblée générale extraordinaire du Parti dans notre quartier Faraco à Kankan pour participer obligatoirement à mon injuste condamnation.

Arrivée à domicile, la famille élargie de Camarala autour de moi, pendant que mon épouse, mon épouse que j'avais retrouvée avec bonheur, s'occupait de recevoir des visiteurs, je remarquai parmi la nuée d'enfants venus eux aussi des concessions et des quartiers voisins pour voir l'étranger, une petite fille qui tentait timidement de s'approcher de moi.

-Qui est donc cette fille qui veut venir à côté de moi?

-Comment ? Tu ne la connais pas ? me demanda une vieille tante tout étonnée.

- Mais c'est ta fille ! ajouta une sœur.
- Quelle fille ?
- Ta fille Mariama, l'homonyme de ta mère!

Je ne l'avais pas reconnue, ma fille. Elle n'était âgée que d'un peu plus d'un an quand on m'arrêta ; à mon retour, elle était déjà à l'école primaire.

Eberluées, beaucoup de personnes dans l'assistance pleurèrent en se demandant ce qui a bien pu m'arriver là-bas.

A peine sorti de ce mélodrame, et pendant que j'en étais encore tout sonné, un vieil ami ayant appris la nouvelle de ma libération se présenta à moi tout joyeux avec un petit carton en main.

-C'est pour toi, dit-il, c'est mon premier cadeau ; j'ai pensé que tu as plus besoin d'informations que de toute autre chose.

J'ouvris le paquet, en retirai l'objet, le regardai, touchai et retouchai à plusieurs boutons, pratiquement à tous les boutons. L'assistance me suivait du regard avec curiosité sans comprendre ce que je voulais faire.

-Cesse donc de le tâter, il est bien à toi et tu en auras d'autres. dit mon ami qui me l'a offert.

- Je veux le faire marcher.
- Vas-y donc il y a des piles là-dedans.
- Je n'y arrive pas. Je ne peux pas.
- Quoi ?

De nouveau certains se mirent à pleurer, d'autres se retirèrent, perplexes. Ils ne pouvaient pas comprendre qu'un adulte né dans une grande ville, qui y a grandi, qu'ils ont vu à l'œuvre dans des situations autrement plus compliquées, professeur de son Etat de surcroît, n'arrive pas à faire un geste si anodin, mettre en marche un poste de radio... C'est comme un ancien combattant qui échouerait dans une tentative de s'adosser à un mur .... J'avais perdu mes repères, même les plus simples. Je compris que ma reconstruction allait être un nouveau chemin de croix. Les notions de « on » et de « off », de « marche et arrêt », de gammes, d'ondes, courtes, longues ou moyennes s'étaient effacées de ma mémoire. C'était le premier poste de radio que je tenais entre les mains depuis sept ans... Eux ne pouvaient pas croire que depuis sept ans je n'en avais pas vu de mes yeux, à plus forte raison en faire fonctionner...

Pendant que ce genre de scènes mélodramatiques se déroulaient chez chacun des détenus libérés, toute une semaine durant, les Kankanais par groupes plus impressionnants les uns que les autres, dans un défilé ininterrompu, continuaient à passer de concession en concession de « revenants » pour manifester leur joie et leur sympathie. L'événement n'avait de comparable que les grandes fêtes saisonnières, religieuses ou même nationales. Dans toutes les villes où il y avait eu des libérations, ce furent les mêmes scènes de liesse populaire...

Notre concession ne désemplissait pas. Le nombre de visiteurs, parfois venus de villages avoisinants ou lointains ou de villes comme Kérouané, la ville de ma mère, grossissait chaque jour plus. Je me souviens aussi, comme si c'est maintenant..., le surlendemain de mon arrivée, pendant que je continuais à répondre aux félicitations, aux encouragements, tantôt en serrant des mains, tantôt en recevant des cadeaux, dans la foule, sans savoir de qui au départ, une voix ténue, hésitante, insistait pour attirer mon attention. Plus la personne se rapprochait de moi, plus la voix par son timbre me semblait connue, voire familière. Je ne pouvais pas me tromper, c'était celle de « *Vieux Berliet* », l'ancien chauffeur-transporteur. Il avait été donc libéré. Depuis combien de temps ? Etait-ce le jour où chef Djina Oulén était venu le chercher quand nous statuions sur le sort des rats ? Après avoir jeté un coup d'œil à gauche et à droite, comme s'il voulait échapper à une vigilance obscure il chuchota cet adage: « Toute mésaventure qu'on a vécue et qu'on a la chance de raconter un jour, c'est qu'elle ne s'est pas passée de la pire des manières ; sinon, ce sont d'autres personnes qui la racontent après vous ! Mais, attention ! ajouta-t-il, en complétant son idée par ces phrases prononcées de manière quelque peu décousue : « Ne dites jamais deux mots quand un seul suffit ! La langue ne raconte pas tout ce que les yeux voient ; l'on peut être dévoré par sa propre parole... Quand vous avez les doigts dans la bouche de quelqu'un qui a les dents tranchantes, vous savez ce qu'il doit vous rester à faire... ; les dents de la Révolution sont restées, crois-moi, bien tranchantes. »

La liberté retrouvée lui aurait-elle ravi sa jovialité ? me suis-je alors demandé. Moi qui croyais innocemment que la liberté guérissait de tout, qu'elle donnait surtout de la force, de la force et physique et mentale. L'air taciturne, d'humeur maussade, «*Vieux Berliet*» avait le visage décomposé. Sa fécondité verbale qui lui faisait raconter anecdote après anecdote semblait altérée elle aussi ; malgré son faux et trompeur sourire de prognathe qui lui donnait l'air de se moquer royalement du monde, sa voix devenue quelque peu chevrotante, craintive même, en tout cas manifestement moins sûre que lors de nos conversations, discussions, causeries et veillées en cellule ou en salle, trahissait un profond abattement intérieur. Marqué sans doute par sa captivité et miné par je ne sais quel nouveau et étrange mal, peut-être rattrapé par les vieilles fatigues accumulées des temps qui l'ont vu rouler sa bosse un peu partout en Afrique de l'ouest et cannibaliser des camions et des camions, au physique, j'eus, je l'avoue, de la difficulté à le reconnaître ; un physique qui semblait bien porter ses paroles énigmatiques ; il avait pris un sérieux coup de vieux. Il ressemblait à un vieux camion et jamais il n'avait semblé mieux porter son surnom de « *Vieux Berliet* ». Pas de doute, me suis-je alors dit, le danger est là présent, rôdant sournoisement autour de nous. Ah ! quelle vie ! Même ces jours de retrouvailles censés n'être que des jours de bonheur, ne peuvent être savourés…

A peine « *Vieux Berliet* » finissait-il avec ce qui m'était apparu obscurément comme une sérieuse mise en garde, qu'un homme, un homme que je ne connaissais ni d'Eve ni d'Adam, se faufila discrètement à travers la foule, réussit à venir jusqu'à moi, m'arracha à mon trouble et me dit, lui aussi d'un filet de voix, avec un sourire, quelque peu forcé, - « s'il vous plaît. » - en m'indiquant la porte de la maison. Il tenait à la main un paquet qu'on pouvait prendre pour un cadeau. Je le conduisis au salon ; il me demanda de lui montrer ma chambre, je la lui indiquai, il m'y poussa, referma aussitôt la porte derrière lui et comme s'il tenait à ce que sa présence avec moi fût la plus brève possible, me dit rapidement, presque de manière robotique :

- « *Prêt pour la Révolution* ! Excusez-moi camarade de devoir vous parler dans votre chambre, moi certainement un total inconnu pour vous, mais bon ; c'est pour donner l'impression que j'ai été pris d'un malaise soudain ; c'est ce que j'ai dit en venant vers vous. Je reconnais dans cette foule cinq policiers en civil. Ils sont postés dans la cour de cette concession pour écouter et enregistrer tout ce que tu diras, et en dresser rapport. Leur rapport peut te ramener là d'où tu viens. Peut-être que d'autres agents d'autres services sont embusqués parmi nous dans le même but ou pour décrypter les propos et réactions de vos visiteurs trop bavards, parmi lesquels se trouvent, vous pouvez en être sûr, des personnes ciblées. De nombreux miliciens aussi rôdent alentour. Donc motus et bouche cousue. Contente-toi de remerciements, sois très sobre ; ne te livre à aucun commentaire sur les conditions de ton incarcération, même positif, ne fais surtout aucune confidence à qui que ce soit. Beaucoup de gens parlent d'innocence autour de toi, mais toi n'essayes surtout pas de te blanchir, même si quelqu'un te lançait une parole provocante ... Ne regarde pas trop ce paquet, il ne contient strictement rien, fit-il en me voyant fixer sa main tout en l'écoutant ; il m'a été remis par ma hiérarchie pour que je ressemble à ceux qui sont venus pour te donner des cadeaux ; c'est pour brouiller davantage les pistes. En venant jusque-là, poursuivit-il, je sais, malgré les précautions que j'ai prises, l'énorme risque que je pourrais courir. Mais, il valait peut-être mieux pour toi... »

Pendant que je cherchais à m'arracher à mon étonnement de me revoir appelé par le terme « camarade » que ma longue détention m'avait complètement ôté de l'esprit, et d'être abordé par quelqu'un qui se déclarait « Prêt pour une Révolution » qui venait de me faire perdre injustement sept années de ma vie, furtif, l'homme disparut aussi rapidement qu'il était apparu. Cela n'avait duré que quelques minutes, mais des minutes qui m'avaient immédiatement replongé dans l'angoisse que je croyais avoir laissée définitivement derrière moi dans le « *Fer à cheval* ». En quittant la prison, j'avais pensé que pour avoir survécu au naufrage, j'avais acquis la chance de pouvoir le raconter librement ou mieux de l'écrire comme j'en avais fermement eu l'intention depuis là-bas. Libre, je venais de comprendre que ma liberté, comme celle de toutes les personnes élargies était sous surveillance étroite, que je n'étais surtout pas libre ni de raconter ce qui nous était arrivé, les atrocités infligées à des hommes par des hommes, ni de vivre la vie que je souhaitais vivre, ni moi ni les autres compagnons revenus à Kankan, ni nos familles, nous tous condamnés à vivre la fausse liberté que connaissait déjà le pays quand nous le « quittions », et qui s'était même rétrécie au point de tendre à disparaître complètement elle aussi. Bouleversantes les paraboles de «*Vieux Berliet*» et la rencontre avec l'homme au paquet vide ! Après tant de souffrances subies par des innocents ? Au galop, les multiples évocations faites en prison des départs nocturnes de détenus me remontèrent en surface. Sans oser poser à quiconque les questions qui m'assaillaient avec anxiété, je commençai pensivement à pénétrer des yeux la foule des visiteurs pour reconnaître des visages de prisonniers éventuellement libérés. Hormis « *Vieux Berliet* », personne d'autre ! Les quelques compagnons de Kankan, dont Mandiana et, Lanna revenus comme moi de la Maison centrale de Kindia, devaient tout comme moi recevoir des visiteurs. Les autres, tous les autres où étaient-ils ? Hélas ! peine perdue… Ils n'étaient pas là… Dire que nous avons été jusqu'à quelque 450 détenus au camp *Soundjata*!

Les nouveaux jours et les nouvelles semaines qui suivirent, m'apprirent qu'aucun des partants ni de la même nuit où Aly avait été sorti de notre cellule, ni ceux des autres nuits de terreur, n'était jamais arrivé chez lui. Ni à Kankan, ni ailleurs en Guinée. La rumeur les donnait tous pour morts… J'ai aussi eu l'explication de l'état de déchéance de « *Vieux Berliet* ». En plus des effets pervers de la pseudo-liberté qui le détruisaient intérieurement, il n'était pas arrivé à se remettre de son abandon par son épouse qu'il nous disait beaucoup aimer lors de nos causeries ; un tortionnaire en chef s'en était emparé durant sa captivité. A son retour à Kankan, son foyer, il l'avait trouvé vide de femme. il n'avait trouvé que ses enfants abandonnés par leur mère. Son épouse, comme celles d'un certain nombre de détenus politiques, s'en était allée grossir les rangs de toutes celles qui avaient été estampillées au cours des événements de la Cinquième Colonne, parfois à juste titre, du nom peu flatteur de « *veuves joyeuses* » parce que s'étant laissé prendre, contraintes ou volontairement, par tous les prédateurs affamés qui voulaient absolument danser dans nos lits durant notre absence…

Pauvre « *Vieux Berliet* ». Comble de malheur pour lui, pour avoir voulu ramener son épouse à la maison, sans y parvenir, et pour avoir tenté de franchir les frontières, il venait d'échapper à deux reprises à une nouvelle arrestation… Prêt au sacrifice ultime, il a fini cependant par réussir à s'exiler au Sénégal où il avait de la famille et des amis. Il y finira ses jours dans la misère et la détresse...

Mandiana connaîtra la même fin. Il devint hémiplégique : sa paralysie de la jambe droite remonta progressivement jusqu'aux reins et atteignit toute la partie droite de son corps, sans mettre longtemps à avoir raison de ce qui restait de sa solidité. Sept mois à peine après son retour dans son arrondissement, il y mourait. Lui aussi dans la misère et la détresse.

Triste fin que celles de « Vieux Berliet» et de Mandiana. A de rares exceptions près, cette fin fut celle des détenus libérés. Comme s'ils étaient attaqués par le même mal, comme s'ils étaient appelés par le même ange, ils ne survécurent pas longtemps aux épreuves qu'ils avaient subies. Malades au bout du rouleau, matériellement démunis parce qu'injustement spoliés de tous leurs biens saisis par la Révolution, un à un, l'un après l'autre, ils s'éteignirent dans la misère et la détresse...

Aly Camara mon compagnon au tricot lui a dû connaître une fin plus tragique. En effet, informations prises, il n'est jamais revenu chez lui, ni dans sa concession du quartier de Tombo de la Presqu'île de Kaloum, ni dans celle de Kaporo en haute banlieue de Conakry. Sa femme et ses dix enfants qui espéraient toujours le revoir furent atterrés quand je leur racontai les conditions de sa sortie nocturne. Deux de ses enfants sur les dix qu'il avait en sont devenus fous. Aly perdu à jamais, les siens disloqués...

Avec nos libérations, la ville de Kankan qui n'avait en fait jamais cessé de s'interroger sur les raisons des innombrables arrestations, sur les incroyables mais toujours introuvables sommes en Dollars US attribuées aux toujours supposés coupables comme appointements, sur les causes de telle ou telle arrestation, sur les multiples incohérences, avait recommencé, avec de plus en plus d'intensité, à bruire de toutes sortes de nouvelles rumeurs avec l'espoir pour bien des gens de connaître enfin quelques vérités...

De nouveau, l'idée de m'exiler m'effleura l'esprit ; mais sachant ce qui l'y attendait, elle ne s'y était pas attardée ; elle s'orienta vers d'autres compagnons libérés qui, à force, réussirent à franchir les frontières. Encore une fois, pour moi, tout sauf l'exil, même la vie sans vivre qui commençait à me mener plutôt mal que bien ; tout sauf l'exil...

Passé d'une existence de caverne, où le temps ne s'égrenait ni en secondes ou minutes, ni en heures, jours et semaines, ni même en années, un temps dont la monotonie et l'incertitude en fils d'Ariane tissaient la trame avec toujours l'angoisse en toile de fond, j'étais dorénavant face à un temps qui se décomptait en secondes, minutes, heures, jours et semaines, un temps où chaque instant devait être rempli comme une feuille vierge devant un candidat qui ne peut compter que sur lui-même pour remplir sa copie. Et à chacun sa copie.

Comme revenu à la vie après une longue hibernation, après une sorte de mort, le déferlement effréné des jours et des nuits me prenait toujours de cours. Je ne me sentais jamais dans le bon tempo. Devenu lent, apathique même, n'ayant pratiquement goût à rien, même les nuits, un peu comme rattrapé par les symptômes de la maladie qui avait emporté Samba et Massilani devant moi, et qui avait failli m'emporter aussi, j'avais toujours sur le déroulement des choses une longueur de retard. C'était à chaque fois comme si je tentais de remonter à contre-courant le fleuve Tinkisso ou le fleuve Milo en furie en plein hivernage au mois d'août à Dabola ou à Kankan. Le temps, qui galopait, qui galopait beaucoup plus vite que moi, me fit comprendre, à demi-mot, sous forme de défi à peine voilé, que je ne pourrais jamais le rattraper. Le rythme imprimé à la vie restait en effet toujours celui de la Révolution, trépident, la Révolution toujours omniprésente, surtout toujours vorace à l'égard de la liberté et de la vie. Suivre ce rythme était devenu pour moi un insupportable calvaire au quotidien, d'autant que je devais redémarrer avec le plus lourd des handicaps en ces temps-là, celui de l'appartenance à la catégorie bien spéciale des Guinéens marqués au fer comme anciens du complot dit de la *Cinquième Colonne* et qui, de ce fait, étaient des suspects tout désignés en toute circonstance dans un climat où la Révolution continuait à se gorger gratuitement de soupçons et de mensonges...

Pourtant en redevenant père de famille, je devais réapprendre à exister, à revivre la vie avec son lourd fardeau de Révolution, son fardeau de militant du Parti malgré moi. En effet, à longueur de semaine, se poursuivaient des assemblées générales ordinaires ou extraordinaires du Parti où la présence de chacun et de tous était obligatoire et où je ne voulais pas être traîné de force comme mon père l'avait été un certain vendredi ; se poursuivait aussi la recherche quotidienne de la nourriture restée un parcours du combattant avec le carnet de rationnement toujours en vigueur. Se posait surtout le problème de l'éducation, le difficile problème de l'éducation de mes enfants passés, eux aussi, du statut humiliant de fils et filles de traîtres à la Nation, à celui tout aussi humiliant de fils et filles d'anciens contre-révolutionnaires, et dès lors sans cesse victimes de quolibets et de sarcasmes de la part de leurs petits camarades d'école, parfois même de leurs maîtres quand il s'agissait de démagogues chercheurs de promotions. Ah, l'éducation de mes enfants que je ne voulais plus révolutionnaire, mais qui le demeurait de plus belle ! Chez nous, on a coutume de dire que toutes les parties du corps d'un enfant sont en or sauf sa tête qui est en bronze ; dans notre système traditionnel, l'éducation consiste à transformer progressivement cette tête elle aussi toute en or, pour faire progressivement de l'enfant un homme accompli. La Révolution qui, prolétarienne par essence, ne voulait d'or nulle part et imposait une éducation où toutes les têtes ne devaient être que celles qu'elle façonnait, ou plutôt moulait en bronze. Une Révolution de bronze ? Tenace, mais dangereuse utopie!

Partout où elle cherchait à se frayer un chemin, un sentier même, ma folle envie de vivre pleinement la liberté retrouvée se cassait sur la Révolution comme des vagues déchaînées se brisent sur des rochers de granite…

Malgré les rochers et tout ce qu'ils symbolisent, comme au travers d'un mirage, la soif inextinguible de liberté palpite en moi en se vivifiant chaque jour plus de la force et de l'énergie de l'espoir…

Même quand après la disparition du donneur Suprême d'ordres, c'est l'un de ses exécuteurs des hautes œuvres qui tient solidement la corde au-delà des derniers soupirs des suppliciés pendant que ses connivents tirent les ficelles au-dessous de leurs corps, et que les nuages s'amoncellent dans le ciel, que les jours se voilent au point qu'on ne puisse plus apercevoir de soleil, que les nuits s'obscurcissent au point de ne plus pouvoir discerner le gris du noir, l'espoir ne meurt pas, il ne s'éteint jamais, il palpite, palpite toujours en l'homme qui a foi en la liberté et en la justice. Moi j'ai foi. J'ai foi au vent nouveau qui va se lever. Ce vent nouveau quand il se lèvera, soufflera et déchirera les ténèbres, les innombrables fantômes des suppliciés, qui ne hantaient plus que les cauchemars des mauvaises consciences, reviendront revisiter notre demeure commune en plein jour. Alors, sur l'immaculée blancheur de leurs suaires, viendront se projeter en lignes sinueuses les vérités qui rempliront les pages vierges de l'Histoire, la nôtre, et feront revivre leurs figures tutélaires à travers la mémoire de l'oubli.

Moi je rêve intensément au jour où ce vent se lèvera ; tel un oasis lointain disparaissant continuellement devant un pèlerin perdu dans un désert et meurtri de soif, sous des dehors trompeurs il m'est parfois apparu soudainement mais pour s'évanouir chaque fois aussitôt ; depuis des lustres et des lustres, je scrute l'horizon dans l'espoir d'en apercevoir l'aurore ; mais chaque année, un peu plus, il semble s'éloigner ; et il s'éloignera tant que des exécuteurs des hautes œuvres s'empareront de la corde, la tireront, sans coup férir, et la tiendront sous des corps inanimés ; c'est chaque fois comme si on voulait retirer de la cire du feu avec de la graisse.

Je scrute l'horizon pour voir au-delà de ce que je vois. Au-delà de l'horizon, je vois se dégager des brouillards. Sous le vent qui souffle, ils s'évanouissent et disparaissent ; sous sa douce haleine protectrice, le faible habituellement voué aux gémonies ne deviendra plus la victime expiatoire livrée poings et pieds liés, et sans défense aucune ni espoir de survie, à la soif de sang d'un quelconque voleur de vies ; aucun pendu ne flottera plus à un gibet ; l'homme destiné nuitamment à la potence ne sera plus seul ; il ne sera plus jamais seul ; épris de justice, des hommes couleurs d'Olympie, des hommes à l'esprit et à la conscience tendus vers un même but de justice, se tenant solidairement les mains comme les anneaux d'un même ordre, viendront d'ailleurs et de partout, et par milliards se retrouver dans leur demeure commune, et décideront toujours, avant qu'il ne soit trop tard, d'arracher la corde que tentent de continuer à tenir des exécuteurs des hautes œuvres dont ils jugeront du sort.

Ce jour m'apparaît ! Un soleil se lève ; il s'élèvera haut jusqu'au zénith. « Il y a certes des jours éloignés dans le temps, mais il n'y a point de jour qui n'arrive pas ! » pense le sage qui lève les yeux au-delà de l'horizon. Ce jour qui verra une véritable démocratie, un véritable Etat de droit s'instaurer dans mon pays, la Guinée, ne viendra pas de lui-même. C'est pour cette raison que je n'en fais pas qu'un rêve. C'est pour cela qu'à travers ma plume je lutte et continuerai de lutter. Puisse déjà cet ouvrage en rafraîchissant la mémoire du peuple, contribuer fortement à l'avènement de ce jour.

Et comme le dit le poète camerounais Mourou Ben Daouda dans son seul et unique poème, *« La vie n'est pas un rêve »* :

« Emplis le monde de ta voix, comme le soleil emplit le ciel - De sa lumière et le tonnerre de ses grondements… - Ne te tais jamais ni dans les fers, ni dans les bagnes - Et lors même que tu aurais la tête sur le billot - Crache encore à la face de tes assassins qu'une - Chiquenaude de géants futurs, demain balayera. - Monte afin d'être un ouragan pour les iniquités, - Monte en tirant après toi le grand voile des mensonges - Pour que sur terre luise enfin un jour nouveau, - Un jour qui donnera au lys toute sa blancheur. - Un jour où l'enfant aura son plus beau sourire, - Et la mère, sa voix pleine d'amour, pour chanter la complainte - De la vie, de la vie de l'homme. - La vie n'est pas un rêve, mon frère - Lutter est sa loi ! - Ensemble, bâtissons la cité nouvelle, - Toi penché sur tes livres, tes cornets - Et moi la bêche en main, dans les marais, - Toi habillé de draps fins, de blouses, - Et moi de treillis grossiers, les pieds dans le sabot. - Pensons à l'Afrique qui nous attend - Pensons au monde auquel nous devons tant - Luttons sans trêve, mon frère, - Car la vie n'est pas un rêve ! »

Oui, comme Mourou Ben Daouda je le dis et redis : *« La vie n'est pas un rêve…, lutter est sa loi !* » témoigner est l'une de ses lois, même pour une victime comme moi qui a pardonné.

FIN

L'HARMATTAN ITALIE
Via Degli Artisti 15; 10124 Torino

L'HARMATTAN HONGRIE
Könyvesbolt ; Kossuth L. u. 14-16
1053 Budapest

L'HARMATTAN BURKINA FASO
Rue 15.167 Route du Pô Patte d'oie
12 BP 226 Ouagadougou 12
(00226) 76 59 79 86

ESPACE L'HARMATTAN KINSHASA
Faculté des Sciences sociales,
politiques et administratives
Université de Kinshasa
BP243, KIN XI

L'HARMATTAN CONGO
67, av. E. P. Lumumba
Bât. – Congo Pharmacie (Bib. Nat.)
BP2874 Brazzaville
harmattan.congo@yahoo.fr

L'HARMATTAN GUINÉE
Almamya Rue KA 028, en face du restaurant Le Cèdre
OKB agency BP 3470 Conakry
(00224) 60 20 85 08
harmattanguinee@yahoo.fr

L'HARMATTAN CÔTE D'IVOIRE
M. Etien N'dah Ahmon
Résidence Karl / cité des arts
Abidjan-Cocody 03 BP 1588 Abidjan 03
(00225) 05 77 87 31

L'HARMATTAN MAURITANIE
Espace El Kettab du livre francophone
N° 472 avenue du Palais des Congrès
BP 316 Nouakchott
(00222) 63 25 980

L'HARMATTAN CAMEROUN
BP 11486
Face à la SNI, immeuble Don Bosco
Yaoundé
(00237) 99 76 61 66
harmattancam@yahoo.fr

L'HARMATTAN SÉNÉGAL
« Villa Rose », rue de Diourbel X G, Point E
BP 45034 Dakar FANN
(00221) 33 825 98 58 / 77 242 25 08
senharmattan@gmail.com

622509 - Octobre 2015
Achevé d'imprimer par